# 智能传播导论

Introduction to Intelligent Communication

厉国刚 / 著

西安交通大学出版社
XI'AN JIAOTONG UNIVERSITY PRESS

图书在版编目(CIP)数据

智能传播导论 / 厉国刚著. —西安:西安交通大学出版社,2024.1(2025.3 重印)
ISBN 978-7-5693-3649-8

Ⅰ.①智… Ⅱ.①厉… Ⅲ.①传播媒介－高等学校－教材 Ⅳ.①G206.2

中国国家版本馆 CIP 数据核字(2024)第 010755 号

| | |
|---|---|
| 书　　名 | 智能传播导论 ZHINENG CHUANBO DAOLUN |
| 著　　者 | 厉国刚 |
| 责任编辑 | 赵怀瀛 |
| 责任校对 | 李逢国 |
| 封面设计 | 任加盟 |
| 出版发行 | 西安交通大学出版社 （西安市兴庆南路1号　邮政编码710048） |
| 网　　址 | http://www.xjtupress.com |
| 电　　话 | (029)82668357　82667874(市场营销中心) (029)82668315(总编办) |
| 传　　真 | (029)82668280 |
| 印　　刷 | 西安日报社印务中心 |
| 开　　本 | 787mm×1092mm　1/16　印张 15.75　字数 292 千字 |
| 版次印次 | 2024年1月第1版　2025年3月第2次印刷 |
| 书　　号 | ISBN 978-7-5693-3649-8 |
| 定　　价 | 49.80元 |

如发现印装质量问题,请与本社市场营销中心联系。
订购热线:(029)82665248　82667874
投稿热线:(029)82668133
读者信箱:326456868@qq.com

**版权所有　侵权必究**

# 前言
## Foreword

刚开始撰写这本教材的时候，元宇宙（Metaverse）大热，成为人们热议的焦点。元宇宙被认为是下一代互联网，未来很多人可能会"移居"到这个虚拟世界，成为名副其实的虚拟数字人。如今，很多人已经开始玩 Roblox 之类的元宇宙游戏，也玩 Meta（Facebook）之类的元宇宙社交。随着人们的关系网逐步转移到元宇宙，元宇宙必然会成为人们交往、工作、学习的主要空间。

然而到了 2022 年底，元宇宙暂时熄火，ChatGPT 横空出世。目前，元宇宙更多的是一种概念，距离普通人的生活还很远。不过 ChatGPT 就不一样了，它迅速走进人们的生活，在短短 2 个月内用户过亿。并且，它对人类现有的知识生产体系和社会运行模式都带来了肉眼可见的冲击。技术的发展速度如此之快，短短的一两年时间，就让人有恍如隔世的感觉。

在人工智能技术日新月异地向前推进的大趋势之下，很多没有太高技术含量的工作岗位将会面临冲击。工厂里的很多工作岗位如今已经被不怎么智能的机器取代，过去需要许多工人才能完成的工作，现在几个工人就可以完成，未来甚至根本就不需要工人。在服务行业，自动驾驶汽车的出现，也许会使司机这一职业成为历史。其实，即便过去被认为门槛较高的职业，也同样受到了巨大的影响。新闻记者、节目主持人、作家、画家、会计等都面临被人工智能取代的危机。不管是白领，还是蓝领，在人工智能面前，都有着同样的命运。

笔者在获知人工智能迭代升级的种种表现，特别是 ChatGPT 具有的能力之后，颇感紧张，甚至有些恐慌。毕竟作为一个文科学者，主要的成果无非就是大大小小的论著，现在发现这些在过去多少有些高大上的工作，门槛在迅速降低，甚至已归于零。ChatGPT 参与或者独立完成各种文科类的学术论著，应该已经没有太大的难度。在知识生产的门槛大降的背景下，生产的速度将大增，生产者群体的规模将大扩。对于我们来说，显然必须要转变已有的工作、学习、教育模式。今后，需要积极"拥抱"ChatGPT，大力运用这一工具。

随着传播技术的更新迭代,在万物皆媒、万物互联、人机共生、自我进化的智能传播时代,新闻传播学者需要逐步聚焦智能时代的传播现象与问题。由于目前市场上还缺乏这方面的教材,为了让大家更好地认识人工智能在传播领域的变革,推进相关知识的传播,提升人们的智媒素养,编写这样一本教材还是很有必要的。《智能传播导论》是基于传播学,又超出学科界限的教材,也是一本关于智能传播的入门教材。

虽然,在过去我们高度依赖各种教材,但是在如今这个时代,由于人们获取信息的渠道多元化,教材只是其中的一个手段,并且教材的形态也在发生转变。教材不再只是纸质物体,而是多形态的,既有文字和图片,又会加上二维码、音视频等内容。但是,教材并没有完全被取代,还在发挥着积极作用。这本教材融入了精品在线视频课程教学资源,呈现出新形态,尽力为改变略显陈旧的课程体系贡献一点微薄之力。

本教材凸显了新文科建设文、理、工、艺等多个学科交叉融合的特征。未来随着智能传播技术的发展,新闻传播学的研究将走向科技化、智能化。在认知科学、现象学、伦理学、社会学与艺术学等多个学科融合之下对智能传播涉及的各种问题进行思考,才能形成更好的成果。笔者一方面梳理了与智能传播发生发展相关的人工智能、大数据、物联网、虚拟现实、云计算等理工科的内容,另一方面也讲述了包括新闻、广告、舆论等层面的内容,并且既注重新闻传播学的特殊性,又关注智能传播的普遍应用性和前沿性。学科内外的交叉和融合,可以为知识创新提供更多的可能性。

总体来说,这本教材分为以下几部分内容:一是智能传播的各个要素和环节,包括技术、媒体、传播者、人机传播、内容生产、智能分发等;二是智能传播的主要领域,包括智能新闻、智能广告、智能舆论等;三是关于对智能传播的反思,涉及社会、伦理、文化等内容。

更具体地来说,章节内容如下。

一是关于历史和技术背景的内容,主要是第一、二章,讨论了人类传播的历史、智能传播的定义与特征、智能传播研究先驱的理论、智能传播的研究对象与趋势等,以及工业4.0、5G的发展历程及其特征,元宇宙、大数据、云计算、区块链、物联网、传感器、脑机接口、虚拟现实与全息影像的基本知识和理论,人工智能技术的发展进程等。

二是关于智媒的内容,主要是第三章,涉及媒体融合的概念、智媒兴起的过程、智媒的具体形态及其特征、智媒时代相关产业的现状等内容。

三是关于智能传播主体和人机传播的内容,主要是第四、五章,讨论了虚拟数字人的类型及其特点,数字化身、智能穿戴与赛博格的发展逻辑及其理论,人机交互的形式与特征,智能社交,元宇宙社交,以及人机关系的未来等内容。虚拟数字人将是智能传播的主体,也可能是人类的未来形态。人作为社会中的人,总少不了社交活动。社交活动过去主要发生在人与人之间,在智能传播时代,人与机之间的交往将成为主流。

四是关于智能传播流程的内容,主要是第六章,讨论了人工智能技术对内容生产领域的冲击,以及算法推荐的相关话题,包括 AIGC、内容生产的人机协同、内容生产流程的智能化及其相关内容产品、智能传播中的用户特征及其需求变化、算法推荐的应用和影响等。

五是关于智能传播的具体领域,主要是第七、八、九章的内容,具体涉及新闻形态的变迁、人工智能新闻人的类型与特征、新闻生产的智能化及其内容的智能分发、数据新闻、智能出版、智能广告的演进过程、智能广告的形式与特征、智能广告的运作流程、智能广告的未来,以及智能传播时代的舆论生态、计算宣传、智能传播时代的舆论风险及其治理等。

六是关于对智能传播社会与智能传播伦理的思考,主要是第十、十一章,具体包括智能社会、智慧城市与社会治理等内容,讨论了"机器人会取代人类吗?"这一问题,并分析了智能传播时代新的伦理问题、智能传播伦理失范的表现和具体原因、智能传播的伦理规范等。

最后一章讨论的是智媒文化与素养问题。人工智能影视文化是智媒文化的一种,人工智能创作的作品越来越多,智媒文化在不断壮大。与此同时,为了迎接智能传播时代的挑战,我们需要注重智媒人才的培养,并提升个人智媒素养。

笔者

2023 年 12 月

# 目 录
## Contents

第一章　绪论 ········································································ (001)
　第一节　人类传播的变革 ···················································· (002)
　第二节　智能传播的定义与特征 ············································ (006)
　第三节　智能传播研究的先驱 ··············································· (009)
　第四节　智能传播的研究对象 ··············································· (012)
　第五节　智能传播的学科现状与研究趋势 ································ (014)

第二章　技术 ········································································ (018)
　第一节　工业4.0 ······························································· (019)
　第二节　5G与元宇宙 ·························································· (021)
　第三节　大数据、云计算与区块链 ········································· (026)
　第四节　物联网、传感器与脑机接口 ······································ (029)
　第五节　虚拟现实与全息影像 ··············································· (033)
　第六节　人工智能 ····························································· (037)

第三章　智媒 ········································································ (044)
　第一节　媒体融合 ····························································· (045)
　第二节　智媒的兴起 ·························································· (047)
　第三节　智媒的具体形态及其特征 ········································· (050)
　第四节　智媒时代的相关产业 ··············································· (057)

第四章　虚拟数字人与赛博格 ···················································· (062)
　第一节　虚拟数字人 ·························································· (063)
　第二节　数字化身与赛博格 ·················································· (071)

## 第五章 人机交互 (078)
### 第一节 人机交互的形态 (079)
### 第二节 人机交互的手段和特征 (083)
### 第三节 新型社交 (086)
### 第四节 人机关系的未来 (092)

## 第六章 智能化内容生产与分发 (096)
### 第一节 内容生产的人机协同 (097)
### 第二节 内容生产流程的智能化 (099)
### 第三节 智能传播时代的内容产品 (102)
### 第四节 智能传播中的用户 (104)
### 第五节 算法推荐的应用 (109)
### 第六节 算法推荐的影响 (111)

## 第七章 智能新闻与出版 (115)
### 第一节 新闻形态的变迁 (116)
### 第二节 人工智能新闻人 (119)
### 第三节 新闻生产的智能化 (127)
### 第四节 新闻内容的智能分发 (130)
### 第五节 数据新闻 (132)
### 第六节 智能出版 (135)

## 第八章 智能广告 (138)
### 第一节 智能广告的演进 (139)
### 第二节 智能广告的形式与特征 (142)
### 第三节 智能广告的运作流程 (146)
### 第四节 智能广告的未来 (150)

## 第九章 计算宣传与舆论 (157)
### 第一节 相关研究 (158)
### 第二节 智能传播时代的舆论生态 (160)

第三节　计算宣传 …………………………………………………（163）
　　第四节　智能传播时代的舆论风险及其治理 ……………………（166）

**第十章　智能社会与传播** ………………………………………………（171）
　　第一节　智能社会 …………………………………………………（172）
　　第二节　智慧城市与社会治理 ……………………………………（182）
　　第三节　机器人会取代人类吗？ …………………………………（187）

**第十一章　智能传播伦理** ………………………………………………（191）
　　第一节　智能传播的伦理问题 ……………………………………（192）
　　第二节　智能传播伦理失范的表现 ………………………………（198）
　　第三节　智能传播伦理失范的原因 ………………………………（209）
　　第四节　智能传播的伦理规范 ……………………………………（210）

**第十二章　智媒文化与素养** ……………………………………………（215）
　　第一节　人工智能影视文化 ………………………………………（216）
　　第二节　智媒文化 …………………………………………………（218）
　　第三节　智媒人才与教育 …………………………………………（225）
　　第四节　智媒素养 …………………………………………………（228）

**参考文献** …………………………………………………………………（231）

**后记** ………………………………………………………………………（241）

# 第一章

## 绪 论

## 第一节 人类传播的变革

科学技术在不断发展，媒介形态由此不断变迁。由于所运用的媒介不同，因此传播手段和形式也有差异。就人类传播来说，已经出现了多次变革。

### 一、人类传播的变革

#### (一)口语革命

早期人类的交流语言是口语。口语的形成与人类在群体活动中需要交流协作才能共同完成任务，从而得以生存和发展是分不开的。劳动促进了大脑发育，直立行走拓宽了人类的视野，这些都为口语传播提供了良好的条件。

动物也能发出各种声音进行沟通交流。相比动物，早期人类的口语相对复杂一些，是从动物向人类文明过渡的一种传播手段。借助口语传播，人类能够结成一个较大的社会群体，从而相比个体具备更强的认识世界、改造世界的能力。口语具有很强的地域性，一般也就一个部落、一个小的区域内的人才能听得懂对方的话，距离稍远，口音就会差别较大，有时需要借助手势等进行沟通。口语不具有保存性，文明的传承依靠长者的记忆，因此长者具有很高的权威。依靠记忆保存信息准确性较差，口耳相传，信息的失真性很高。

沃尔特·翁认为，在原生口语文化里，思维和表达往往呈现出以下九大特征：附加的而不是附属的；聚合的而不是分析的；冗余的或"丰裕"的；保守的或传统的；贴近人生世界的；带有对抗色彩的；移情的和参与式的，而不是与认识对象疏离的；恒稳状态的；情景式的而不是抽象的[①]。

#### (二)文字革命

文字在历史悠久的中国、埃及等地最早出现。世界上的文字有多种，按照字音和字形，可以分成三类：表形文字，如早期的汉字、两河流域的楔形文字等；表音文字，如拉丁字母、日本的假名等；意音文字，如现代汉字等。不同的文字形成了不尽相同的文化。文字的出现使得人类文明具有穿越时空传播的可能性。文字具有很强的记录性，并且记录下来的信息不容易失真，信息传播的准确性高。文字传播需要依赖有效的介质。当时的媒介是龟甲、兽骨、泥土、竹片、树皮、石头、青铜器、丝帛等。虽然摩崖石刻、石碑等可以流传很久，但是不具有地理移动性。竹片可以用来

---

[①] [美]沃尔特·翁：《口语文化与书面文化：语词的技术化》，何道宽译，北京大学出版社2008年版，第27—37页。

刻字,但较为笨重,携带不便。布帛可以用来写字,但成本高昂。纸张出现之后,成为相对便宜的书写载体,推动人类文明向前迈进一大步。

### (三)印刷革命

要印刷,首先要有纸。东汉时期,蔡伦使用树皮、麻头、破布、旧渔网等原料制成了轻便的纸张。纸张是非常优良的文字传播介质,但如果单纯依靠手写,内容生产和传播的效率就要大打折扣了。一个人一天也抄写不了多少字。由于抄写需要耗费大量人力和时间,因此传播的成本很高。

印刷术的发明解决了这些问题。1045年左右,北宋的毕昇发明了活字印刷术。1450年前后,德国人古腾堡完善了金属活字印刷术。不管是早期的雕版印刷术,还是之后的活字印刷术,都大大提升了信息生产的效率,降低了知识传播的成本,扩大了受教育的群体。文化知识的传播开始逐步从精英阶层走向普罗大众。特别是在报纸出现之后,大众传播时代到来了,每个人都可以轻易地获取大量信息。

### (四)电子革命

1895年,意大利的马可尼和俄国的波波夫几乎同时发明了无线电。20世纪初出现了广播电台。1936年,英国广播公司建立了世界上第一家电视台,正式播出节目。正是由于有了无线电技术,人类传播的介质又一次发生了变化,人们使用收音机和电视机接收信号,并将信号转换成各种信息。

报纸、杂志上的信息是固化在介质上的,信息传播的同时也是一种介质的传递过程。广播、电视只需要传输和接收信号就可以获得相关信息,从而大大扩大了信息传播的空间,信息可以穿越高山、穿越河流、穿越国界,传播到很远的地方,国际传播时代由此到来。广播是一种听觉媒体,人们用耳朵来听信息。电视是一种视听媒体,内容非常形象生动。电视上的各种生活片段,就像是真的一样,因此老少皆宜,受众面很广。

### (五)网络革命

随着互联网的问世,地球村的景象得以成真。网络将世界上所有的人都联系在了一起。人与人之间的连接,不再受地域的局限,人们可以与世界各地的人进行交流。人们交往的对象范围、交往的能力得到了前所未有的提升。网络将传统媒体加以整合,既具备传统媒体的形态和优势,同时又有其网络传播的特性。人们可以接触到来自世界各地的各种信息源,极大地开阔了视野。最重要的一点是,每个人都既是信息的消费者,也是信息的生产者。在生产层面的这种变革,大大增加了内容的生产。信息爆炸的特点非常突出。由于网络上存在海量的信息,人们的选择余地非常大,从而信息传播走向去中心化。在网络上,基于趣缘、业缘等结成的一个个小圈子,让志同道合、趣味相投的人能轻松地找到彼此。

"20世纪中后期计算机及互联网带来的信息革命使人类知识实现了数字化及虚拟化,并且开启了知识共享新时代,出现信息爆炸,人类认知能力出现第五次飞跃。"①网络革命对社会带来了巨大的冲击,人们由此步入了网络社会。

(六) 人工智能革命

随着人工智能技术的不断发展,大数据、云计算等技术的不断涌现,第四次工业革命的兴起,人类社会进入人工智能时代。体现在传播领域,信息的生产者不再局限于人类,智能机器越来越多地参与到信息生产中来。人工智能在新闻写作、海报设计、文学创作、音乐制作等领域能力的增长,催生了大量由各种算法参与或者主导生产的作品。这些智能机器生产的内容和人类生产的内容,一起出现在内容市场上。随着人工智能技术的不断发展,人机协同的信息生产现象越来越突出。智能机器在日常生活、人际交往、物联网等很多领域扮演越来越重要的角色。

人工智能革命的颠覆性意义在于以下几个方面。

①它打破了人与机的界限。人机融合、人机共生将成为趋势。

②它模糊了真实与虚拟的界限。虚拟现实、增强现实等技术得到了广泛运用。

③它实现了人与物的连接。物流网使得万物互联,人与物有了更直接的交互。

④它促进了人机交互的发展。人机交互使得传播场景和社会意义得以重构。

⑤它推动了人类社会进入智能社会。从智能家居到智慧城市,以及智慧国家和智慧地球,一切都智能化了,从而导致传统社会运行模式发生巨大改变。

总之,人工智能革命将给人类社会带来巨大的影响。"当真正多用途的人工智能出现,以及这个星球上大多数人可以通过共同的数字网络彼此沟通互联,当两者结合在一起,就会比工业革命以来的任何推动力都要强大,它们将永久地改变这个物质世界的运转方式。"②一个全新的时代已经来临。

## 二、人类传播发展演变的趋势

人类传播从早期的口语变革,到最近的人工智能传播,已经经历了六次大的变革。纵观人类传播的历史,不难发现存在以下发展趋势。

---

① 张江健:《智能化浪潮:正在爆发的第四次工业革命》,化学工业出版社2017年版,第91页。
② [美]埃里克·布莱恩约弗森、[美]安德鲁·麦卡菲:《人工智能:第二次机器革命时代来临》,《商学院》2015年第1期,第39-41页。

**1. 传播技术越来越复杂**

早期社会科技落后,人们直接依靠自己的身体进行传播。随着社会的不断发展,出现了文字和纸张。到了人工智能时代,传播科技已然高度发达。过去人们可以轻易地掌控自己的传播媒介,如今算法黑箱、大数据等技术是很多普通人难以掌握的。可见,由于媒介技术越来越复杂,导致技术日趋超越了人们的掌控能力。

**2. 媒介记录和记忆的能力越来越强**

口语传播是非常容易走样的,并且传播的范围非常有限。大众传播可以跨越地域和时间进行传播,可以准确记录很多信息,并且能够实现更强的媒介记忆。时至今日,我们依然可以看到早期拍摄下来的影像,形象直观地了解当时社会的真实面貌。在网络时代和人工智能时代,媒介记录和记忆的能力几乎是无限的,可以记录下所有事物,并留存很长时间。

**3. 作为个体的人拥有的传播能力越来越强**

由于时代的发展,人们借助越来越发达的媒介技术,可以将自己的声音传播得非常远,可以传播给很多人。在智能传播时代,人们还能在元宇宙等各种场景中发布信息,结交朋友。个体也具有非常强的信息记载能力,能够用各种工具再现生活以及呈现自己的想象。

**4. 传播可以触及的网络越来越广,越来越复杂**

在原始社会,人们的传播活动主要局限在小小的部落里,范围非常有限,人际关系并不算太复杂。在网络社会,人们的传播活动是在全球范围内开展的,这是一个"地球村"的时代,借助智能翻译,不同国家的人也可以实现无障碍交流。相比过去,人们更容易找到志同道合的人。由于每个人都是一个传播的节点,因此整个传播网络非常复杂。

**5. 传播活动越来越智能化**

在智能传播时代,借助大数据、算法等,人们的需求得到了更好的满足,个性化传播时代得以到来。人们想要什么信息,算法就会推送相关信息。在不同的场景之下,也能够得到相应的信息。传播活动是面向个体展开的,呈现的是千人千面的传播格局。在未来,传播活动还将进一步智能化和个性化,各种信息都将应需而生。

## 第二节 智能传播的定义与特征

### 一、智能传播的定义

什么是智能传播？目前并没有统一的定义。

有学者认为，"智能传播是指将具有自我学习能力的人工智能技术应用在信息生产与流通中的一种新型传播方式"[①]。

也有学者认为，"智能传播是对媒介边界以及媒介产业边界的一种全新的拓展，智能的嵌入改变了媒介的生存方式"[②]。

从这些定义可以了解到，智能传播是一种新型的传播方式，运用具有自我学习能力的人工智能技术，借助智能媒体，实现信息生产、消费等各个环节的智能化。从信息生产角度来说，一方面人工智能独立承担了大量内容的生产，另一方面人类大量地使用人工智能采集数据，生产和制作信息，信息生产过程的智能化程度得以提高，整个信息生产过程的效率得以上升。与此同时，在人工智能、大数据等技术推动下，海量的信息可以实现算法推荐，满足用户个性化的内容需求。智能传播采取的是以用户为中心的传播策略，推动了"人找信息"向"信息找人"转变，"千人一面"向"千人千面"转变。

不管我们是否承认，随着人工智能的发展，很多我们意想不到的新事物会出现，智能传播也将会呈现难以想象的新面貌。在当前来看，智能传播与之前传播最大的区别在于传播活动的智能化转向。

由于人工智能还处于不断向前推进的过程中，智能传播形态也会不断升级，人们对于智能传播的认识在不断深化。在谈论智能传播的时候，有一个对应时期和语境的问题。目前所处的是弱人工智能阶段，智能传播才刚刚起步；到了强人工智能阶段，或者说在面对奇点到来之后的智能传播时，将会是另一番面貌。到了时间更远的超级人工智能阶段，智能传播的形态和方式则会进一步发生巨大的变化。

### 二、智能传播的特征

相比于之前的传播类型，智能传播非常重要的一个特点是人工智能在传播各环

---

[①] 张洪忠、兰朵、武沛颖：《2019年智能传播的八个研究领域分析》，《全球传媒学刊》2020年第1期，第37—52页。

[②] 刘庆振：《智能媒体大时代：变革媒体世界的新机遇与新思维》，析自徐翔：《计算、智能与传播》，同济大学出版社2020年版，第183页。

节的参与。传播主体发生变化,不再仅限于人类,而是呈现一种人机协同、人机共生、人机合一的传播格局。

**1. 智能传播是基于智媒的传播**

智能传播所使用的媒介与大众传播时代所使用的媒介相比有非常大的区别。智能传播时代万物皆媒,媒体不再是特定的某种物体,信息可以通过非常多的载体进行传播。智能媒体是非常懂用户的媒体,能够主动为用户推送有用的信息。并且,用户可以通过阅读、查看或者直接使用语音对话的方式获取信息。

从内容的产出来看,人工智能可以轻松地将信息在不同的媒体间实现转换,实现"跨媒体叙事",使其以适合相应媒体特性的形态出现,同时也以更符合用户接受的方式呈现。它可以通过智能语音助手向特定的用户播报新闻,也可以根据需要进行可视化呈现,还能随时调取相关背景资料。在智能传播时代,信息的制作可以由人工智能独立完成。人们只要下指令,做好有关设置,人工智能就可以完成有关内容的制作。

**2. 智能传播是基于数据的传播**

日常生活中,企业的经营、政府的运行等都可以用数据表示。万事万物皆为数据,这是一个非常庞大的量。为了掌握事物发展的规律,实现方方面面的智能化,显然离不开大数据技术。为了达成精准的、个性化的传播,也需要运用大数据工具。在掌握有关数据之后,才能实现内容供需的匹配。

**3. 智能传播是基于算法的传播**

在有些学者看来,一切皆可为算法。我们的呼吸、睡眠、心率变化,可以进行算法模拟和推测;大自然的大气运动、温度变动、水循环等可用算法预测;网络舆情的演变、社会治理的成效、病毒传播的轨迹,可以用算法来计算。智能传播为何能够达到精准的匹配,就是基于大数据的分析,以及基于算法推荐的结果。算法在了解我们上一秒的行动之后,经过快速计算,能够预知我们下一秒的需求,从而实现精准传播。智能化体现的就是一种准确预判的效果,这样用户才会觉得人工智能是如此善解人意。

**4. 智能传播是个性化传播**

根据"人性化趋势",智能传播时代的信息传播更加人性化,并且人工智能会根据个人的需求有针对性地推送相关信息。在算法推荐之下,信息传播是精准而有效的,提升了传播效率。智能传播实现了应需生产、应需传播,实现了定制化。人们想要什么信息,人工智能可予以相应的生产和制作。人工智能的高效率可以保证信息随时生产、随时传播。智能传播必然是面向个体而不是群体的,它需要考虑到每个用户的不同需求,"千人千面"地传播有关内容。基于大数据,智能传播对用户需求的洞察是非常精准的。个体生活中的种种行为都是一种数据,通过对行为与结果之间存在的关系等进行大数据分析,可以精准了解人们的想法。

**5. 智能传播是沉浸式传播**

用户在接收各种信息时,能够有一种身临其境之感,可以非常直观地感受新闻现场,深度体验有关场景,达到沉浸传播的效果。在人工智能时代,虚拟现实、增强现实、全息影像等给用户强烈的现场感,人们不会觉得媒介的存在,也不会有一种界面感,感觉一切都是那么自然而真实。智能传播时代,在元宇宙的世界里,我们会觉得与真实世界无异,但是它又可以让我们的想象随意施展,满足我们内心的种种欲求。沉浸传播是"去中介"的传播,我们可以直接去感受和体验,它打破了现实与虚拟的界限,仿真的事物甚至让人感觉比真实的东西还要真实。

**6. 智能传播是场景式传播**

用户在某种场景下有何需求,智能传播终端会及时予以洞察,并有针对性地推送信息。用户可以直接与智能终端实现对话,人们的一举一动都会作为反馈数据被加以分析,并被回应。智能传播终端,随处可见,随时可用。智能传播的交互感很强,界面感则几乎没有。

## 三、智能传播时代

进入智能传播时代,传播生态将会发生颠覆性的变化,信息生产和消费的渠道、方式都会有很大的不同。

**1. 智能传播时代,个性化信息需求将会得到极好的满足**

每个人对于新闻、广告、知识等各方面的需求是不尽相同的,即便是一家人、一个单位的人、有着共同爱好的人,也未必会一样。即使人们喜欢的内容是一样的,但是人们接触信息的场景也会有很大区别。在大众传媒时代,人们的个性化信息需求被遮蔽了,到了智能传播时代,内容的个性化生产、信息的定向传播成为现实。由于人们在这个过程中,自己的需求得到了非常好的满足,也会导致人们更容易沉迷其中,媒介依赖症将会更加突出,信息茧房现象也会日趋加重。

**2. 智能传播时代,人际交往将会逐渐转向人机交互**

由于人工智能在新闻生产和传播各个环节的深度参与,大量人工智能记者、人工智能主播的出现,以及社交媒体中大量社交机器人的存在,使得在日常生活和工作场景中智能机器人日渐增多,人们将会有越来越多的机会接触到机器人。由于人工智能通过大数据、云计算等技术对于人们需求的精准把握,以及越来越强的算力,人们在与智能机器互动中将会得到更大的满足感,从而进一步推动人机交互的发展。未来的部分传播活动将发生在人与人工智能之间。

**3.** 智能传播时代，将是一个越来越透明的时代

随着传感器的大量出现，以及人工智能强大的大数据分析能力，通过人工智能可以了解发生在世界各个角落的事情，也能够预测某个个体的行为，以及人类社会的运行状况。不仅是个体，整个社会都有可能时刻处于人工智能的"监管"之下，社会将变得透明。

## 第三节 智能传播研究的先驱

### 一、麦克卢汉

马歇尔·麦克卢汉是媒介环境学派的代表人物。他提出了"媒介是人的延伸"，以及重新部落化、地球村等重要观点。

在他看来，"媒介作为我们感知的延伸，必然要形成新的比率。不但各种感知会形成新的比率，而且它们之间在相互作用时也要形成新的比率"①。媒介不是冷冰冰的外在化的存在，媒介就是人的身体、精神的延伸。媒介改变了人的存在方式，重建了人的感觉方式和对待世界的态度。"一切媒介作为人的延伸，都能提供转换事物的新视野和新知觉。"②随着媒介的智能化，相信越来越多的人会认同他的观点。

麦克卢汉认为，计算机能够瞬间将代码和语言进行转换和翻译，世界大同将有可能，无重力状态（物质的不朽）和无言语情况有可能同时出现，从而赋予人类一种永恒的集体和谐与太平③。

麦克卢汉察觉到电子媒介使信息的传播完全克服了时间与空间的限制，人们的传播活动发生了翻天覆地的变化，在电子媒体的影响下，地球就像是一个巨大的社区。他的"地球村"概念在这个智能传播社会变得越来越真切，通过互联网和物联网，各个国家紧密地联系在了一切，在人工智能技术的推动下，智慧城市乃至智慧地球将成为可能。

### 二、鲍德里亚

让·鲍德里亚为后现代的文化设立了一个坐标系，他考察了"仿真"的历史谱系，提出了"拟像三序列"（The Three Orders of Simulacra）说。拟像的第一个序列时期是仿

---

① [加]麦克卢汉：《理解媒介：论人的延伸》，何道宽译，商务印书馆2000年版，第87页。
② [加]麦克卢汉：《理解媒介：论人的延伸》，何道宽译，商务印书馆2000年版，第96页。
③ [加]麦克卢汉：《理解媒介：论人的延伸》，何道宽译，商务印书馆2000年版，第116-117页。

造(Counterfeit),第二个序列时期是生产(Production),第三个序列时期是仿真(Simulation)。

在第三阶段拟像创造了"超真实"。他指出,"拟真不同于虚构(Fiction)或者谎言(Lie),它不仅把一种缺席(Absence)表现为一种存在(Presence),把想象的(Imaginary)表现为真实的(Real),而且也潜在削弱任何与真实的对比,把真实同化于它的自身之中"①。

"超真实"是指一种比真实更真实的超级真实状况。鲍德里亚认为我们在大众传媒中看到的并不是一个真实的世界,而是由被操控的符码构建的"超真实"世界。由于人们高度依赖媒体,几乎所有信息都从媒体中获知,从而真实也就不复存在,现实世界不过是由模式和符号构建的世界。

在人工智能时代,基于用户精准画像和算法推送,人们更深地陷入虚拟空间中,而虚拟现实技术、元宇宙空间则进一步打破了虚拟和真实的界限,"超真实"更为彻底地取代了真实。

### 三、卡斯特

曼纽尔·卡斯特在"信息时代三部曲"中提出了"流动的空间"与"无时间的时间"等观点。

在网络社会的网络结构中,传统意义上的地域丧失了意义,一切社会活动都可以在地理上获得延伸。"流动空间是指在不接触的情况下,同时发生之社会实践(或者在共享时间中选定的时间)在技术和组织上的可能性。"②"它由节点和网络组成,也就是说,它是由电子推动通信网络连接而成的,通过它,信息流才能流通和交互,以此保证共享时间实践在这样的空间中得到执行。"③

关于时间问题,卡斯特认为现代性可以被构想为时钟时间对空间和社会的支配,而无时间之时间,则是网络社会正在浮现的社会时间的支配形式,它的存在压制了传统的机械时间和生物时间。

他指出,"信息时代正在展现一种新的城市形式,即信息城市"。信息城市的出现有其自身发展的规律。信息城市不是一种形式,而是一个过程。信息城市是信息经济的集聚地,是社会信息化的体现。其实,在智能社会,信息城市就是智慧城市。

---

① [美]马克·波斯特:《让·鲍德里亚思想引论》,《南阳师范学院学报(社会科学版)》2009年第8期,第1—5页。
② [美]曼纽尔·卡斯特:《网络社会:跨文化的视角》,周凯译,社会科学文献出版社2009年版,第40页。
③ [美]曼纽尔·卡斯特:《网络社会:跨文化的视角》,周凯译,社会科学文献出版社2009年版,第40—41页。

## 四、尼葛洛庞帝

尼古拉·尼葛洛庞帝在《数字化生存》这本富有洞见、充满睿智的书中提出的很多概念是我们现在都在使用的,例如虚拟现实、智能穿戴、智能汽车、语音识别等,如今很多已梦想成真。他在其中提到了"无所不在的计算机化",认为"将来的任何器具都将是简单化或复杂化了的个人计算机"①。这正是物联网的时代。

他还提到了人性化界面,以及"计算机将变得更像人"的梦想,期望能够实现高效能的沟通,达到"心有灵犀一点通"的效果。"由此可见,沟通核心不是信息(Information),而是智能(Intelligence)。尼葛洛庞帝所说的'后信息时代',其实就是'智能时代'。"②可见,他的很多观点是智能传播时代的预言。

## 五、拉图尔

布鲁诺·拉图尔和卡隆、阿克什等人在20世纪80年代以来共同发展出了行动者网络理论(Actor-Network Theory,ANT)。1993年拉图尔出版了《我们从未现代过:对称性人类学论集》这一著作,讨论现代性问题。米歇尔·卡隆提出的广义对称性原则,认为"人类学家必须要将自己摆在中点的位置上,从而可以同时追踪非人类和人类属性的归属"③。这个中点是"拟客体"。"拟客体是人与物之间的一种杂合体,处于自然和社会两极的中间。"④

行动者网络理论认为,"现实是由人类的事物(意义、文字、讲述、机构、标志)与非人类的事物(病毒、生物化学、免疫系统)持续相互影响的网络组成的,而非从意义中分离出来单独思考事物,或者从事物中分离出来单独思考意义"⑤。人类的事物和非人类的事物都能激发行动,而将这些联结在一起的多种多样的技术是至关重要的,由此,他提出了"非人类能动性"这样一个概念。

## 六、凯利

凯文·凯利被誉为赛博文化的先知和游侠。他的"三部曲"讨论了技术与人的关系。

---

① [美]尼古拉·尼葛洛庞帝:《数字化生存》,胡泳、范海燕译,电子工业出版社2017年版,第212页。
② 吴伯凡:《一本关于"智能时代"的"说明书"》,析自[美]尼古拉·尼葛洛庞帝:《数字化生存》,胡泳、范海燕译,电子工业出版社2017年版,第47页。
③ [法]布鲁诺·拉图尔:《我们从未现代过:对称性人类学论集》,刘鹏、安涅思译,上海文艺出版社2022年版,第196页。
④ [法]布鲁诺·拉图尔:《我们从未现代过:对称性人类学论集》,刘鹏、安涅思译,上海文艺出版社2022年版,译者导言第4页。
⑤ [英]马丁·李斯特、[英]乔恩·多维:《新媒体批判导论》,吴炜华、付晓光译,复旦大学出版社2016年版,第374页。

他在《失控：全人类的最终命运和结局》一书中指出，"机械"与"生命"两个词的含义在不断拓展，并且还有两种具体趋势正在发生：①人造物表现得越来越像生命体；②生命变得越来越工程化①。我们在驯化科技的同时，也在自我驯化，被科技所驯化。人类与科技及各种机器的关系将会越来越紧密。人们对科技的依赖也在不断加剧，而机器的智能也在快速增长。

在《科技想要什么》一书中，他明确指出"技术是一种生命体"，"我们可以认为技术元素是信息——始于六个生命王国的进一步重组。从这个角度说，技术元素成为第七个生命王国，它扩展了一个始于40亿年开始的进程"②。技术元素延续了单细胞有机体、菌类、植物及动物等生命历程，成了一种"观念有机体"。

面对未来的挑战，"我们要制造生物演化无法得到的新型智能"。这些"异类智能"可以超越人类智能，"能做人类完全做不了的事情"，"能思考人类无法思考的事情"③。

不断发展的人工智能技术，使得各种机器越来越像是"活"的生命体，越来越像人。像人一样"读""写""听""说""观看""学习""思考"和"行动"。人工智能与人类智能的差距正在不断缩小，奇点临近。而对于人类来说，赛博格化的进程也在加快，人类身体上佩戴的、植入的智能设备越来越多，这不仅会改变残障人士的生活，对于整个人类社会来说也将带来巨大的影响。

## 第四节 智能传播的研究对象

智能传播是一个跨学科的研究领域。它一方面涉及传播学，需要研究智能传播的原理、规律，分析和探讨各种现象和问题；另一方面，它又涉及人工智能，需要研究算法设计、界面设计等很多技术性的问题；此外，它还涉及哲学，需要思考如何对待人机关系、如何为人工智能设定相关规则等。

总体来说，智能传播的研究对象是关于智能传播的历史、现象、规律和社会影响等。

有学者对近年来主要学术期刊相关论文进行梳理，认为智能传播研究主要有以下七个领域：算法与权力、人工智能与信息消费、人工智能与新闻生产、智能机器人与人机传播、智能技术的社会性、人工智能与广告、智能技术接受与回避④。

智能传播主要涉及以下研究领域。

---

① [美]凯文·凯利：《失控：全人类的最终命运和结局》，东西文库译，新星出版社2010年版，第5页。
② [美]凯文·凯利：《科技想要什么》，熊祥译，中信出版社2011年版，第51页。
③ [美]凯文·凯利：《必然》，周峰、董理、金阳译，电子工业出版社2018年版，第48—49页。
④ 周葆华、苗榕：《智能传播研究的知识地图：主要领域、核心概念与知识基础》，《现代传播》2021年第12期，第25—34页。

## 一、关于智能传播主体的研究

智能传播时代是一个人机协同、人机共生的时代。内容生产者不仅限于人类,也包括人工智能。从传受关系来说,不再是单向的传播,而是双向交互的关系。每个用户都是内容的生产者,也是内容的消费者。产销者的出现,意味着传播主体也即传播客体。不过,由于人工智能的加入,相对于网络传播时代,传播者显得更为复杂。作为传播者的智能记者、虚拟主播、虚拟偶像等会带来怎样的影响,是否会取代人类?在人机协同开展传播活动时,类人新闻人将扮演怎样的角色,如何发挥作用?很多问题值得展开研究。

## 二、关于智媒的研究

传播需要通过媒体。传统媒体是比较清晰和固定的。在人工智能时代,万物皆媒,万众皆媒,媒体的边界被不断破除,使得媒体的定义已经变得不太清晰。对于传统媒体经营者来说,显然需要认识到这是一个全新的时代,过去的媒体形态面临着革新,整个内容生产的流程需要重组,媒体经营的对象发生了改变,内容制作的工艺也有了新的技术,很多新的事物出现了,从而对现有模式造成颠覆性的影响。传统媒体的智能化变革,以及人工智能时代出现的渠道重构等很多问题值得研究。

## 三、关于智能传播流程的研究

智能传播的整个流程将会发生巨大的变化。新闻采集、生产、制作、推送等各个环节都将走向智能化。算法自动生成的内容、数据可视化的运作、算法推荐等将如何展开,又存在哪些问题,以及如何解决这些问题等很多新问题值得探讨。

## 四、关于智能传播具体领域的研究

智能传播的具体应用领域很广,例如新闻、广告、营销、出版、政治、社交、舆论等,都是可以进行细分加以深入研究的。

例如,关于智能新闻领域的研究。新闻是现代社会不可或缺的,即便我们不再接触传统媒体,我们依然需要通过新媒体渠道获取新闻。传统媒体即便放弃了传统的媒体形态,也还在继续从事新闻生产工作。不过在人工智能时代,新闻出现了一种新的面貌,新闻生产者不再限于人类,而是进入人机协同的新阶段,智能机器生产新闻的数量在日渐增加。新闻形态也在发生变化,它不再是固定的形式,而可能是即时的、互动的,因此进入智能传播时代之后,有很多关于新闻的新问题需要展开研究。

又如,关于智能广告领域的研究。广告是传统媒体非常重要的收入来源,是维系其正常经营活动的资金保障。对于广告主来说,广告是塑造品牌形象、销售产品的重要工具,如果没有广告,商家的销售很难有如此大的规模,品牌也很难产生如此大的影响。广告随着媒体在变迁,到了智能传播时代,广告业的生态发生了重大改变,借助人工智能技术,广告主可以直接针对特定目标对象展开宣传活动。算法推荐推动广告传播进入一个个性化定制时代。广告在智能传播时代的形态、流程等会发生哪些变化,如何取得更好的传播效果等问题都值得深入展开。

### 五、关于智能传播伦理的研究

当前关于智能传播的研究论文相当一部分是在讨论智能传播伦理。在人工智能时代,很多新的伦理问题开始出现,如算法伦理、人机交互伦理等。目前尚未为这些问题设定一个合适的伦理规则。伦理规范对于构建良好的智能传播秩序起到了非常重要的作用,否则,一个混乱的传播生态对于社会来说,是灾难性的。在人工智能时代,过去运用在人类身上的伦理规则,未必能适用于新的语境,亟须革新。只有这样,在智能传播时代面临伦理难题时,才不至于出现手忙脚乱的局面。

### 六、关于智能传播社会的研究

人工智能在西方国家的竞选活动中会发挥怎样的作用?在这个后真相时代,人们的情绪不断地被各种事件挑拨。人们在面对各种竞选信息时,政治机器人会传播很多具有明显诱导性的信息,这对于人们了解真实的信息造成了负面影响。人们变得不知道该相信谁了,或者人们在不知不觉中陷入了一种陷阱。

在智能社会,我们需要思考人机之间是怎样的一种关系,我们应该如何与人工智能建立互动传播关系?对于那些虚拟偶像应该采取怎样的态度?怎样才能更好地提升智能语言助手的服务能力?智能传播社会即将到来,面临的许多全新现象和问题都是值得研究的。

## 第五节 智能传播的学科现状与研究趋势

### 一、智能传播的学科现状

从大的方向来说,新文科是符合社会和学科发展趋势的。在媒体融合的背景下,新闻传播学各学科需要加强融合。与此同时,文科需要与工科、理科等其他学科做更多的交叉和融合。跨学科是技术发展的必然趋势,同时学科交叉为知识创新提供了更多的可能性。

在研究生层面,很多高校设置了智能传播的学科方向。例如,有些高校在新闻与传播专业学位硕士点下设智能传播研究方向,也有很多高校开设了"智能＋与媒体融合""智能传播研究"等相关课程。总体来说,研究方法从"网络＋"向"智能＋"转型将是一大趋势。

在本科层面,新闻传播学一级学科下设的专业主要有新闻学、传播学、广告学、网络与新媒体等。网络与新媒体专业是相对比较新的专业,与智能传播关系密切,但在日新月异的时代变革背景下,课程体系多少显得有些落伍了。新媒体技术、新媒体艺术等专业,与网络与新媒体专业相比,要么偏向艺术,要么偏向技术,但都是关于新媒体的。新媒体本身是比较模糊的概念,其专业定位和边界并不清晰。在工科层面,已经有越来越多的学校开设了人工智能专业,但主要是对人工智能技术的研究,而不是媒体和传播层面。不过随着越来越多的学校开设人工智能专业,智能传播研究将有更好的学科基础,并得到进一步的发展。

随着人工智能传播的进一步推进,智能传播将越来越多地出现在新闻传播学的相关专业课程体系中,甚至成为一个独立的专业。

2024年初,国务院学位委员会学科评议组编修发布了《研究生教育学科专业简介及其学位基本要求(试行版)》。其中,智能传播已经成了新闻传播学一级学科目录下与新闻学、传播学、舆论学、广播电视与融媒体、国际传播、广告与传媒经济并列的二级学科。智能传播主要采用大数据挖掘、机器学习、情感分析、社会网络分析等研究方法,作为一个新兴的、前沿的、文理工交叉的跨学科研究领域,得到了越来越多的重视。

从教材建设而言,目前已经出现了一些与智能传播相关的教材,例如安琪、刘庆振、许志强编著的《智能媒体导论》,李卫东编著的《智能新媒体》等。

## 二、智能传播的关键词

有学者统计,中国智能传播研究位于前十位的聚类主题分别为"人工智能""媒体融合""智能手机""大数据""智能传播""智能媒体""身体""社交媒体""新闻生产""智媒时代"。国外研究共形成七大聚类主题,分别为"Communication and Technology"(传播与技术)、"Social Media"(社交媒体)、"Artificial Intelligence"(人工智能)、"Prosocial Behaviors"(亲社会行为)、"Public Sphere"(公共领域)、"Automated Journalism"(自动化新闻)、"Robot"(机器人)[1]。

在当前关于智能传播的研究中,主要涉及以下一些关键词。

---

[1] 王秋菊、陈彦宇:《多维视角下智能传播研究的学术图景与发展脉络:基于CiteSpace科学知识图谱的可视化分析》,《传媒观察》2022年第9期,第73-81页。

**1. 智媒**

关于智媒,许志强和刘彤合作研究了信息技术视角下未来媒体的发展趋势,主要从媒体融合、技术演进、内容革命、媒体进化以及思维演变等几个方面展开分析。

**2. 传感器新闻、智能新闻、算法新闻、机器新闻、数据新闻、数据新闻可视化**

人工智能技术运用于新闻领域,对新闻形态、新闻生产、新闻分发等各个方面都会带来影响。《传感器与新闻》一书是由国外多位学者共同完成的,他们就传感器新闻的现状、特点、案例,以及法律和伦理问题做了讨论。也有学者讨论了"人工智能时代,新闻人会被取代吗?"等话题。

**3. 智能主播、虚拟偶像**

关于智能主播,杨娜的《媒体用人工智能主播发展研究》一书梳理了从虚拟主播到人工智能主播的发展历程、各自特点以及语言创作手段。

虚拟偶像是二次元文化的产物,随着人工智能技术的发展,初音未来、洛天依等虚拟偶像依次出现,关于虚拟偶像的研究得以迅速增长。

**4. 虚拟现实、元宇宙**

自从罗布乐思(Roblox)上市引发元宇宙投资热以来,元宇宙是当前的热点研究领域。韩国、中国等多位学者的著述都介绍了相关概念和知识。虽然元宇宙还处于探索阶段,不过相关论文讨论的视角多元,已颇有深度。

**5. 智能营销、智能广告、计算广告**

人工智能技术对于营销、广告业来说,同样意味着一种巨大的变革。国内外多位学者撰写了人工智能营销、计算传播、计算广告等领域的相关著作。

**6. 人脸识别、计算宣传、算法推荐、算法黑箱、智能传播伦理**

人工智能技术在新闻与传播领域的使用,会带来很多伦理层面的问题。智能传播的伦理研究是当下智能传播研究领域的热点,很多学者发表了重量级论著。不过,智能传播的伦理问题很难在短时间内找到合理的解决方案,相关研究还将继续深入展开。

**7. AIGC**

技术的不断革新,导致内容生产领域发生重大变化。从专业生成内容(Professional Generated Content,PGC)到用户生成内容(User Generated Content,UGC),普通用户参与了进来,打破了精英阶层主导的内容生产的格局;从用户生成内容到人工智能生成内容(Artificial Intelligence Generated Content,AIGC),人工智能加入到了内容生产领域,改变了人类主导的内容生态。2023年,杜雨、张孜铭已出版《AIGC：智能创作时代》一书，相关论著将会大量出现。

此外，还有智能出版、智能社交、人机协同、情感计算等关键词。

### 三、智能传播的研究趋势

从媒体技术未来发展趋势来看，智能传播将是接下来传播学研究的重点领域。传播学研究的范式将转变，智能传播研究将会形成自己的研究范式。

**1. 各个领域的研究将更多地关注智能传播语境下的新现象和新问题**

对新闻传播学的研究将从传统媒体、网络媒体、社交媒体发展到智能媒体，也即从大众传媒、网络传播、社交传播发展到智能传播。

**2. 智能传播的学科融合研究将会加强**

目前新闻传播学主要归属人文社会科学领域，未来随着智能传播技术的发展，新闻传播学的研究将走向科技化，并在认知科学、现象学、伦理学、社会学与艺术学等多个学科融合之下对智能传播涉及的各种问题进行思考。对智能传播的研究不只是一个学科的问题，而是文、理、工、艺等多个学科交叉融合的结果。

**3. 智能传播研究领域将会不断拓宽**

目前在智能传播领域，学者比较多地关注智能传播伦理、虚拟主播等话题，随着人工智能技术在新闻传播领域的进一步运用，人们对智能传播的认识不断加深，智能传播的研究领域将不断拓展，视野将不断拓宽，智能传播相关研究的理论及研究范式也将逐步形成。

### 思考题

1. 人类传播发生了哪几次重大变革？
2. 你是如何理解智能传播的？
3. 智能传播有何特征？
4. 论述某位学者在智能传播研究中的主要观点。

针对本教材，著者已经录制了配套的在线课程视频，以下是关于本章内容的视频二维码。

## 第二章

## 技 术

智能传播是在第四次工业革命的大背景下,人工智能、云计算、大数据、虚拟现实等技术不断发展,取得了突破性进展之后,才有了一定的形貌。当然,智能传播还在发展的过程中,处于初级阶段。智能传播相关的技术并没有完全成形,还需要取得突破性成果之后,才能造就一个全新的智能社会。传播是社会运行的核心机制之一。智能社会显然与智能传播技术的发展是分不开的。相比于前几次传播革命,智能传播革命将会是颠覆性的,智能社会也将是前所未有的。在智能社会中,传感器让世界时刻可见,物联网让万物互联。

"高登·摩尔(Gordon Moore)于1964年指出,集成电路上可容纳的晶体管数目大约每隔两年就增加一倍,此理论被称为'摩尔定律'。"[1]计算机的运算和功能突飞猛进地发展。人工智能的不断发展,必将对人类社会带来极其深远的影响。人们必须做好知识的、技能的、心理的、伦理的等各方面的准备,才能迎接和应对这个新的时代。

## 第一节　工业4.0

人类社会已经经历了多次工业革命,为社会带来了多方面的巨大变革。工业1.0是蒸汽机时代,工业2.0是电气化时代,工业3.0是信息化时代,工业4.0则是智能化时代。

更具体地说,第一次工业革命发生在17世纪和18世纪。人类在力学研究上获得突破。在工业革命中,蒸汽机的出现极大地推动了生产力的发展,大机器生产的变革,让英国成了现代化国家的先驱。各种各样的机器在现代社会中开始扮演越来越重要的角色。

第二次工业革命发生在19世纪到20世纪初。从科学上来说,热力学、统计物理、电磁学、相对论、量子力学等都得到了前所未有的发展。在产业上,电力革命得以出现。随着电能的推广使用,以及生产设备的电气化,电成为现代社会的主要能源。

第三次工业革命发生在20世纪80年代。在科技上,信息、微电子、生命科学、新材料、新能源、航天航空等领域的各种高新科技不断涌现。在产业上,信息革命让很多新的行业在现代社会兴起。

第四次工业革命发生在21世纪。随着移动互联网、大数据、机器人、计算机视

---

[1] [英]大卫·贝尔、[英]布莱恩·罗德尔、[英]尼古拉斯·普利斯等:《赛博文化的关键概念》,郝靓译,北京大学出版社2020年版,第29页。

觉、深度学习等领域的突破性进展,出现了一场以人工智能为核心的科技革命。机器越来越智能化,物联网得以兴起。"随着智能化科技的发展,包括人在内的万事万物都会通过数据流联结为可以感知和回应环境变化的泛智能体,整个世界将有可能演变为复杂、泛在的智能化虚拟机器。"①

德国出台的《德国2020高技术战略》中提出了以智能制造为主导的"第四次工业革命"的观点。智能制造主要体现在生产方式、服务、管理、装备、产品五个方面的智能化。工业4.0时代将在智能工厂、智能生产、智能物流等领域持续推进。"第四次工业革命通过推动'智能工厂'的发展,在全球范围实现虚拟和实体生成体系的灵活协作。这有助于实现产品生产的彻底定制化,并催生新的运营模式。"②有人认为,工业4.0将会是最后一次工业革命。

2015年,我国政府印发了《中国制造2025》,与德国的"工业4.0"有异曲同工之妙,都是在国家层面大力推进新的工业革命。《中国制造2025》的战略目标是实现"中国制造"向"中国智造"转变,这个过程中,高效率、高质量、低成本的工业机器人将会被大量使用。

"在第四次工业革命的进程中,软件技术驱动的数字互联将会彻底改变整个社会。"③2015年出版的由世界经济论坛全球议程理事会"软件与社会的未来"议题组针对800位公司管理人员所做的调查而形成的报告《深度转变:技术引爆点与社会影响》中列举了21项技术变革,分别是可植入技术、数字化身份、视觉成为新的交互界面、可穿戴设备联网、普适计算、便携式超级计算机、全民无限存储、万物互联、数字化家庭、智慧城市、运用大数据进行决策、无人驾驶汽车、人工智能与决策、人工智能与白领工作、机器人与服务、比特币与区块链、共享经济、政府和区块链、3D打印与制造业、3D打印与人类健康、3D打印与消费品。未列入报告的还有定制人类、神经技术等④。

随着智能技术的发展,智能设备被不断地开发出来,使得人们的生活越来越智能化。如今各种家具、家电已经逐步智能化,扫地有扫地机器人,听音乐有智能音箱等。

人们也被装备了大量智能产品,如智能手机、智能手环、智能眼镜。2012年

---

① 刘大椿:《智能革命与第四次科技革命》,《山东科技大学学报(社会科学版)》2019年第1期,第1-3页。
② [德]克劳斯·施瓦布:《第四次工业革命:转型的力量》,李菁译,中信出版社2016年版,第5页。
③ [德]克劳斯·施瓦布:《第四次工业革命:转型的力量》,李菁译,中信出版社2016年版,第123页。
④ [德]克劳斯·施瓦布:《第四次工业革命:转型的力量》,李菁译,中信出版社2016年版,第123-185页。

Google 眼镜出现,这一年被称为"智能穿戴元年"。人们头上戴的帽、脚上穿的鞋、身上穿的衣,以及随身携带的各种物品都将变得越来越智能化。

无人驾驶的汽车已经开始上路,它将解放人们的双手。人们可以利用路上的时间做些自己喜欢做的事情。无人驾驶的汽车利用车载传感器感知车辆周边环境,获取道路信息、车辆位置和障碍物信息等,控制车辆的速度和方向,从而使车辆能在道路上安全行驶[①]。

通过这些智能设备,人们可以随时随地与他人、与自己实现对话和交流。

## 第二节　5G 与元宇宙

### 一、5G

从通信技术的发展来看,如今已经进入了 5G 时代。

在 1G 时代,人们拿着个"大哥大"在交流,当时使用的是一种模拟信号,并不稳定,也不安全。

从 2G 时代开始进入数字时代,通话质量有了质的提升,不过人们拿着手机除打电话、发短信之外,并不能够做太多事情,手机的功能非常有限。

进入 3G 时代,一个多媒体通信时代到来了,人们可以使用手机上网,也能够发送和接收大量的数据。

4G 时代,手机作为移动电脑,让很多人将过去在电脑上完成的工作,转移到了手机上。并且,传统媒体受到了智能手机的极大冲击,可以通过手机上的订阅号或者 App 阅读新闻;可以在手机上直接在线观看节目,也可以将节目下载到云盘观看,清晰度、流畅度都很不错;音乐也可以通过手机收听。"一机在手",就可以处理很多事情,人们变得越来越离不开智能手机,在一定程度上,人成了一个移动的终端。

到了 5G 时代,通信技术的发展又到了一个新的高度。从技术特性来看,5G 具有以下特点。

一是大带宽。5G 网络的峰值速率为 10～20GB/s,用户体验速率可以达到 10～100MB/s。5G 的大带宽为高速上网下载,以及 4K/8K 超高清视频、VR/AR/MR/XR 等的应用提供了有力支撑。

二是低时延。时延是指信号传送所需的时长。5G 网络的时延一般在 1～10ms,从而为自动驾驶、远程医疗、智能制造、智能电网等应用提供了通信保障,对于强交

---

① 张江健:《智能化浪潮:正在爆发的第四次工业革命》,化学工业出版社 2017 年版,第 250 页。

互游戏、互动视频来说,体验感大为提升。

三是广连接。在5G网络中,每平方公里的网络连接数最高可以达到百万量级,从而人与人、人与物、物与物都能实现全方位连接,为智慧城市、智慧校园、智慧家庭等的创建提供了可能,将开启一个万物互联、万物皆媒的时代。

在5G时代,不仅通信速度更快了,整个传播生态也发生了颠覆性变化。在内容生产层面,将进一步升级到更先进的人工智能生成内容(artificial intelligence generated content,AIGC)阶段。

2019年6月6日,中国工业和信息化部正式向国内四大运营商,即中国电信、中国移动、中国联通、中国广电发放了5G商用牌照,由此我国正式进入5G时代。中国国家互联网信息办公室发布信息,截至2021年底,我国已建成142.5万个5G基站,总量占全球60%以上,5G用户数达到3.55亿。

从1G到5G的信息传播如表2-1所示。

表2-1  1G到5G的信息传播[①]

| 移动通信迭代 | 普及时间 | 基本传输特征 | 传播介质升级 | 对媒体的影响 | 内容生产演变 |
| --- | --- | --- | --- | --- | --- |
| 1G(语音时代) | 20世纪80年代 | 模拟信号传输 | 语音 | 无 | PGC |
| 2G(文本时代) | 20世纪90年代 | 数字信号传输 | 短信、彩信、网页 | 较弱 | PGC |
| 3G(图片时代) | 21世纪00年代 | 高质量数字通信 | 图片、音乐、视频 | 报业衰退 | UGC/OGC |
| 4G(视频时代) | 21世纪10年代 | 高速率数字通信 | 短视频、移动直播等 | 广电衰退 | PUGC/MGC |
| 5G(智能时代) | 21世纪20年代 | 增强型移动宽带 | 超高清、VR/AR/MR等 | 万物皆媒 | AIGC[②] |

5G之后,6G已经进入了研发阶段,人们在通信技术上将会朝着速度更快、功能更全、使用更便捷等方向不断努力。

万物互联需要有相应的5G、6G等技术的支撑。通信技术的变革是智能传播的基础。如果网速跟不上,数据没法上传下载,那么智能设备接入互联网就难以施展开手脚。智能传播是在5G、大数据、云计算等共同推动下,社会的方方面面走向智能化的产物。只有具备畅通无阻的通信渠道,大量的信息传输才有可能。人们在元宇宙世界中畅游,显然也需要有非常便捷的接入端口,足够的容量以及快速的传播才能够实现。未来,大量的智能设备会接入网络,人们也将投入更多的时间到虚拟空间。

---

① 吕廷杰:《5G新机遇:技术创新、商业应用与产业变革》,人民邮电出版社2020年版,第14-16页。
② 原文为IGC,引用时改成了更通用的AIGC。

## 二、元宇宙

元宇宙一词诞生于1992年出版的尼尔·斯蒂芬森(Neal Stephenson)的科幻小说《雪崩》(*Snow Crash*)。在小说中描绘了一个被称为"元宇宙"的多人在线游戏,人们通过"化身"在这个虚拟空间中活动。

2021年被称为元宇宙元年。2021年初,Soul App在行业内首次提出构建"社交元宇宙"。2021年3月,罗布乐思(Roblox)作为第一个将元宇宙写入招股书的公司在纽约证券交易所上市,股价一路飙升,市值一度超过500亿美元。2021年10月28日,Facebook公司更名为Meta公司,力图进军元宇宙领域,为用户提供元宇宙社交。同年,MetaApp宣布完成1亿美元的C轮投资。MetaApp是一个全年龄段参与的,以多人实时交互服务为基础的,每个用户均可去探索、发展和创造的新型社区。

元宇宙是什么?对于很多人来说,其实并没有那么好理解。元宇宙不是一种游戏,但很多游戏开发商,致力于开发元宇宙,在电影《头号玩家》中也展示了元宇宙的游戏场景。从技术上来看,有学者认为,"元宇宙的技术基础,可以用BIGANT(大蚂蚁)来概括。B指区块链(Block Chain)技术,I指交互(Interactivity)技术,G指游戏(Game)技术,A指人工智能(AI)技术,N指网络(Network)技术,T指物联网(Internet of Things)技术。"[1]

Roblox概括了元宇宙的八大关键特征:身份(Identity)、朋友(Friends)、沉浸感(Immersive)、低延迟(Low Friction)、多样性(Variety)、随地(Anywhere)、经济(Economy)、文明(Civility)[2]。

也有学者认为,"从核心特征上看,元宇宙应该具备'人'、'场'、'物'、数字科技、数字经济和数字文明六大核心特征"[3]。

哈尔滨工业大学智能接口与人机交互研究中心主任范晓鹏认为,元宇宙的内涵包括四个方面:一是数字孪生,是指将现实世界真实场景、人物加以虚拟化、数字化;二是虚拟原生,即在虚拟的场景里的虚拟人能够自动地运转起来;三是虚实共生,是指真实人和虚拟人在元宇宙世界中的交互;四是虚实联动,即机器人和虚拟人的联动[4]。

尼尔·斯蒂芬森指出:"只要戴上耳机和目镜,找到一个终端,就可以通过连接

---

[1] 赵国栋、易欢欢、徐远重:《元宇宙》,中译出版社2021年版,第26页。
[2] 赵国栋、易欢欢、徐远重:《元宇宙》,中译出版社2021年版,第13页。
[3] 陈龙强、张丽锦:《虚拟数字人3.0:人"人"共生的元宇宙大时代》,中译出版社2022年版,第155-156页。
[4] 程雅:《ChatGPT火爆,人机交互难点在哪里?》,《每日经济新闻》2023年2月21日,第5版。

进入由计算机模拟的另一个三维现实,每个人都可以在这个与真实世界平行的虚拟空间中拥有自己的分身(Avatar)。"①这个虚拟世界,是现实世界的数字孪生,现实世界的所有事物都能找到其数字化的版本,现实世界中的各种事情,在元宇宙中也可以做,现实中不能做的事情,例如瞬时移动,在元宇宙中也能做到。

根据增强与模拟、内在与外在等维度可以将元宇宙分成四种类型:增强现实、虚拟世界、生命日志和镜子世界②。电影《终结者》中的主人公在看到人类时会显示相关数据,这就是增强现实。类似电影《头号玩家》中的游戏和游戏《堡垒之夜》构建的就是虚拟世界。记录我们日常生活的社交媒体、各种与智能穿戴连接的健康 App 等,就是生命日志。谷歌公司推出的虚拟地球仪"谷歌地球",则是照搬现实世界的镜子世界。

元宇宙离我们的生活越来越近,除了可以让人们沉浸感很强地投入到元宇宙游戏中去,还可以让人们在元宇宙空间做非常多的事情。可以说,元宇宙是现实世界的映射,也是一种数字孪生。现实世界有的,在元宇宙中几乎都能找到。

在国内,很多企业发布了元宇宙开发的各种计划。"元宇宙经济要素包括数字创造、数字资产、数字市场、数字货币、数字消费。"③元宇宙经济是数字经济的一种形式,与传统经济有很大差别。

在元宇宙中,歌手可以开演唱会,用户可以去参加各种派对,公司可以在元宇宙中举行会议,员工也能够身临其境地参与其中。

腾讯会议只是视频形式的会议,而元宇宙会议,则可以让大家如同真的面对面坐在一起一般,非常具有沉浸感和现场感。

通过元宇宙,人们甚至还能够和已故名人实现某种意义上的对话和交流。

元宇宙房地产被很多人关注,不少人愿意花费不菲的价钱在元宇宙空间购买一块地,这在过去是很难想象的一件事。元宇宙房地产也具有价值,人们可以开发各种物业,也可以用于出租。在现实世界中,人们需要一个场地用于学习、工作和生活,在元宇宙中,同样需要有场所用于商业、游戏和工作。

不过,这种虚拟经济的泡沫化让不少人为之担忧。毕竟虚拟空间的房地产,它的价值很大部分是炒作出来的,你以 1000 美元买入,10000 美元卖出,别人再继续加价销售,赚取其中的差价。但是这些虚拟房地产并非真的具有稀缺性,人们可以继续开发更多的游戏,吸引玩家,并开发各类虚拟产品,出售虚拟资源等。

---

① 邢杰、赵国栋、徐远重等:《元宇宙通证:通向未来的护照》,中译出版社 2021 年版,第 10 页。
② [韩]李林福:《极简元宇宙》,黄艳涛、孔军译,中译出版社 2022 年版,第 24 页。
③ 赵国栋、易欢欢、徐远重:《元宇宙》,中译出版社 2021 年版,第 22 页。

元宇宙的开发还处于启动阶段,各种功能还有待完善,应用场景还需要不断提升。不过有一天元宇宙有可能会把大量人卷入其中,一些人除了睡觉,大量时间可能会是在元宇宙度过的。

在当前,元宇宙不仅仅是一个非常火的概念,也是很多公司在致力开发的未来。

"虚实共生的元宇宙为人类社会实现最终数字化转型提供了明确的路径。"[①]后人类社会即将到来,一个新的时代将会出现。

各大科技公司已经开发了不少元宇宙产品,在此列举如下。

**1.《第二人生》**

2003年林登实验室出品的《第二人生》,是受《雪崩》启发而开发的一款游戏,从名称可以看出,这款游戏想要让人们在网络世界里拥有第二个人生。现实世界中有的,《第二人生》基本上都有。林登实验室还开发了林登币,用于在《第二人生》中使用。这个游戏具有元宇宙的雏形。

**2.《堡垒世界》**

堡垒世界推出的Party Royale模式,吸引了很多玩家。玩家可以和朋友一起玩跳伞、骑摩托车、看演出、看电影等。很多艺人选择在堡垒世界举办演唱会。美国说唱歌手特拉维斯·斯科特(Travis Scott)在2020年的"堡垒之夜"举办了5场演出,吸引了不少受疫情影响而选择在线与明星互动的粉丝。此外,也有公司选择在堡垒世界召开会议、举办发布会等。

**3.《我的世界》**

这款游戏是由瑞典Mojang工作室开发的,2011年正式推向市场。《我的世界》是一种沙盒游戏。"就像孩子们在游乐场里用沙子制作各种造型玩耍一样,这种使用游戏中提供的工具进行自由创作并且生活的空间被称为'沙盒'。"[②]人们可以在游戏中建造房屋、工厂等,也可以出售皮肤和小游戏等。

**4. Roblox**

Roblox是全球最大的在线游戏平台,作为一家上市公司,被认为是元宇宙第一股。这是一个兼容了虚拟世界、休闲游戏和自建内容的游戏平台。游戏中的大多数作品由用户自行创建而成,从FPS、RPG到竞速、解谜等,全由玩家操控由圆柱和方块形状组成的小人们完成。

---

① 邢杰、赵国栋、徐远重等:《元宇宙通证:通向未来的护照》,中译出版社2021年版,第92页。
② [韩]李林福:《极简元宇宙》,黄艳涛、孔军译,中译出版社2022年,第51页。

**5. 希壤**

2021年12月27日,百度发布了元宇宙产品"希壤"。该产品打造了一个跨越虚拟与现实的多人互动空间,每一个用户都可创造一个专属的虚拟形象,在个人电脑、手机、可穿戴设备上登录"希壤"。戴上耳机,可以体验到会场内沉浸式的视听效果;打开麦克风,可实现多人语音交流。"希壤"的造型是一个莫比乌斯环星球。城市设计融入了大量中国元素,可以感受到中国山水、中国文化、中国历史等。在这里,可以开展举办会议、参观展览、四处逛街、与人交流等活动;可以寻访千年古刹少林寺,切磋武艺;可以探索三星堆,领略千年国宝;可以偶遇擎天柱、大黄蜂,还能探访三体博物馆,看三体舰队在头顶来回穿梭。

2021年12月27—29日,2021百度AI开发者大会(Baidu Create 2021)在"元宇宙"产品"希壤"里举办。大会一共设置1场主论坛和20场分论坛。2022年6月8日,集度在元宇宙希壤举办了首场品牌发布会ROBODAY,正式发布了首款汽车机器人概念车。

## 第三节 大数据、云计算与区块链

### 一、大数据

大数据的数量级一般都在TB级,运用传统的IT技术和软硬件工具很难在一定时间内对其进行采集、加工、处理。

大数据是人类认识世界的一种新手段,可以让人们获得新的知识,创造新的价值。基于大数据,人们能够预测未来。

大数据具有4V特征,即海量(Volume)、高速(Velocity)、大空间(Vast)、多样(Variety)。

人们每天都在主动地生产海量数据,在网络空间的活动会产生海量数据,计算机还会自动生产海量数据,通过各种传感器能够获取海量数据。在万物皆媒、万物互联时代,数据是这个社会的基础资源,也是社会运行必不可少的核心资源。大数据是实现智能传播的必要条件。

对于普通用户来说,想要读懂这些大数据,并非易事,因此数据可视化呈现显得非常有必要。大数据给社会生活带来了巨大的影响,人们甚至能够借助大数据分析、预测事件发生的可能性。在大数据时代,我们不再依赖随机采样,而是有可能获取关于某个事物的所有相关数据,不再热衷于追求精确度[1]。

---

[1] [英]维克托·迈尔-舍恩伯格、[法]肯尼思·库克耶:《大数据时代:生活、工作与思维的大变革》,盛杨燕、周涛译,浙江人民出版社2012年版,第17-18页。

当然大数据并不能够解决所有问题，一些劣质的、有污染的数据也可能会带来误导，影响决策的准确性，大数据的不确定性也会带来诸多挑战。而在大数据时代，国家安全、信息安全等都会面临新的问题。

## 二、云计算

云计算让人工智能有了质的飞跃，是智能传播的支撑技术。云计算技术在云存储、云教育、云社区、云安全、云政务等多个领域得以运用，在现代社会生活中扮演着重要角色。

美国国家标准与技术研究院（National Institute of Standards and Technology, NIST）对云计算是这样定义的："这种模式提供广泛的、便捷的、按需定制的网络，可以连接到可配置的计算机资源共享池中（例如网络、服务器、存储器、应用程序和服务），这些资源能够快速提供，仅需投入很少的管理工作，或与服务供应商进行低限度的交互。"[1]

四层次论认为云计算是由资源层、虚拟化层、管理层、服务层构成的，五层次论则认为云计算由云客户端、云应用、云平台、云基础设施和服务器层组成。

云计算有私有云、公有云、混合云、社区云四种部署模式。在私有云无法满足运算需求，向公有云寻求支持时，混合云就出现了。

云计算包括了基础设施即服务（Infrastructure as a Service, IaaS）、平台即服务（Platform as a Service, PaaS）、软件即服务（Software as a Service, SaaS）三种服务模式。运用 IaaS，云服务供应方管理着基础设施，里面存储了用户数据，用户可以调配自己的软件。运用 PaaS，云服务供应方提供存储设备以及云服务基础设施应用，用户可创建或获取这些应用。运用 SaaS，云服务供应方提供自己的应用，用户可以在云端使用这些应用。

云计算需要一系列机制来实现，具体包括虚拟化机制、负载均衡机制、资源集群机制、故障转移机制和资源调度管理机制等。

云计算可以让用户通过互联网获取大规模、无限扩展的计算资源、存储资源和应用程序资源。人们可以在世界各地获得云计算提供的服务。软件不需安装在自己的设备上，也能得到相应服务。并且，通过云计算技术可以确保信息的安全性。

在移动互联网时代，移动云计算得以发展。移动云计算是移动终端通过移动网络，从云端获取所需的各种资源或信息服务的使用与交付模式。"移动云计算具有

---

[1] ［加］文森特·莫斯可：《云端：动荡世界中的大数据》，杨睿、陈如歌译，中国人民大学出版社 2017 年版，第 20 页。

终端资源有限性、用户移动性、接入网异构性,以及无线网络的安全脆弱性等特有属性。"①

人工智能的运行需要大量的存储资源和计算资源,在云端可以获得无限扩展的信息技术资源,因此人工智能需要专业的云平台才能实现。

## 三、区块链

2008 年,中本聪(Satoshi Nakamoto)在论文《比特币:一种点对点式的电子现金系统》中首先提出了区块链(Block Chain)这一概念。"'区块'是指内容具有一定保密性的交易记录;'区块链'则是指一串由'区块'首尾相连而成的链条,其串联方式以密码学为根据。"②区块链技术最为人知的应用就是比特币。

区块链有公有区块链、行业区块链和私有区块链三种类型。

区块链技术在金融、保险、物联网、物流、公共服务、数字版权等多个领域得到应用,并且技术已经有了多次升级,区块链 1.0 阶段以数字货币为代表,区块链 2.0 阶段以智能合约为代表,在区块链 3.0 阶段,区块链得以大规模应用。

区块链具有难以篡改、可追溯、去中心化、安全性、开放性等特点。

区块链能够为各种事物提供登记证明,例如结婚证、出生证、学历证明、保险证明等。从区块链的媒体应用角度来说,2019 年,人民网旗下的"人民在线"和腾讯旗下的"微众银行"合作,基于 FISCO BCOS 区块链底层技术搭建了"人民版权"平台,为用户提供了一套"区块链+版权"的版权保护解决方案,完善了版权收益分享机制,实现版权价值最大化③。具体来说,区块链可以有以下应用场景。

**1. 数字版权的保护**

在内容付费、知识付费越来越普遍的当下,如何保护内容生产者的权益这一问题显得格外重要。区块链技术的应用,有助于数字版权的保护。区块链技术能够为版权内容生产唯一的身份标识证明,使其权属清晰,便于版权内容的交易和使用。

**2. 数字资产的价值转换**

区块链技术能够帮助内容生产者更好地实现其数字资产的价值转换,即便是"微内容"也能够确保其权益,从而有助于内容生产者更积极地投入内容创作中,促进更多优质内容的出现。"通过 NFT、DAO、智能合约、DeFi 等区块链技术和应用,

---

① 李卫东:《智能新媒体》,人民邮电出版社 2021 年版,第 23 页。
② [英]大卫·贝尔、[英]布莱恩·罗德尔、[英]尼古拉斯·普利斯等:《赛博文化的关键概念》,郝靓译,北京大学出版社 2020 年版,第 218 页。
③ 唐俊:《万物皆媒:5G 时代传媒应用与发展路径》,复旦大学出版社 2021 年版,第 159 页。

将激发创作者经济时代,催生海量内容创新。"①此外,区块链分布式的特点,有助于内容的众筹生产,便于协作完成内容生产。

**3. 确保信息的真实性**

区块链技术可以追踪信息来源,实现信源认证,从而可以防止虚假信息的传播,这对于后真相时代的网络信息治理来说,有很大的帮助。在广告领域,也有助于防止作弊欺诈现象的出现,帮助广告主更精准地追踪广告效果。

## 第四节 物联网、传感器与脑机接口

### 一、物联网

2005年11月17日,国际电信联盟(International Telecommunication Union, ITU)发布了《ITU互联网报告2005:物联网》,正式提出了"物联网"这一概念。

物联网是借助射频识别和传感器等设备,将任何物品与互联网加以连接,实现信息互换和通信,从而能够进行智能化识别、定位、跟踪、监控和管理的一种网络。

物联网的技术架构主要分为感知层、网络层和应用层三个层次。感知层通过各种传感器,识别和采集物体信息。网络层由各种网络组成,负责传递和处理获取的信息。应用层是物联网和用户的接口。

如今,"人的网络在向物联网转变:在物联网中,各种物理对象都配有传感器(如REID芯片)来相互通信。这使得技术和社会系统(例如工厂、公司、组织)能够实现自动化和自组织"②。物联网将产品、服务与地点等各种物与人建立了一种连接。未来,不管是我们穿的衣物,还是住房、汽车等,都将安装上体积小、价格低的传感器,并像智能手机一样接入互联网。从而,智能冰箱将为你预定食物,智能电视将为你预定节目,智能汽车将为你加满汽油,扫地机器人将为你打扫房间,并且所有这些都是自动完成的。

物联网进一步向前推进,将是万物网时代。"所有事物都在线。一切都是实时的。一切都是互联的。"③

"它将连接一个智能网络中的每台机器、每家企业、每个住户和每辆车,而该智

---

① 邢杰、赵国栋、徐远重等:《元宇宙通证:通向未来的护照》,中译出版社2021年版,第70页。
② [德]克劳斯·迈因策尔:《人工智能:何时机器能掌控一切》,贾积有、贾奕译,清华大学出版社2022年版,第82页。
③ [英]克里斯·斯金纳:《数字人类:第四次人类革命的未来图谱》,李亚星译,中信出版社2019年版,第274页。

能网络包括通信互联网、能源互联网、物流互联网等,一切都将内置到单一的操作系统中。"①"任何带电子标签的物件,指明一个互联网地址的,都会被吸进互联网,互联网就像吸尘器。"②接入网络的终端越多,产生的网络效应就越大。物联网将给我们的生产方式、交易方式、物流方式、生活方式等带来彻底改变。

此外,物联网能够实现产销链各个环节的管、控、营一体化,实现全生命周期的智能管理。

## 二、传感器

这个时代,传感器几乎随处可见。"传感器是一种检测装置,它截取、记录、翻译和转换一种刺激或输入,用电信号进行计量,使之成为可计量的、可以由观察器或仪表解读的输出。"③任何能够采集数据的设备都可称为传感器。例如,智能手机、智能穿戴、智能家电、智能家居、智能汽车、监控设备和工业控制设备等都是传感器。智能穿戴会测量人体的温度、心率以及其他生理数据。智能汽车和遍布城市街头的大量传感器可以收集大量数据和画面。记者通过整理这些信息,可以写出真实感很强的报道。通过传感器,我们可以第一时间了解哪里发生了趣闻,哪里发生了地震,从而可以大大提升新闻的时效性。传感器是一个客观的记录者,由此获得的新闻具有很强的客观性,可以提升新闻的可信度。传感器新闻已经在新闻报道中得到了广泛运用。通过传感器,我们也可以获得很多有用的信息,可以用于商业、品牌传播,以及政府决策等。

## 三、无人机

人们常说的无人机,可以有多种类型。一种是无人驾驶飞机,体型较大,在军事领域可以执行侦察、运输、近距离清除目标等多种任务,在民用和科研领域可以用于灾情监视、缉私查毒、环境保护、大气研究,以及地质勘探、气象观测、大地测量、农药喷洒和森林防火等。另一种就是家用的微型飞行器,可以用于空中拍摄、组队表演等,在日常生活中已被广泛运用。

无人机可谓是会飞行的传感器。它能够收集气象信息、地理信息、灾害信息,拍摄新闻图片和视频等。无人机在气象监测、国土资源执法、环境保护、抗震救灾、遥

---

① [美]杰里米·里夫金:《零边际成本社会:一个物联网、合作共赢的新经济时代》,赛迪研究院专家组译,中信出版社2014年版,第71页。
② [意]伊沃·夸蒂罗利:《被数字分裂的自我》,何道宽译,中国大百科全书出版社2021年版,第16页。
③ [意]科西莫·亚卡托:《数据时代:可编程未来的哲学指南》,何道宽译,中国大百科全书出版社2021年版,第41页。

感航拍、快递服务等领域得到广泛的应用,它具有小巧、稳定、精准、低能耗、环境适应性强等多方面的优点。

未来的无人机将会进一步小巧化,小如一只鸟、一只蜻蜓,甚至一只蜜蜂、一只蚊子,也是有可能的。体型如此小的无人机,飞行高度不一定太高,但它在执行一些隐蔽、危险的任务时,往往可以起到非常大的作用。

无人机在新闻报道中的应用,开创了无人机新闻这一新的领域。过去拍摄新闻图片,往往是以平视的视角拍下的,虽然与习惯相符,但未必能够给读者不一样的感觉。无人机则是采用俯瞰视角,它在高空看这个世界,如此呈现出来的画面是相当震撼的。无人机既可以用于拍照,也可以拍摄视频、进行直播等。在地震、火灾或者山林等记者很难进入的场景,无人机可以发挥其独特的作用,拍下珍贵的照片和画面。

## 四、生物识别

生物识别是利用人体的生理、表情、行为特征等来进行识别和认证的技术。

密码容易忘记,并且易于被窃。人体的生物特征是各不相同的,即便双胞胎也存在很多差异。生物识别具有很高的准确性、易测型、安全性、快捷性等特点。

生物识别具有多种方式,例如指纹识别、语音识别、虹膜识别和人脸识别等。

人们使用的手机,之前比较流行的是指纹识别,即只要使用手指按一下,就可以解锁手机。如今,大多数手机已采用人脸识别技术,只要拿起手机,面向自己,就可以自动解锁。大多数手机还有智能语音助手,也具备语音识别功能,例如 iPhone 手机的 Siri,用户可以通过语音与其进行交互。中国的科大迅飞是一家专注语音合成与识别领域的公司,相关成果已经在多个场景中得以应用。虹膜识别是指需要对着眼睛扫一扫,基于眼睛中的虹膜进行身份识别,在影视剧中经常可以看到这种识别方式,不过在日常生活中并不多见。

人脸识别在安防、公安、金融等领域也得到了广泛应用。在很多单位和小区的门禁系统中已经大量使用人脸识别系统。利用人脸识别,能够协助公安民警快速地查找到罪犯的身份,从而有助于打击犯罪、开展反恐等。在人们日常的消费支付中,刷脸支付已经成了一种时尚。

人脸识别和图像识别都是计算机视觉技术的具体应用。在交通领域,使用图像识别可以准确而快速地识别出车牌号。

通过生物识别系统,人工智能能够为人们提供个性化的、定制的服务,根据不同的对象,做出不同的反应。生物识别的应用场景还在不断拓展中,未来很多卡证并不需要随身携带,只要刷脸,就可以获取相关信息。

### 五、脑机接口

脑机接口在医疗领域将得到广泛运用。"建立先进的脑机接口、了解大脑复杂的运作方式将会为患有神经障碍的患者开发出不可思议的新疗法。通过各种神经义肢,病患将重新获得运动、感觉和情感能力。"当然,它不仅限于医疗,"脑机接口也许会改变我们使用工具的方法、改变我们彼此交流以及与遥远的环境或世界沟通的方式"①。

对于残障人士来说,脑机接口对他们的生活会带来巨大的改变。很多残障人士由于没法像正常人那样用手、用脚去行动或者操作一些设备,生活无法自理,有些残障人士甚至表达困难。借助脑机接口技术,残障人士可以通过意念等操作智能设备,完成很多事情,生活上具有更强的自理能力。并且,他们还可以进入到虚拟空间,与更多的人、虚拟数字人互动交流,感受这个丰富多彩的世界。

现在世界上有多家公司在研究脑机接口技术,也许有一天,人们也会像《黑客帝国》中的那样,在后脑勺有一个接口,可以直接连接而进入虚拟世界。那个时候元宇宙应该已经比较成熟,由脑机接口进入元宇宙世界,带来的沉浸感会特别强烈,人们会觉得自己整个身体进入到其中一般。目前借助头显设备,人们进入虚拟世界,效果同样非常具有沉浸感,不过暂时还无法长时间使用,否则会感到不适。脑机接口之下,在虚拟世界的体验感会非常逼真。脑机接口不仅可以让人们富有沉浸感地进入虚拟世界,而且可以借此非常快速地学习一些知识和技能。例如,之前没学过驾驶飞机,未来只要下载相关资料到自己的大脑,短短几分钟就可以学会了。通过脑机接口接入整个网络世界,每个人都可以具有超级强大的知识和能力,都是"超人",或者说是"神人"。

脑机接口技术还在开发当中,具体的功能和应用场景还未确知,但如果开发成功,那么对于人们学习、游戏、工作和生活等来说都会带来革命性的变化。人类由此会进一步赛博格化,每个人的身体都会植入一块或者多块芯片,身体作为数据可以被智能机器读取,我们也可以直接获知各种数据。通过脑机接口,人们可以获得无比强大的数据资源。

随着对神经科学的深入研究,人们将可以通过意念来进行传播,很多时候不必说出口,只要大脑想一想就可以实现。语音传播会被意念传播取而代之。

---

① [巴西]米格尔·尼科莱利斯:《脑机穿越:脑机接口改变人类未来》,黄珏萍、郑悠然译,浙江人民出版社2015年版,第7页。

## 第五节　虚拟现实与全息影像

### 一、虚拟现实技术

根据虚拟与现实的关系，三维的视觉体验可以分成四种类型：VR、AR、MR 和 XR。"VR（Virtual Reality，虚拟现实）技术让人们感受到现实世界之外的虚拟世界。AR（Augmented Reality，增强现实），在现实环境中增加虚拟物体。MR（Mixed Reality，混合现实），在虚拟环境中增加现实物体。XR（Extended Reality，扩展现实），可以理解为虚拟和现实的进一步融合。"①

#### （一）虚拟现实（VR）

20世纪80年代初，美国计算机科学家、VPL Research 公司创始人杰伦·拉尼尔提出了 VR 这一概念。VR 结合了计算机图形和仿真、人机交互技术、传感器技术、人工智能技术等多种技术，创造了一个虚拟的世界，并能够与其交互，给人以沉浸式体验。VR 具有"3I"特性：Immersion（沉浸性）、Interactivity（交互性）、Imagination（想象性）。"VR 技术是一种以数字为原料的经验生成器，可以轻松地生成我们能想到、听到或看到，甚至是更为复杂的感官体验。"②VR 是智能传播时代非常重要的一种技术。

人们如果戴上头显设备，就可以获得深层次的沉浸感。用户能够与虚拟世界密切接触，增强交互体验。借助 VR 技术，人们可以不受时间和空间局限，去体验过去无法完成的各种事情。"VR 技术塑造的强烈现实感将原本互相矛盾对立的两种特征放大了。"③它提升了现实感，又将假象推向极致。VR 能让我们接触到现实世界难以接触的体验，例如在月球、火星上行走等。"真正意义上的 VR 技术意味着所有的感官都被电脑所控制且存在着一个真实的 3D 展示。"④

2012年之后，VR 技术的研发和应用获得了快速发展，Oculus Rift、HTC Vive、PS VR、Gear VR 等消费级头显设备陆续出现，资本市场的投入日趋增多。

2016年被称为中国 VR 元年，各大科技巨头、媒体公司纷纷进驻布局。各大网络视频平台争相推出 VR 频道，例如爱奇艺、优酷等都建有 VR 影视板块。

---

① 赵国栋、易欢欢、徐远重：《元宇宙》，中译出版社2021年版，第191页。
② [美]杰里米·拜伦森：《超现实》，汤璇译，中信出版社2020年版，第40页。
③ [美]凯文·凯利：《必然》，周峰、董理、金阳译，电子工业出版社2018年版，第272页。
④ [英]大卫·贝尔、[英]布莱恩·罗德尔、[英]尼古拉斯·普斯等：《赛博文化的关键概念》，郝靓译，北京大学出版社2020年版，第196页。

VR 在远程办公、实景学习、游戏竞技、社交、影视剧、综艺节目、新闻报道、直播、电商、广告、房地产销售等多个领域得到应用。很多房产中介平台，提供了 VR 看房功能，人们不必一家家去跑，在网络上就可以看房，大大节省了时间。VR 可以帮助人们找到更加称心如意的房子。利用 VR 看房功能可以全方位查看房间的结构布局，了解房屋的大量细节，如同身临其境一般，清晰度也很高。VR 广告可以让人们更全面地了解产品的性能，从而有助于塑造品牌形象，形成品牌记忆。VR 电商可以让消费者非常具有现场感和沉浸感地去观看农产品种植、采摘、加工、包装等各个环节，工业品的整个生产流程等，由此消费者会有一种真实的体验感，对产品更容易形成好感，更能够促进消费。在综艺节目中，VR 可以带给用户 360 度的视听体验，可以近距离接触明星。

在新闻报道中，VR 技术也被加以运用。《得梅因纪事报》推出的《丰收之变》、美联社的《流离失所》、BBC 的《1943 年：柏林闪电战》等都是 VR 新闻。2015 年开始，我国在 VR 新闻领域也做了初步尝试。报道"东方之星"客船翻沉事件、"九三大阅兵"的新闻报道都运用了 VR 技术。

VR 新闻直播具有独特的视听效果，你可以通过放置在新闻现场的设备自己去看。人们可以直接去查看新闻现场的角角落落，可以转换视角，也可以观察细节。新闻记者的中介作用在这里消失了，新闻现场直接呈现在你眼前，你就如同一个新闻现场的目击者一般，直接去听去看现场发生的一切。记者的直播报道，镜头为我们选择了要看的内容，设定了一个框架。VR 直播不做这样的限制，你可以用自己的眼睛去看，达到了去中介的效果，并且大大提升了新闻的现场感、沉浸感、自主感、交互性。

**（二）增强现实（AR）**

1990 年，波音公司计算机研究部的科学家托马斯·考德尔（Thomas Caudell）首创了"增强现实"一词。

AR 是在 VR 的基础之上发展而来，它将真实世界与虚拟世界无缝连接在一起，计算机生成的虚拟物体和信息能够叠加在真实场景中，给人以超越现实的体验感。AR 具有虚实结合、实时交互、三维注册等特点。AR 的呈现方式有手持型、头戴型和空间展示型等多种。

运用 AR 技术，能够给人良好的用户体验。AR 技术被广泛应用于医疗、教育、娱乐等多个领域。人们网购衣服时，在家也可以完成虚拟试穿，无需跑来跑去，并能减少退换货的发生。

在新闻传播领域，新闻播报、体育直播、综艺节目、活动直播、广告等场景可以得到运用。

主持人在主持节目时，身旁可以出现与主题相关的虚拟仿真图像，给观众全新的体验感。2018年全国两会期间，新华社客户端推出了《AR看两会｜政府工作报告中的民生福利》等报道，给人很强的科技感，用户在具体使用时还能进行交互。

川报全媒体推出的两会特别报道《你有一份民生大礼包待收！》，运用了AR技术，用户只需扫描一下报纸上相应的图片或文字，就可以看到集合了三维立体动画、解说、文字、视频的逼真内容。

中国国际电视台（CGTN）在关于一带一路的AR特别报道中，将各种虚拟实时信息与实拍画面进行融合展示，从而实现了三维模型、动画、音视频等多媒体信息与主持人进行实时交互，使观众不仅能够轻松愉快地看懂新闻，并能参与其中。

国外的Talk about Local网站开发的基于地理位置的AR新闻，能够将该网站的社区新闻持续不断地输入到一个增强现实环境中，完美呈现实时媒体信息空间。

将AR技术运用到情境纪录片中，可以在实景中加入声音和立体图像来讲述该环境中发生过的历史事件。

### （三）混合现实（MR）

1994年，多伦多大学教授保罗·米尔格拉姆（Paul Milgram）提出了MR的概念。

MR技术实现了在现实场景中呈现虚拟场景信息。MR系统从AR的三维注册转向上下文注册。

2015年1月22日，微软发布了世界第一款面向消费市场的头戴式混合现实设备Hololens。

在制造业，MR技术可以用于岗位培训。MR技术能够为新员工提供拟真环境，呈现出立体的、可透视、可交互的工作空间，从而降低培训成本，提升培训效果。

在医疗领域，佩戴MR设备的医护人员可以直观地看到患者的各种信息，包括个人信息、症状、用药情况、恢复情况等。

### （四）扩展现实（XR）

扩展现实的英文是Extended Reality或Cross Reality，通常简称为XR。这里的X可以看作是V(R)、A(R)或M(R)的占位符。XR利用硬件设备，结合多种技术手段，囊括了VR、AR、MR等。XR具有感官代入、情境感知、编辑现实以及人机交互等功能。XR既在现实场景中融入虚拟信息，也在虚拟场景中融入现实信息，从而实现了虚拟与现实的无缝对接。

XR硬件设备主要包括微显示器、GPU芯片等零部件，以及XR整机设备及交互设备等。

在影视制作行业，"XR出现的意义不是简单地替代绿幕，其应用场景也不止于和 LED 大屏的结合,它本质上是由实时渲染技术的发展而推动的一场虚拟和现实融合的技术革命,也将随着实时渲染技术的迭代而再次出现应用场景的拓展"①。

在教育领域,能够使教学活动虚实相融、智能交互,并拓展教学空间,为实践教学、体验教学等提供更多的可能性。

## 二、全息影像

1948 年,匈牙利科学家丹尼斯·盖博(Dennis Gabor)发明了全息术(Holography)。"全息图像(Hologram)就是把一个情境中所有可能的景象聚集在一个光调制模式下的单一平面上。随后,当光束通过这个平面或被这个平面反射的时候,原先的景象会在空间中以光学方式重组,成为立体影像。"②全息影像不需要借助介质,直接在眼前的空气中呈现立体的影像,人们可以随意变化角度去观看,也能够在影像中穿梭自如。在电影《星球大战》中的全息通信将是未来的一种运用。身处两地的人们通话时,可以不再只听其声,不见其人,或者即便视频聊天,也只是一张 2D 的脸,而是能够看到对方立体的全身,就如同跟身边的人对话一样,可以获得很不一样的传播效果。

全息影像与 3D 影像不同。3D 影像是显示在屏幕上的虚拟画面。全息影像则是投影在空气中的,可以 360 度观看的影像。

全息影像具有可以进行三维立体影像传播,给人全新的视听感,以及破除物理距离局限等优点。

歌手即便在异地演出,通过全息投影,可以实现"虚拟远程在场",能给消费者一种歌手就在现场的感觉。借助全息影像,人们也能看到已经逝世的明星得以"复活",听其演唱歌曲,甚至能与其互动交流。

在摄影领域上运用全息技术,开发了全息摄影。全息摄影是一种新型的摄影技术,能够记录被摄物体发射波的振幅和相位等全部信息。全息影像在影视业的运用,能够让观众有身临其境之感,从而对影视业带来颠覆性影响。

## 三、无屏时代

现在电视、手机大大小小的屏幕,有些是可以触摸的,有些是很薄的平板。

不管是大屏,还是小屏,都在走向智能化。各大厂商都在研发"智慧屏""极智屏""未来屏"等新型屏。家里的各类屏也逐步从娱乐为主,转换成为适应智能家居

---

① 冯高洁:《XR(扩展现实)应用于电视节目的关键技术与发展趋势》,《现代电视技术》2021 年第 2 期,第 114—117 页。
② [美]尼古拉·尼葛洛庞帝:《数字化生存》,胡泳、范海燕译,电子工业出版社 2017 年版,第 119 页。

所需的智能屏。人们可以通过智能屏，监测房屋和相关设备的运行状况，也能对家里的各类智能设备加以连接和控制，实现信息共享以及万物互联，从而形成一个全新的智能家居生态。

屏幕接下来的一个发展趋势将是柔性屏幕，图像可以在一些能够变形、能够弯曲的柔性基材上显示。人们可以将柔性屏折起来、卷起来放到口袋里，也能够将其固定在任何物体上。柔性屏轻薄、体积小、能耗低、可延展，非常便携，还能随意折叠，因此可以在很多场景中得到应用。

随着技术的不断发展，柔性屏可以附着在任何物体以及人体上，从而使屏幕无所不在，人们能够把任何物体当作屏幕。5G技术的发展，将推进"泛屏化"和"万物皆屏"。由此，屏幕最终变得不复存在，可以随时随地显示各种影像。"从多屏到无屏，是将人类的一切地点都被当成了背景，当成了可以显示信息的屏。"①眼到之处皆为屏，此谓无屏。

随着智能电视的进一步发展，将可能推出无屏电视，可以分为激光无屏电视、客厅无屏电视、便携无屏电视等多种。无屏电视不需要固定的屏幕，而是任何可供投影的地方都可以成为屏幕。屏幕尺寸大小可以随时调整。电视不必固定在客厅，而是可以出现在很多应用场景中。全息投影电视可以呈现3D画面的效果，给人更强的沉浸感和体验感。

无屏时代，信息应需而呈现。"显示技术可能将被集成在任何地方，而操控将会是'零界面'的方式，语音和手势控制将成为主流"②，从而可以实现人们更加快捷地获取和传播信息的目的。

## 第六节　人工智能

人工智能是对人类的意识、思维等信息过程的模拟。科学家致力于让人工智能像人类一样看、听、说、思考以及行动，而深入研究机器感知（机器视觉、机器听觉）、机器思维、机器学习和机器行为等问题，由此而形成人工智能技术以及人工智能科学。人工智能研究分为三个学派：符号学派、连接学派和行为学派。

符号学派的思路是人们自己总结规则，然后通过 if-else 的方法堆砌成一个专家系统。连接学派基于仿生学，对人脑进行模拟，从神经元开始，进而研究神经网络模型和脑模型，代表性成果有深层次神经网络（深度学习）。行为学派认为人工智能源

---

① 李沁：《媒介化生存：沉浸传播的理论与实践》，中国人民大学出版社2019年版，第53页。
② 物联网智库：《物联网：未来已来》，机械工业出版社2015年版，第48页。

于控制论,开发了强化学习等技术。

## 一、人工智能的发展历程

从发展历程来看,人工智能的研究和开发已经有几十年的历史。

1941 年,图灵机出现,这是可以用来做数学计算的简单计算机模型。

1943 年,神经学家沃伦·麦卡洛克(Warren McCulloch)和数学家沃尔特·皮茨(Walter Pitts)合著了《神经活动中固有的思维逻辑运算》(A Logical Calculus of the Ideas Immanent in Nervous Activity),提出将数学和算法结合,建立了神经网络和数学模型,模仿人类的思维活动。人工神经网络的大门由此开启。

1946 年,第一台电子计算机埃尼亚克(ENIAC)问世。

1950 年,图灵在发表的《计算机器和智能》(Computing Machinery and Intelligence)一文中提出了一种验证机器是否具有人类智能的判别方法,这个方法被称为图灵测试。他认为在人类和机器隔开的情况下进行对话时,如果有超过 30% 的测试者没法分辨对方是人还是机器,那么机器就通过了测试,具备了和人类一样的智能。虽然,很多人工智能已经在国际象棋、围棋等竞技中,战胜了人类世界冠军,但是这一天目前还未到来。从人工智能的发展来看,这一天距离现在应该并不会太遥远。

1956 年麦卡锡、明斯基、塞弗里奇、香农、纽厄尔、司马贺等重量级人物在达特茅斯会议上正式提出了"人工智能"一词。不过,"'人工智能'这个词真正被共同体广泛认可是在近十年后的 1965 年,在加州大学伯克利分校的欧陆派哲学家德雷弗斯(Hubert Dreyfus)发表了《炼金术与人工智能》一文之后"①。

回望人工智能的发展历史,整个过程有过多次起伏。

达特茅斯会议提出人工智能概念之后,相继取得了一批重要的研究成果,如机器定理证明、跳棋程序等。这是人工智能发展的第一个高潮。

20 世纪 60—70 年代初,是人工智能发展的第一个"冬季",投入研究人工智能的经费很少。

1966 年,麻省理工学院的学者约瑟夫·维森鲍姆(Joseph Weizenbaum)在 ACM 上发表了题为《ELIZA,一个研究人机自然语言交流的计算机程序》(ELIZA, a computer program for the study of natural language communication between man and machine)的文章。文章描述了这个叫作 ELIZA 的程序如何使人与计算机在一定程度上进行自然语言对话成为可能。

1969 年,马文·明斯基(Marvin Minsky)和西蒙·派珀特(Seymour Papert)在

---

① 尼克:《人工智能简史》,人民邮电出版社 2017 年版,第 10 页。

《感知机：计算几何学》(Perceptrons: An Introduction to Computational Geometry)一书中提出反向传播算法。

20世纪70年代初至80年代中期，人工智能研究在专家系统上取得了进展。"这之后，知识库开始兴起，大量的专家系统问世，人工智能进入了'逻辑推理＋专家知识＝规则'的新阶段。"① 专家系统在医疗、化学、地质等领域取得成功，推动人工智能走入应用发展的新高潮。

但没过几年，由于人们的兴趣主要集中在个人电脑，于是研究经费再次枯竭。20世纪80—90年代，进入了人工智能发展的第二个"冬季"。

1989年，美国卡内基梅隆大学的研究人员 Dean Pomerleau 花费了8年的时间，研发出了一套名叫 ALVINN(Autonomous Land Vehicle in a Neural Network)的无人驾驶系统，并用在了 NAVLAB 货车上，成功实现了自动驾驶。

20世纪90年代中期至2010年，由于互联网技术的发展，加速了人工智能的创新研究以及进一步走向实用化。

1997年，国际商业机器公司(International Business Machines Corporation，简称IBM)的"深蓝"击败了国际象棋冠军卡斯帕罗夫。

2008年 IBM 提出"智慧地球"的概念。

2011年至今是人工智能的蓬勃发展期。随着大数据、云计算、互联网、物联网等信息技术的发展，泛在感知数据和图形处理器等计算平台推动以深度神经网络为代表的人工智能技术飞速发展。图像分类、语音识别、知识问答、人机对弈、无人驾驶等人工智能技术实现了从"不能用、不好用"到"可以用"的技术突破。

2011年，苹果公司的智能语音助手 Siri 出现。同年，超级电脑"沃森"(Watson)在智力竞猜节目《危险边缘》中击败人类选手。

2012年6月，谷歌的科学家用1.6万块电脑处理器构建了当时全球最大的电子模拟神经网络。在无外界指令的自发条件下，该人工神经网络自主学会了识别猫的面孔。

2013年4月2日，美国白宫发起了"推进创新神经技术脑研究计划"，简称"脑计划"。这一计划的目标"是创造新的神经技术，以加速我们对'终极信息机器'，即大脑的功能和障碍的进一步理解"②。

2014年，聊天机器人微软小冰在微信开始公测。同年，伊恩·J.古德费洛(Ian J. Goodfellow)等人提出了生成对抗网络(Generative Adversarial Networks，GAN)，这种

---

① 涂子沛：《给孩子讲人工智能》，人民邮电出版社2020年版，第63页。
② [美]特伦斯·谢诺夫斯基：《深度学习：智能时代的核心驱动力量》，姜悦兵译，中信出版社2019年版，第272页。

生成模型让生成器和判别器相互对抗,从而提升了人工智能内容生成的能力和效果。

2016年,谷歌深度学习开发的AlphaGo击败了当时的围棋世界冠军李世石。

2017年,谷歌深度学习开发的AlphaGo Zero,完全从零开始学习,只经过短短的三天,就以100∶0的成绩战胜了老版本的AlphaGo。

2022年11月问世的ChatGPT(Chat Generative Pre-trained Transformer),拥有多项高超技能,令人叹为观止,短短两个月用户就已过亿。人工智能技术向通用人工智能阶段迈出了坚实的一步。

人工智能在深度学习上的强大能力让很多人自叹弗如,显然一个新的时代已经到来了,那就是人工智能时代。

## 二、我国的人工智能发展规划

2016年,《中华人民共和国国民经济和社会发展第十三个五年规划纲要》中写入了"人工智能"一词。

2017年,全国两会的《政府工作报告》中首次出现了"人工智能"。同年,《国务院关于印发新一代人工智能发展规划的通知》是中国第一个国家层面的人工智能发展规划,具有里程碑意义。该文件提出了中国人工智能"三步走"的战略目标。

第一步,到2020年人工智能总体技术和应用与世界先进水平同步,人工智能产业成为新的重要经济增长点,人工智能技术应用成为改善民生的新途径,有力支撑进入创新型国家行列和实现全面建成小康社会的奋斗目标。

第二步,到2025年人工智能基础理论实现重大突破,部分技术与应用达到世界领先水平,人工智能成为带动我国产业升级和经济转型的主要动力,智能社会建设取得积极进展。

第三步,到2030年人工智能理论、技术与应用总体达到世界领先水平,成为世界主要人工智能创新中心,智能经济、智能社会取得明显成效,为跻身创新型国家前列和经济强国奠定重要基础。

2022年,党的二十大报告指出:"推进新型工业化,加快建设制造强国、质量强国、航天强国、交通强国、网络强国、数字中国。""支持专精特新企业发展,推动制造业高端化、智能化、绿色化发展。""推动战略性新兴产业融合集群发展,构建新一代信息技术、人工智能、生物技术、新能源、新材料、高端装备、绿色环保等一批新的增长引擎。"①这些重大战略决策为人工智能的发展指明了方向,规划了蓝图。

---

① 习近平:《高举中国特色社会主义伟大旗帜 为全面建设社会主义现代化国家而团结奋斗:在中国共产党第二十次全国代表大会上的报告》,《人民日报》2022年10月26日,第1版。

## 三、人工智能的功能与未来

**1. 机器学习**

人工智能可以在数据基础上进行学习和预测。我们将计算机从大量数据中自己学习得到相应参数的过程称为机器学习。机器学习有很多种模式,例如监督学习、无监督学习、半监督学习、强化学习、神经网络、深度学习等。

机器学习的效果与以下几个方面有关。一是不断学习的深度。迭代的次数越多,效果越好。二是数据的数量。学习时使用的数据数量越多,效果越好。三是数据的质量。数据质量越好,效果越好。

根据数学模型的特点,机器学习可以分成两种。一种是大致知道模型的形式,经过训练,计算出它的参数的机器学习。另一种是不知道模型的形式,只是设计了一些简单的、通用性强的模型结构,通过大量的数据训练,最后训练成能够听从指令的机器学习,即深度学习。深度学习源于早期的人工神经网络,因此有时也被称为深度神经网络。人类在计算机视觉、语音识别、自然语言处理等许多领域取得的突破性进展都与深度学习有关。

**2. 人工智能的功能**

人工智能在预测系统、本地搜索(优化)、知识表达、计算机视觉、音频信号处理、语音转文本、自然语言处理等领域具有越来越强的功能。

人工智能按能力延伸方向的不同可以划分为四个象限,如图 2-1 所示①。

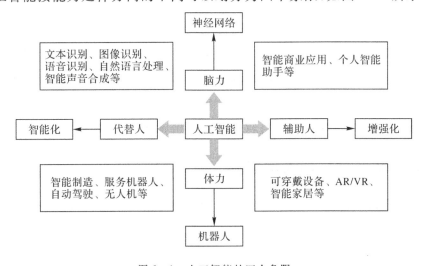

图 2-1 人工智能的四个象限

---

① 高崇:《人工智能社会学》,北京邮电大学出版社 2020 年版,第 3 页。

人工智能对于人类来说,是让人们可以拥有的更强技能,还是人们将拥有一个强大的智能机器,这里存在着两种路径。这两种路径未必是完全割裂的,很有可能在同步推进。未来,人们将拥有很多现在难以想象的超能力,而人工智能也会具有超越人类的智能,成为超级智能体。

**3. 人工智能的未来**

人工智能的发展分为计算智能、感知智能和认知智能等几个阶段。

人工智能也被分为弱人工智能、强人工智能、超级人工智能三个阶段。"弱人工智能(Artificial Narrow Intelligence,ANI):专注于某个领域;强人工智能(Artificial General Intelligence,AGI):达到并超越人的智力水平;超级人工智能(Artificial Super Intelligence,ASI):智力水平将全面超越所有人类的智力水平。"①目前人工智能还处于弱人工智能(也称为狭义人工智能)阶段,在国际象棋、围棋、大数据分析等某些领域超越了人类。到了强人工智能(也称为通用人工智能)阶段,将会通过图灵测试,人们难以辨别它们是人还是机器;到了超级人工智能阶段,它们将不再只比人类聪明一点点,而是亿万倍。

库兹韦尔"把奇点的日期设置为极具深刻性和分裂性的转变时间——2045年。非生物智能在这一年将会10亿倍于今天所有人类的智慧"②。随着奇点的到来,人工智能将会全面超越人类智能。奇点会不会真的如他所预言的那样,在2045年前后出现,还有待验证。然而,人工智能不断迭代升级,在智能上与人类越来越接近则是大势所趋。

人工智能在快速向前推进。各个高校开设大量人工智能及其相关专业,科研人员投入大量的时间和精力在开展相关研究,人工智能的应用场景在不断拓展,人类社会将步入智能社会。人工智能正在改变人类传播活动,人类传播形态由于人工智能的存在而发生了根本性变化。可以说,智能传播时代已经到来,并将得到进一步的发展,随着技术的不断推进,人们的生活将逐步被智能传播改写。

## 四、人工智能与机器人的区别

从狭义上来说,机器人是具有一定智能的、拥有物质实体的机器。从外形看,可以分成人形机器人、非人形机器人。从服务领域看,可以分为工业机器人、商业服务机器

---

① [英]克里斯·斯金纳:《数字人类:第四次人类革命的未来图谱》,李亚星译,中信出版社2019年版,第52页。
② [美]雷·库兹韦尔:《奇点临近:2045年,当计算机智能超越人类》,李庆诚、董振华、田源译,机械工业出版社2011年版,第80页。

人、家庭机器人等。不管是哪一种类型的狭义上的机器人，都是人工智能的一部分。

从广义上来说，机器人是具有一定智能的软件或者机械。它可以是拥有身体的机器人，也可以是具有虚拟形象的机器人，还可以是既没有身体，也没有虚拟形象的一种算法。广义上的机器人就等同于人工智能，两者并没有本质上的区别。

在本书中讲人机关系的时候，这里的"机"是指广义上的机器人，人机关系是指人与人工智能的关系。

## 思考题

1. 你如何理解工业4.0？
2. 你对元宇宙有何看法？
3. 区块链技术在智能传播领域有何应用？
4. 物联网技术对智能传播有何推动作用？
5. 你如何看虚拟现实技术在新闻传播领域中的运用？
6. 你如何理解人工智能的功能？
7. 论述ChatGPT在人工智能领域的里程碑意义。

**针对本教材，著者已经录制了配套的在线课程视频，以下是关于本章内容的视频二维码。**

# 第三章

## 智　媒

有学者认为,人工智能技术运用于媒体,将会导致革命性的转变,意味着媒体从"众媒"走向"智媒"。"进入'智媒'时代,不仅传播载体会发生变化,万物互联,万物皆媒;更重要的是,传播主体也会发生变化,由人主导传播变为人在智能机器的辅助下进行传播,并且有可能变为智能机器人取代人主导传播。"①

## 第一节 媒体融合

尼古拉·尼葛洛庞帝最早提出媒体融合。"广播业者将会在传输信息的刹那间,才决定把比特通过何种媒介(例如,是电视还是无线电广播)来传输。当人们谈到'数字融合'(Digital Convergence)或比特放送时,正是指的这种情况。"②虽然四大传统媒体各有特色,但是随着网络化、数字化的媒介技术变革,传统媒体原有的传播形式、传播渠道等都难以适应新的传播环境,媒体走向融合是必要的。

阿尔文·托夫勒认为,"新媒体彼此紧密相连、融合,相互提供数据和符号"③。技术的发展为媒体融合提供了条件。"正是这种密集的互相渗透将第二次浪潮中的单个媒体转变成一个系统,加上全球化的大趋势削弱了单个媒体、渠道、出版物或技术的影响力,但整个媒体系统的力量更强大。因此,真正发挥作用的不是'电视政治',而是媒体融合。"④媒体融合改变了原有的媒体格局,并提升了媒体传播的影响力。

"从历史的角度来看,媒介融合可以被理解为一种交流与传播实践跨越不同的物质技术和社会机构的开放式迁移(Open-ended Migration)。"⑤其实,媒体融合不只是物质技术和社会机构的融合。正如亨利·詹金斯所言,"媒体融合并不只是技术方面的变迁这么简单。融合改变了现有的技术、产业、市场、内容风格以及受众这些因素之间的关系。融合改变了媒体业运营以及媒体消费者对待新闻和娱乐的逻辑"⑥。因此,媒体融合除了不同媒体形态的融合,一切媒介及其有关要素都走向融合。媒体融合是在媒介形态、媒介功能、传播手段、传播渠道、媒体所有权、组织结构等实现全方位的融合,从而实现媒体资源利用的最大化和内容传播效力的最大化。

---

① 谢国民:《人工智能:媒体的机遇和风险》,《新闻战线》2017年第7期,第2-3页。
② [美]尼古拉·尼葛洛庞帝:《数字化生存》,胡泳、范海燕译,电子工业出版社2017年版,第47页。
③ [美]阿尔文·托夫勒:《权力的转移》,黄锦桂译,中信出版社2018年版,第398页。
④ [美]阿尔文·托夫勒:《权力的转移》,黄锦桂译,中信出版社2018年版,第399页。
⑤ [丹麦]克劳斯·布鲁恩·延森:《媒介融合:网络传播、大众传播和人际传播的三重维度》,刘君译,复旦大学出版社2012年版,第17页。
⑥ [美]亨利·詹金斯:《融合文化:新媒体和旧媒体的冲突地带》,杜永明译,商务印书馆2012年版,第47页。

有学者认为,中国媒体融合呈现了以下特征:技术化与全能化、内容融合与渠道融合、跨界合作与反向融合、集约生产与全民写作[①]。

2014年可谓媒体融合元年。当年8月,习近平总书记在中央全面深化改革领导小组第四次会议上发表重要讲话。这次会议审议通过了《关于推动传统媒体和新兴媒体融合发展的指导意见》。

中共中央办公厅、国务院办公厅印发的《关于加快推进媒体深度融合发展的意见》中要求按照资源集约、结构合理、差异发展、协同高效的原则,完善中央媒体、省级媒体、市级媒体和县级融媒体中心四级融合发展布局。

信息技术的发展消除了很多事物的固有边界,为媒体融合提供了技术条件。媒体融合不仅仅是媒体形态上的融合,报刊、广播、电视等都可以使用文字、图片、音频、视频在网络的各个平台上进行传播。网络具有所有传统媒体的优势,也具有所有传统媒体的传播形式,它吸纳和整合了所有的传统媒体。因此从传播渠道上来说,媒体已经融合在了一起。

对于媒体机构来说,面临着转型,需要从过去单一媒体形态的经营者,升级为内容生产者和经营者。人们可能不再看报纸,但是对于信息内容还是有需求的,因此,内容依然有广阔的市场。在网络平台上,PGC、UGC等各个内容生产者的内容处于同台竞技的状态。优质的内容能够获得更多流量,从而具有广告经营以及开展其他经营活动的基础。渠道已经不再稀缺,继续固守原来的渠道,已经没法生存,只有积极加入新的竞争格局中,才有可能获胜。因此,媒体机构的转型,进一步促进了媒体融合。

从受众角度来说,网络时代的受众非常注重互动,他们不再是单向传播时代的受众,而是产销者,他们既是内容的消费者,也是内容的生产者,因此他们是积极主动的用户。传统的媒体渠道缺乏互动机制,用户不会对其有太大的兴趣。因此,为了适应受众的需求,也非常有必要进行媒体融合,提供媒体反馈和参与的机制。

由于受众的流失,单一传统媒体能够取得的传播效果越来越低,传统媒体需要在网络平台、移动客户端等争取更多的用户。这些渠道的媒体内容是以数字化形式呈现的,传播形式丰富多样。只有媒体融合发展,才能继续保持和扩大影响力,才有进一步发展的空间。媒体融合是传播技术变革的必然产物。在数字化、网络化、智能化的时代,内容是关键。在算法推进机制之下,用户甚至并不主动接触信息,是算

---

① 许志强、刘彤:《共享与智能:信息技术视角下未来媒体发展趋势》,科学出版社2020年版,第3—4页。

法根据用户的需求,主动推送相关信息。

在这个过程中,人民日报、新华社等传统媒体纷纷转型,实施媒体融合变革,构建智能编辑室,运用大量智能传播技术,开发智能新闻应用。而从传统媒体生发的"封面""澎湃"等新兴媒体,则更是积极布局"智能+"战略,运用人工智能技术构建融合媒体形态,大力发展智能媒体生态系统。

总体来说,在融媒体的建设中,媒体走向智能化,智媒逐渐成形。

## 第二节 智媒的兴起

### 一、智媒的兴起

从媒体的角度来说,已经发生了巨大的变迁,大众传媒出现之前,人们使用比较原始的工具记录和传播,例如竹简、布帛、泥块、石头、莎草纸等。有了纸张之后,人们使用纸张书写或者印刷。到了大众传媒时代,报纸、杂志、广播、电视、电影等媒体纷纷出现,传播载体的技术含量越来越高,工艺越来越复杂,生产效率越来越高。这些媒体可以帮助人们将信息传播到很远很广的地方。信息革命进一步推动媒体走向多元化、数字化、智能化。

在传统媒体时代,媒体承载着信息,但它不会主动出击,报纸需要人们自己去购买和订阅,广播和电视需要人们打开某个频率。人们在众多信息中选择自己感兴趣的信息。在阅读、收听或者收看了相关内容之后,人们没有多少渠道可以反馈,传播效果如何并不能被很好监测,信息服务是粗放式的。

智能媒体时代,是一个"信息找人"的时代。对某项内容有需求的人只要一出现,信息就会主动跳出来,推送给他。信息与人的需求实现了良好的匹配。智能媒体可以识别出现在终端前的具体的人,了解他们的需求、性格和媒体接触行为等。由于知道要对谁说话,那么具体该说些什么,该怎么说,就更有针对性了。

随着人工智能技术的发展,媒体开始泛化。智能时代的媒体不再局限于某个固定的载体或者界面,而是流动的,任何事物都可能成为信息传播的终端,信息可能出现在智能手机、智能眼镜上,也可能出现在家里的智能电视、智能冰箱上。用户可以随时调取相关信息,随时与人们取得联系。

智能媒体是无形的,并且时刻在线,时刻在身边。人们坐车时,无人驾驶汽车是一个智媒;人们走在路上时,智能眼镜是一个智媒;人们睡觉时,智能穿戴是一个智媒。

人们需要它,它就会出现,并且会向人们推送个性化的信息。

智媒就像是一个贴身的秘书,人们可以随时随地向其询问各种信息,可以通过它,设置自己的行程,可以了解即时的路况和信息,了解个人交往的历史,调取对某个新闻事件的报道。

传统媒体也在不断智能化。未来,纸张将会以非常薄的可以卷起来的电子纸出现。报纸走向无纸化、数字化。电视走向智能电视,有一天可能会以全息投影的方式来进行传播,人们也可以戴上头显设备,身临其境地进入新闻现场,非常有沉浸感地去体验。

智媒是人性化的,人们需要什么,它才会传播什么。它不会强迫人们看什么内容,信息传播的自主性将大大增强。

它也会非常关注传播的效果,及时了解人们的反馈。对人们不喜欢的内容和形式,下次就会做出调整。

人与人之间的远距离交流,也可以如同面对面一样,借助各种设备,甚至可以与对方远程触摸,并且有非常真实的触觉体验。

通过全息投影,对方就像是站在你面前与你交流一样,非常立体、逼真。

莱文森在他的博士论文《人类历程回放:媒介进化论》中提出了"人性化趋势"理论。"一切媒介的性能终将越来越人性化。换言之,媒介促进传播,使传播越来越像人'自然'加工信息的方式,也就是像媒介出现之前人加工信息的方式。"[1]媒介技术在不断向前推进,总体来说,它有一种人性化的趋势。智能媒体能够更好地满足人们的需求,在形式和内容上都做到越来越有针对性。

## 二、智媒的定义

1991年,美国科学家马克·威瑟(Mark Weiser)首先提出了"泛在计算"的思想。在泛在计算时代,计算机无所不在,它嵌入到了我们日常生活,以及随处可见的各种物品之中,智能终端将遍布各个角落,成为周边环境的一部分。泛在网具有"5 Any"的特征——任何时间(Anytime)、任何地点(Anywhere)、任何服务(Any Service)、任何网络(Any Network)、任何对象(Any Object),可谓无处不在、无时不有、无所不能。智能传播会把人类带入一个新的时代。所有物品都可以接入物联网,泛媒体时代对媒体进行了重新定义。

通过在中国知网上查找,国内在1996年之后,开始出现关于"智能超媒体""智能媒体"等论文,不过当时主要是在计算机、电信、自动化等领域。在新闻与传播领

---

[1] [美]保罗·莱文森:《软利器:信息革命的自然历史与未来》,何道宽译,复旦大学出版社2011年版,前言第5页。

域,2008年之后才开始出现关于"智能媒体"的相关研究论文。当时,张雷关注到了从"地球村"到"地球脑"的转换,以及人类生命逐渐融为一体的现象,他指出:"智能媒体的发展使我们进一步认识到:一切生命的本质都只不过是符号的操作和信息的传播。"① 之后,相关论文零散出现,一直到2015年,关于"智媒"的研究才得以大量涌现。

那么,什么是智能媒体?

王艳、高铭在2009年时给智能媒体做了如此定义:智能媒体是"将媒体智能化,使用户在使用过程中更趋于人性化、大众化、简单化、全球化,让用户的搜索结果更集中、多样以及全面地展示在用户面前"②。

学者吴纯勇则指出:"智能媒体是智能终端、智能网络、智能传输平台发展的结果。"③

聂有兵认为,"媒介的本质是传播信息,如果存在最后的媒介,或曰终极的媒介形式,那么它必须在各个指标上达到极致。具体而言即三个指标:速度、容量和自身体积及重量"④。虚拟现实技术为媒体的终极发展提供了可能。

智能媒体是一种"技术驱动的媒体形态,是以人工智能技术为内核的媒体阶段"⑤。

也有学者认为,"智能媒体是可以自行认识用户、学习用户、简化用户搜索行为的信息客户端与服务端的总和,具有智能感知(猜测)、数据挖掘(分析),以及数据推送(更新)等特性,包含了移动智能终端上的软件、所传播的内容,以及联系两者的人工关系"⑥。

李卫东认为,"智能新媒体可定义为同时兼具智能属性和媒体属性的人工智能应用,是数据、算法和算力的集成,是具有'大脑'的新媒体"⑦。

黄升民、刘珊认为,"智能媒体是具备较高的识别与理解能力,能够在营销传播场景中进行最优决策,并具备通用性进化与自我创造潜力的媒体"⑧。

---

① 张雷:《从"地球村"到"地球脑":智能媒体对生命的融合》,《当代传播》2008年第6期,第10-13页。
② 王艳、高铭:《混合式学习在智能媒体中的应用》,《黑龙江科技信息》2009年第35期,第290页。
③ 吴纯勇:《改革中的中国广电行业如何突围:把握智能媒体蓝海》,《中国数字电视》2011年第5期,第55-56页。
④ 聂有兵:《虚拟现实:最后的传播》,中国发展出版社2017年版,第76页。
⑤ 李鹏:《打造智媒体,实现媒体自我革命》,《传媒》2018年第21期,第24-25页。
⑥ 许志强、刘彤:《共享与智能:信息技术视角下未来媒体发展趋势》,科学出版社2020年版,第103页。
⑦ 李卫东:《智能新媒体》,人民邮电出版社2021年版,第18页。
⑧ 黄升民、刘珊:《重新定义智能媒体》,《现代传播》2022年第1期,第126-135页。

"S. H. Park 认为智能媒体是一种能够与用户和智能设备进行互动的传播交流服务,它主要向用户提供不受任何时间和空间限制的广泛的内容聚合服务。"[①]

可见,所谓智能媒体就是在内容生产、传播的各个环节都有人工智能参与或主导,能够与用户实现智能互动,满足用户全方位、多层次、即时性、个性化信息需求的新形态媒体。抖音、快手、今日头条、微信、微博等都在逐步向智能媒体转型,它们在内容生产、分发等整个传播流程上开始采用大量人工智能及相关技术,构建智能化的运营、管理体系。

在智能传播时代,媒体随处可见,随处可得。信息传播能够按需进行。媒体的泛化意味着不再单独购买某种媒体。任何一种智能终端都具有媒体的功能,都能够实现互联互通。每种物体都包含着很多信息,不仅那些其他人送的礼物富含信息,我们拥有的任何一种物品都有其故事。过去,人们面对这些物品,会想起相关信息。在人工智能时代,物品身上的信息和我们对它的接触,可以轻易读取,而不是在我们的大脑中提取。

在人工智能时代,任何一种物品都具有智能性,人们能够通过它们获取物品本身的信息,也能获取来自其他终端的信息,并且可以语音对话,直接向其发出各种指令。随着物联网技术的发展,人们可以跟踪物品的动向,从而推动智能物流的发展,人们不必担心物品会丢失。

## 第三节 智媒的具体形态及其特征

### 一、智能媒体终端

我们知道大众传媒有报纸、杂志、广播、电视,通过电脑可以上网,通过智能手机可以接触到大量信息。在智能传播时代,万物皆媒,万众皆媒。媒体的终端已经不再限于上面提及的那些物体,而是身边任何物品都可以是一种终端。我们身上穿戴的衣物可以是媒介,家里摆放的家具可以是媒介,街头的大量事物也可以是媒介。媒介可谓无处不在,无时不有,你想要了解相关信息,可以通过很多渠道获取,并且能够在目光可及的很多物品上呈现相关信息。

媒体的智能化推动媒体走向泛化,导致不再会有一种具体的、特定的媒介形态,什么都可以是媒介,那么也就没必要单独有一种如同报纸、电视之类的专门媒介了。媒介在某种意义上也就不复存在了,人们对于信息的需求依然是存在的,但是不需

---

[①] 安琪、刘庆振、许志强:《智能媒体导论》,中国传媒大学出版社2022年版,第22页。

要特意去购买某种媒体,并且也不必从特定的某种媒体上才能获得信息,而是想要获取什么信息都能轻易地从身边的智能终端得到。

**1. 智能手机**

智能手机是人们目前接触最多的智能媒体,人们可以使用智能手机做很多事情,可以接触到来自媒体的、其他用户的各种信息,这些信息有些是算法推送给我们的,有些则是人们主动去查找的,信息无比丰富,满足了人们个性化的需求。与此同时,通过智能手机,人们可以参与新闻、广告等各种信息的生产,人们将随手拍下的文字、图片和视频传到朋友圈,也把各种商业信息发到微信群,用户是内容的产销者,而不是单纯的消费者。通过智能手机,人们可以与智能语音助手进行互动交流,可以向其询问各种知识、新闻和实用信息,也可以与其聊些家常,甚至谈情说爱。智能手机将人们连接在一起,共同构建了一个全球脑。

**2. 智能穿戴**

智能穿戴越来越多地出现在人们面前,不少人使用智能手环,时刻监测自己的身体状况、睡眠情况。智能眼镜,例如谷歌眼镜,可以记录下所有出现在你眼前的事物,还能够帮助人们识别眼前的人或物,提供信息,乃至承担导航等多种功能。在未来,还会出现功能更多的智能穿戴和植入物,例如完成任务后就可以被消化或者排出体外的纳米机器人能够帮助人们清除体内垃圾或者治疗疾病,智能身体器官可以让人们活得更久更健康,智能耳机可以帮助人们听懂不同国家的语言、不同地区的方言,甚至实现与动物的沟通。未来的智能穿戴设备让人们能够更好地与其他人、物、自己的身体等实现沟通和交流。

可穿戴设备通常具有持续性(Constancy)、增强(Augmentation)、介入或调解(Mediation)三种方式,以及非限制性(Unrestrictive)、非独占性(Unmonopolizing)、可察觉性(Observability)、可控性(Controllable)、环境感知性(Attentive to the Environment)、交流性(Communicative)六个基本属性[①]。

**3. 智能车媒体**

现在的汽车一般都有收音机功能,它除了是交通工具,也是广播媒体的终端。在人工智能时代,随着汽车向智能化、网联化发展,汽车不但是一种交通工具,更是一个集合出行、通信、娱乐、生活、服务等于一体的智能终端。由于自动驾驶汽车不需要人们操控,人们可以坐在车上,收听车上播放的音乐、观看车载的影视作品,也

---

① 许志强、刘彤:《共享与智能:信息技术视角下未来媒体发展趋势》,科学出版社 2020 年版,第 38 - 39 页。

可以上网社交、学习或者工作，还能够直接与汽车进行对话，不仅可以交流目的地等与交通出行有关的信息，还可以通过汽车机器人来了解新闻，以及与它闲聊。

2017年，新华网 & 中国一汽"车媒体"智能生态联合实验室在北京揭牌。汽车在车联网、自动驾驶、人工智能、人机交互等技术推动下将被重新定义。智能时代的汽车是一台行走的电脑，一个让人们可以进入其体内的机器人，可以满足人们全方位的传播需求。

智能汽车是非常懂用户的车。车联网让车与车、车与路、车与人等实现智能连接，为人们提供优化的出行服务。

**4. 智能无人机**

在当前，无人机可以为人们传递物品，承担起快递小哥的工作。并且，在新闻报道、日常拍摄等多个场景，无人机得到了广泛运用。未来，智能无人机将会拥有更大的功能，它不需要携带外挂的摄影机，就可以利用自带的拍摄器材，拍下清晰的照片和视频，在形状上也会更加小巧，并且可能以多种形态出现，例如类似一只小鸟、一只蜜蜂等。它不需要人们操控，就可以按照指令飞行到目的地，并拍摄当地的画面，人们可以随心所欲地选择各种视角观看，非常具有现场感。智能无人机还可以深入沙漠、高山等人类难以到达的区域开展相关工作，承担信息采集任务。

**5. 智能机器人**

在人工智能时代，机器人会越来越多地出现在日常生活中，不仅可以承担相对低端的工作，例如扫地、播放音乐等，还可以成为帮助人们料理家务，协助人们学习、工作的助手，更进一步地，还可以是人们的住家医生、护士，随时监测人们的身体健康，并在必要时给予人们医疗建议，甚至施以急救等。智能机器人还是老人和小孩的陪护者，不仅负责照料，而且是人们的聊天对象，帮助人类解闷，满足情感上的需求。

智能机器人可以提供人们所需的各种信息，它是在线的，具有强大的信息、资料库。人们想要与谁取得联络，只要发出指令，机器人就可以帮我们接通电话。因此，它也是移动的通信工具。

智能机器人还大量出现在工厂、工地、救灾现场、公共场所等各种场景之中。人工智能时代，显然会是一个人机共生的时代，人类和机器人都是社会的组成部分，共同承担各种工作。

未来，类人机器人将与真人在外形、智能上都非常接近。人们的日常生活、企业的生产经营活动、政府的管理与服务、学校的教育与培训、医院的治疗与护理等大量场景都会出现类人机器人。它们既是人类的助手，帮助人类完成很多工作，也是人类的伴侣,在生活中给予贴心的陪伴和照顾,又是未来社会主要的生产者和劳动者、社会财富的创造者。2022年出现的ChatGPT集多项技能于一身,将可能逐步发展出人类才有的心智。

总之,智能社会少不了大量智能机器人。

**6. 智能家电**

利用物联网技术,家里的各种设备都可以实现智能化。以智能照明系统为例,人在的时候根据天色自动照明,人离开时则自动关灯,并且亮度可以根据主人的喜好做出相应调整。以智能窗帘为例,早上起床时间自动打开,晚上则自动拉上,甚至可以起到叫早作用。以智能空调为例,能够根据室内外气温情况,自动开关以及调节温度。以智能安防为例,陌生人闯入能够自动报警。智能厨房可以满足人们更健康、更安全、更个性化的烹饪需求。未来的住房既是人们休憩的场所,整个房屋其实就是一台智能机器,细心照料人们的起居,还承担着信息传播等多种功能。房屋具有很高的智慧,能够满足人类的各种需求。

现在已有很多电视生产商推出了智能电视,这些电视产品,的确在一定程度上实现了智能化,可以为用户提供点播、线上购物、回看等多种功能。

未来的电视将是非常懂得人们娱乐心理的智能终端,不同的人出现在它面前,它也能加以很好地识别,并根据不同家庭成员的需求,提供个性化的娱乐内容、新闻信息和广告资讯。

智能音箱是智能家电领域的重要产品。随着人工智能在自然语言、语音交互等领域的不断发展,智能音箱得以大规模生产并进入广大家庭。截至2019年,全球已有超过2亿智能音箱用户,中国也有3000余万家庭购买了智能音箱。智能音箱能够满足用户个性化的音频内容需求,能够为我们播放想听的音乐,能够陪伴孩子、教育孩子,可以与人们实现语音对话。

2019年,封面新闻推出的方言脱口秀《正二扒经》,南方都市报的《南都音频早餐》等都能在天猫精灵上收听到。在小雅智能音箱上也可以收听央视新闻。可见各大主流媒体都在纷纷抢滩智能音箱内容领域。

智能音箱将是新闻资讯机器人的雏形。未来,每个用户都可以拥有一个无形的或者有形的专属新闻机器人。你只要招呼一声,它就会出现在你面前,向你提供你想要了解的新闻、各种资讯,以及音视频娱乐等服务。新闻机器人可以调取各地传感器搜集的信息,也可以直接带你身临其境地去查看新闻现场。

**7. "我"即媒介**

在具身性传播活动中,我们的身体直接参与传播。"在社会化以及文化涵化的影响下，人的身体进而成为兼备生产性与接收性的传播媒介。"①

有学者认为，"未来传播趋势将会更加突出'人'的主体性因素……实现生物信息和计算信息的连接，将'人脑/人的智能'和'电脑/人工智能'进行连接……因此可以称之为'人联网'"②。"人联网"时代，人直接联网，去除了中介，意味着"我"即媒介。身体将会成为一个终端，实现人机合一。"'人'成了'无形无象之人'，融在环境中，成为环境的一部分，也成了别人的媒介环境。"③"人联网"也被称为"身联网"，每个人都得以直接连入互联网，人的身体成为媒介。

在智能手机时代，这种倾向已经开始变得非常明显。很多人一天到晚对着手机，可谓机不离手。两个人坐在一块，各看各的手机，彼此之间却很少互动成了一种常态。受家长的影响，很多未成年人也一整天对着手机在追剧、刷短信、忙着线上社交。人们出门，要是没带手机，会觉得这一天非常难熬。手机成了人体的一部分，并且是必不可少的一部分，离开了它，很多人不仅会觉得寸步难行，而且会觉得内心空虚，整个人的状态非常糟糕，就如同失去了心灵、失去了灵魂一般。

手机虽然是体外之物，但从实质上来说，它已经与每个人密切结合在了一起，成了人们的身体器官。在未来，将手机、芯片或者类似之物直接植入体内，实现真正的人机合一是完全有可能的。有学者认为，人类的赛博格化早已有之，戴上眼镜、骑上自行车以及写下日记的时候，就走向了赛博格化。"人们的意识、智力、经验等都随着技术的革新而迅速改变，不由自主甚至浑然不知。"④如今，人类的赛博格化愈演愈烈。

从技术上来说，脑机接口的研究已经取得了极大的进展，马斯克在 2022 年 7 月宣称，他与虚拟身份的自己进行了对话。以后，每个人都会拥有一个或多个数字化身。数字化身可以代表真人做很多事情。

随着脑机接口技术的研发，将来人们不需要通过语言，直接用意念就可以控制很多物品，也可以实现与人交流。语言表达似乎都是多余的，身体在这里成了一种媒介。人们不再需要通过手机等物体与世界联络，而是直接用身体就能实现联网。人与人之间也可以直接脑对脑进行沟通，实现心灵感应，正所谓"心有灵犀一点通"。走在街上，人们可以感知到其他人的想法。身边的智能设备也能够了解人们的想法，从而无须多费口舌，就能够畅通无阻，以及获得各种服务。

---

① [丹麦]克劳斯·布鲁恩·延森：《媒介融合：网络传播、大众传播和人际传播的三重维度》，刘君译，复旦大学出版社 2012 年版，第 69 页。
② 陈昌凤：《未来的智能传播：从"互联网"到"人联网"》，《学术前沿》2017 年第 23 期，第 8—14 页。
③ 李沁：《媒介化生存：沉浸传播的理论与实践》，中国人民大学出版社 2019 年版，第 39 页。
④ 阮云星、梁永佳、高英策：《赛博格人类学：跨学科理论与应用人类学探索》，知识产权出版社 2022 年版，第 65 页。

在某种意义上,个体性由此消解,人们成了整个地球脑的一个分子。肉体会死去,数字化的"灵魂"却可以只生不死,从而全球脑被不断丰富。个体为全球脑贡献自己的聪明才智,也从全球脑中获取各种信息和资源。人与人之间身体是分离的,但是意识却是连在一起的。"虚拟化生存是指人类以思维完全数据化、信息化的方式生存,只维持个体所需的基本物质条件以及接入虚拟社会的物质条件。"①

人们不再有个性,甚至不再需要自己的人格和独立思考。集体的决策占据主导地位。这种景象看似有些荒唐和可怕,但是在未来可能会成真。

**8. 万物皆媒**

在智能传播时代,除上面提到的智能手机、智能车媒体、智能电视、智能冰箱等目前能够接触到的一些智能媒体之外,还有许许多多其他的智能媒体会出现。

我们的工作场所,例如办公室、教室、工厂、实验室、商场等都是智能的,为人机协同提供各种便利、快捷的服务,并能实现对整个场所的智能化管理。工作场所能够接触的事物,例如办公桌椅、照明系统、柜台、货架等各种设备同样都是智能的,能够实现畅通的人机交互。

我们日常生活接触的物品,例如厨房、餐桌、床垫、窗帘、衣柜等,也都是智能的、联网的,可以自动地为人们提供最适宜的环境,以及舒适的服务,人们也可以进行远距离交互,管理各种资源。

公园、车站、电影院、游泳馆等公共场所,路灯、垃圾桶等公共物品,同样也是智能的。甚至大自然中的一些物品,例如树木、鲜花、动物等也可以纳入物联网中,成为一种媒介。

万众皆媒、万物皆媒的时代,进入互联网的终端将会成千上万地被扩增,从而形成智慧社区、智慧城市、智慧国家以及智慧地球。

## 二、智媒的特征

刘庆振认为智能媒体的基本特征体现在四个方面:作为基础设施的物联网、构成生产要素的大数据、优化资源匹配的计算能力、加速智能进化的机器学习②。智能媒体时代存在一种泛在传播,物联网的发展促成了万物皆媒的新格局。"每一个被物联网所连接的物体都将具备智能媒体的属性。"③数据大爆炸将是未来的趋势,数

---

① 聂有兵:《虚拟现实:最后的传播》,中国发展出版社 2017 年版,第 2 页。
② 刘庆振:《智能媒体大时代:变革媒体世界的新机遇与新思维》,载徐翔:《计算、智能与传播》,同济大学出版社 2020 年版,第 184—186 页。
③ 安琪、刘庆振、许志强:《智能媒体导论》,中国传媒大学出版社 2022 年版,第 23 页。

据也是智能媒体时代最核心的生产要素。为了实现个性化、定制化传播,需要有强大的计算力,才有可能精准画像、精准营销、智能分发。智能媒体是基于算法运作的,人工智能需要有不断更新的机器学习能力,才能实现自动的信息采集、生产与分发等。

**1. 个性化**

智能媒体可以提供个性化的服务,实现千人千面、因人而异地传播有关信息。智能传播时代,不再需要统一的媒体形态,并且,它也在淡化平台的概念。每个人都拥有专属的智能信息终端。智媒是围绕着用户转的,用户是中心,也是信息生产的出发点。因为用户有某方面的信息需求,才有后续的信息采集和传播活动。每个人的需求不同,对于信息的内容和形式也有独特的要求,从而智媒也是个性化的。

**2. 无界面**

由于万物皆媒,人们触手可及的都是可以用于传播的、智能的媒介,从而将会彻底改变传播的手段和方式。各种智媒具有强大的力量,可以不需要借助任何载体直接实现沟通。信息传播不一定需要呈现在某个界面上,供人们查看,而是直接点对点的符号交流。未来的新闻未必需要有一个新闻界面,而是可以由新闻机器人直接将信息向用户语音播报,或者视频播放。

**3. 去中介**

虚拟现实(VR)是一种沉浸传播,正被越来越广泛地加以运用。"一种技术革命正在朝更加沉浸式的方向发展,中介技术因为其自身的复杂性而发生了吊诡的消失现象。"①沉浸传播可以让用户直接去体验,它也是一种"去中介"的传播。

人工智能已经参与了新闻的采集与编写,通过各种传感器以及机器新闻人,人们可以随时了解发生在世界各地的新闻。

**4. 应需而生**

"未来的数字化生活将会是'随选信息'(On-demand Information)的天下。当我们需要某种信息的时候,我们可以直截了当地要求。"②在未来,新闻不会以广撒网的形式进行传播,而是根据不同用户的需求,做出新闻的整理,并及时告知给用户。你在旅行的过程中,当地值得一去的景点、值得一吃的美食、值得一看的建筑,以及最近发生的热点新闻等都可以应你要求直接呈现在你面前。

---

① [英]塞斯·吉丁斯:《游戏世界:虚拟媒介与儿童日常玩耍》,徐偲骕译,上海文艺出版社2019年版,第67页。

② [美]尼古拉·尼葛洛庞帝:《数字化生存》,胡泳、范海燕译,电子工业出版社2017年版,第164页。

从新闻生产角度而言,可以实现个性化生产。针对一则空难新闻,可以把涉事航班的飞行数据、近年来的空难事件、乘客状况等用户有兴趣了解的背景信息随时梳理出来,并进行可视化呈现。这些工作不需要等某个媒体工作者来完成,智能新闻助手就可即时完成。你有需求,它就会提供给你。它也可以搜罗发布在网上,或者由传感器拍摄的空难视频,直接更新最新动态,告知你详细的数据,或者让你自己投身到新闻现场,非常具有沉浸感地去了解新闻事件。

新闻机器人会随时随地整理分布在各个角落的传感器上的数据和信息,将其加以整理,必要的时候,还可以派出新闻机器人前往新闻现场采集更详细的新闻事实。新闻机器人会将这些新闻进行发布,用户可以像在网络时代一样,自己去浏览相关网页,也可以直接向专属的新闻机器人发出指令,要求它提供某类或者某条新闻信息。

**5. 万物皆媒**

未来,几乎所有的物体都将智能化,各种交通工具会自动驾驶,各种家具也能听得懂人们的语言。这些智能终端都将被接入网络,构建一个"万物网"。通过它们,人们可以在第一时间接收信息,也可以随时随地发布信息。信息的载体,也即媒介,将会出现重大的变革。媒介变得无处不在,无时不有。环境即媒介,人们身处在一张巨大的传播网中。只要人们想要进行传播,就可以随时唤醒媒介,甚至智媒无时无刻不在监测人们的传播需求,它会做出主动的响应。

**6. 人机协同**

人工智能和机器人在一起工作的过程中,会相互协作、相互适应、相互学习。机器人越来越像人那样思维和行动,从事新闻、文学、广告写作;人也越来越需要计算机的辅助,完成各项工作。

**7. 身心合一**

未来,纳米机器人和各种智能穿戴设备将会植入人体,成为人体的一部分。传播将呈现身心合一的特性。万众皆媒,每个人都可以轻松地获得所需的信息,只要心中所想。每个人也能轻松地发出各种信息,只要动动念头就行。心即传播,甚至已经不需借助身外之物。身联网的时代,也即心联网的时代。身心合一,所想即所得。

## 第四节 智媒时代的相关产业

在人工智能大发展的背景下,智能传播时代得以到来,从产业的角度来说,传统的媒体产业会被颠覆。智能传播相关的产业是全新的面貌,有着完全不同的形态和产业链。

因此，不一定会有专门的智能媒体，而是存在一个非常庞大的智能传播相关产业，在万物皆媒、万众皆媒的情况下，甚至可以说，这个产业是与所有物品都有关联的。不过，具体来说，以下都是与智能传播密切相关的产业。

## 一、物联网、车联网及其相关产业

在智媒时代，万物皆媒并不会自然而然就能实现，而是需要在大力发展物联网的背景下，对很多产品进行智能化的改造。对各种家用电器、生活用具等，不仅仅要给它们装上芯片，还需要进行重新设计，才有可能变得智能化，成为会说话的、能沟通的媒体，能够与人进行无障碍的交流。

物联网建设需要高灵敏度、高可靠性的智能传感器件和芯片，以及射频识别、近距离机器通信技术及器件，这是非常浩大的工程，也是一个巨大的产业。万物智能化会是一个逐步发展的过程。

与物联网相关的还有车联网。车载感知、自动驾驶汽车技术已经得到了一定的运用，消费类和商用类无人机、无人船技术等都在不断拓展当中。智能交通系统领域的发展，使智能出行日渐成为现实，使行车更安全、交通更畅通、管理更科学、环境更优美，将会给生活带来很多便利，并引发一场交通革命。

## 二、媒体智能化产业

目前传统的媒体行业，正在转向融媒体，以及智能化的媒体。人工智能编辑室、虚拟主播演播室等很多方面都需要进行重新设计和改造。过去以人为主的媒体行业，正转向人机协同的新时代，很多不够智能的设备需要升级，整个内容生产的环节也需要再造。

为了获得更具沉浸感的体验，VR 和 AR 等技术和设备有必要进一步开发。从内容的角度，人们需要大量可以使用 VR 观看和体验的内容，相关内容产业有待丰富。从设备来看，不管是头显，还是智能眼镜，或者其他更轻便的设备，为了让人们更好地感受和体验 VR，高性能的相关元器件和设备也需要大力发展。目前 VR 在日常生活中还不太常见，产业有待朝着更适用、更普及的方向去努力，相关核心技术还需要进一步突破。

从显示的角度来说，曲面屏、柔性屏、全息影像等技术和设备将会给人们带来不一样的体验，相关产业的发展有很大空间。

## 三、智能终端产业

智能传播时代需要大量的智能终端，目前已经出现了智能手机、智能手表、智能手环等智能终端。未来,在硬件上,需要突破图形处理器等核心技术,培育壮大面向人工智能应用的基础硬件产业。在物联网技术的推进下,我们目光所及的各种物品都将智能化。

智能音响,可以让人们听故事、听音乐、听广播,也可以借此了解天气预报、各种生活常识、各种知识,甚至可以辅导孩子写作业。智能音响作为一种智媒,已经得到了很多商家的重视,市场上已经有很多相关产品。

智能耳机,能够让人们获得最适宜的声音效果。它也将帮助老年人、耳聋者改善、提升听力,也能够帮助人们获取更远的声音、更细微的声音,大幅提升人们的听觉,让人犹如拥有顺风耳一般。并且借助智能翻译,可以直接获得不同语言之间的转换,人们能够和外国人顺畅地交流和对话,从而打破语言的藩篱。

智能手环,能够帮助人们了解人体健康的一些信息,能够记录一天步行的步数,也可以起到来电提醒、告知信息,以及实现直接通话的作用。智能手环作为一种智能设备,研究者还在进一步开发其他功能。

智能眼镜,能够帮助人们识别路上的行人,了解看到的动植物以及建筑的名称,还可以记录下自己看到的各种画面。智能眼镜就像是一个电脑界面一样,能够实现互动和交流。

除此之外,还有大量的智能家居可以开发。生活中的各种物品都有一个智能化开发的过程,从而最终构建一个良好的智能社会的物质基础。总之,智能产品的形态、功能和应用场景还会逐步得以提升。

## 四、扩展现实、元宇宙及相关产业

2020年被称为元宇宙元年,首先元宇宙游戏产业得到很多资本的青睐,开发出很多相关产品。

Facebook直接更名为Meta,表明进军元宇宙的决心。元宇宙作为下一代互联网,有着丰富的运用场景。可以在元宇宙中开演唱会,举办各种展览,召开会议。元宇宙的房地产被许多买家追捧,一度价格被炒高。

2021年11月23日,歌手林俊杰宣布购入了Decentraland平台上的三块虚拟土地,大约花费了78万人民币。2021年11月30日,The Sandbox平台上的一块虚拟土地以430万美元售出,可谓天价。

为了更好地体验元宇宙,佩戴各种智能头显就显得很有必要。头显设备的研发、生产与销售会是一个大产业。

从元宇宙的感知及显示层来看,涵盖了VR/AR头显、智能手机、PC、脑机接口、摄像头、体感设备、语言识别软件及设备等相关产业。在网络层来看,有着云计算、边缘计算、人工智能、区块链、互联网、物联网、通信网络等几大领域的相关产业。从平台层来看,包含了基础设施平台、开发平台、内容及应用设计平台、内容分发平台、中间件及工具软件、游戏引擎、操作系统等相关产业。应用层则涉及游戏、虚拟旅游、虚拟演出、教育培训、NFT、直播、社交、电商等多个领域。

### 五、软件及其相关产业

不管是什么智能设备,都离不开芯片。从软件来说,算法设计、系统开发等相关产业的发展空间将是惊人的,并且具有高成长性、高附加值、低污染、低能耗等特征,因此有必要大力开发面向人工智能的操作系统、数据库、中间件、开发工具等关键基础软件,进一步开发、运用图像识别、语音识别、机器翻译、智能交互、知识处理、控制决策等智能系统解决方案。人工智能基于算法运行,不同功能的各种设备需要分别开发相应的算法。在人工智能大发展的背景下,算法有着极为重要的地位。各种智能设备只有在算法的指令下,才能变得智起来,才能动起来,也才能与人们进行互动交流。

### 六、NFT 内容产业

NFT 即非同质化通证(Non-fungible Tokens)。"NFT 是利用区块链加密技术,赋予 JPG 类型文件或视频等内容专有识别符的一种新型数字资产。"[1]它具有不可篡改、非同质化等特征,可以为数字化形态的产品打上独一无二的身份烙印,从而虚拟商品变得可被追溯、可收藏、可交易。NFT 能够很好地保护一些数字化的创意作品的著作权。艺术品本身就有价值,数字艺术品由于可以被无限复制,从而变得难以交易,但是 NFT 赋予数字艺术品具有可交易性。人们可以低价买入一些数字藏品,之后高价卖出,从中获利。数字藏品是智能时代的内容产品,具有商业价值。它可以保护创作者的利益,从而激发更多的人投入到创意行业中来。NFT 在艺术、游戏、媒体等领域都有广泛的应用前景。

数字艺术家 Beeple 创作的名为"Everydays—The First 5000 Days"的作品,2021年 3 月 11 日在佳士得拍卖行以约合 785 亿韩元(约 4.23 亿人民币)的价格成交[2]。

2021 年 11 月 11 日,腾讯向员工发行了公司经典 QQ 企鹅形象的数字藏品。2021 年 11 月 18 日,百信银行为了纪念公司成立 4 周年,在业内率先发行了数字藏品。

---

[1] [韩]李丞桓:《一本书读懂元宇宙》,王家义译,中译出版社 2022 年版,第 126 页。
[2] [韩]李林福:《极简元宇宙》,黄艳涛、孔军译,中译出版社 2022 年版,第 110 页。

人工智能对媒体产业带来的冲击是非常大的。人们不再需要报纸、广播、电视、杂志等传统媒体，就是智能手机、手提电脑之类也会被更新的产品和技术取代。智能传播时代，将会呈现出新的经济形态。由于人工智能会替代人们从事很多工作，人们花在劳动上的时间会减少，从事艺术创作，以及满足沉浸体验的时间会增多。我们若以现在的眼光看未来，未必能够真正了解未来。

### 七、智能机器人及其相关产业

随着科技的发展，各种会走会跑的人形机器人将会越来越多地出现在公共场所和普通家庭内。2022年特斯拉举办的AI Day活动中，Tesla Bot人形机器人擎天柱（Optimus）首次亮相，估计3~5年即可量产上市。在技术上，智能机器人所涉及的核心零部件、专用的传感器、身体硬件材料、充电储电设备等都有待进一步开发，并大规模生产。智能机器人将在太空、极地、海洋、沙漠，以及地震、火灾现场等各种场合代替人类从事相关工作。

随着智能机器人技术和产业的进一步推进，在日常生活中，也会扮演陪护、培训、家务、资讯等各种角色和功能，全方位服务人们的生活，让人们更舒适和健康，从而推动整个社会的智能化。可见，整体的产业空间十分广阔。

### 思考题

1. 你是如何理解媒体融合的？
2. 什么是智媒？
3. 智媒有何特征？
4. 如何理解"万物皆媒"？

针对本教材，著者已经录制了配套的在线课程视频，以下是关于本章内容的视频二维码。

# 第四章
# 虚拟数字人与赛博格

# 第一节 虚拟数字人

什么是虚拟数字人？"从技术角度看，虚拟数字人是指通过计算机图形学、语音合成技术、深度学习、类脑科学、计算科学等聚合科技创设的，并具有多重人类特征（如人的外观、行为，甚至思想或价值观）的虚拟形象。"[①] 近年来出现了大量虚拟数字人，例如翎_Ling、南梦夏、柳夜熙等。

根据交互性，虚拟数字人可以分为交互性虚拟数字人和非交互性虚拟数字人；根据驱动者的不同，虚拟数字人可以分为真人驱动型虚拟数字人和智能驱动型虚拟数字人。真人驱动型虚拟数字人需要"中之人"在背后操作，本质上是真人在传播，而智能驱动型虚拟数字人依托深度学习等，可以在各方面表现得如同真人，并能独立完成大量的对话交流、信息传播等工作。从其外在形象来看，虚拟数字人可以分为卡通型虚拟数字人和超写实型虚拟数字人等类型。根据从事的行业可以分为影视业（数字替身、虚拟演员）、传媒业（虚拟主持人、虚拟主播、虚拟偶像）、游戏业（数字角色）、金融业（智能客服、智能财务顾问）、文化和旅游业（虚拟导游、虚拟解说员）、教育业（虚拟教师）、医疗业（虚拟心理医生、虚拟家庭医生）、零售业（客户服务数字人、商家管理数字人、虚拟主播）、广告业（虚拟品牌代言人）、家政业（虚拟管家、虚拟陪护）、工业（数字员工）等。

虚拟数字人在国内外正在被大量开发。例如，科大讯飞在2022年云年会上宣布启动"讯飞超脑2030计划"，致力于让人工智能懂知识、善学习、能进化，并让机器人走进每个家庭，实现真正像人一样交互。

## 一、智能主播

对于音、影、视内容的生产来说，智能主播是人工智能时代的新事物。

早期的虚拟主播是非智能的。2001年，英国PA New Media公司就推出了一个叫作阿娜诺娃（Ananova）的虚拟主播。类似的还有日本的寺井有纪（Yuki）、韩国的露西雅（Lusia）、美国的薇薇安（Vivian）等。这些虚拟主播往往是动画人物形象，受到了卡通文化的极大影响。由于它们只是虚拟的外在形象而已，本身并不具有智能，不会自己说话，也没法与人对话，其能够发声是由于背后有真人主播配音或者播放录制好的声音。

即便是非智能的，对于观众来说，由于看多了真人主播的脸，换一个虚拟形象主

---

① 陈龙强、张丽锦：《虚拟数字人3.0：人"人"共生的元宇宙大时代》，中译出版社2022年版，第7页。

播看,会觉得有新鲜感,趣味性较强。尤其对于那些动画爱好者来说,虚拟主播具有很强的吸引力。虚拟主播的形象是可以按照人们的意愿进行设计的,因此比较符合人们的审美习惯,并且这些虚拟主播,也会给人呆萌、可爱的感觉,受到了不少观众的喜爱。

2016年,虚拟主持人得到了人工智能技术的加持,由真人驱动的绊爱(Kizuna AI)在YouTube上亮相。之后,人工智能驱动的智能主播纷纷出现。

智能主播与非智能虚拟主播相似的地方在于它们都是以虚拟形象出现,都是人们设计出来的。在人工智能时代,智能主播的形象可以设计得非常逼真,人们能够合成高度仿真的人工智能主播。由于这些形象同样非常可爱,因此赢得了很多观众的关注。

在国内,媒体机构已经开发了多位智能主播,它们活跃在新闻报道、节目主持等领域。例如,2018年,根据中央广播电视总台主持人康辉声音模拟合成的虚拟主持人"康晓辉"主持节目《直播长江》。

在2020年第三届中国国际进口博览会的直播报道中,上海广播电视台旗下的二次元虚拟主播申䒕雅首次亮相。通过将实时光学式动作捕捉技术和AR跟踪系统结合,申䒕雅在国内大型新闻直播中表现得非常逼真(见图4-1)。

图4-1 申䒕雅

2021年10月2日,湖南卫视数字主持人"小漾"面世(见图4-2)。

图 4-2 小漾

智能主播由于具有智能性,有着很强的学习能力,不需要真人主播在背后操控,就能使用自然语言播报一些新闻,主持一些节目,实现与其他主持人和用户的对话,满足人们个性化的信息需求,因此非常受人喜爱。

智能主播可以 24 小时不知疲倦地工作,能够直接与庞大的数据库相连,提取相关资料和信息,从而显得"无所不知,无所不能",并且他们的交流、沟通能力在不断增强,能够满足新闻播报、节目主持等各种场景的工作所需。

当然,总体来说,智能主播的自然语言学习还有待进一步加强,面部微表情还远没有人类丰富,共情力还显得很不足,并存在其他缺点。

## 二、虚拟偶像

如今,大量虚拟偶像得以涌现。"虚拟偶像是在人工智能时代互联网等虚拟场景或现实场景中进行偶像活动的架空形象,包含了技术手段和运营模式两方面的表征;在技术手段上,利用计算机图形、语音合成等手段人工制造'能说会唱'的虚拟存在;在运营模式上,仿照真实偶像进行演艺活动和开展形象运营。"[①]

日本的初音未来、中国的洛天依等虚拟偶像是二次元形象,它们的风靡与二次

---

[①] 喻国明、耿晓梦:《试论人工智能时代虚拟偶像的技术赋能与拟象解构》,《上海交通大学学报(哲学社会科学版)》2020 年第 1 期,第 23-30 页。

元文化的流行有很大的关系。可以说这是智能传播时代的二次元文化现象。二次元文化是一种以 A（Animation 动画）、C（Comic 漫画）、G（Game 游戏）、N（Novel 小说）为主导的亚文化样态。这些二次元文化可以进一步开发出很多衍生文化，虚拟偶像是其中一个方面。

虚拟偶像的出名，有些是由于性格可爱、形象靓丽，有些是由于它们演唱的歌曲动听，有些则靠展示"私生活"。例如，人们可以参观薇薇安的家，感受其衣食住行等日常生活。

除了二次元虚拟偶像，还有超写实数字人（Meta Human）。例如，2021 年 5 月 20 日凭借一张个人形象图在小红书正式出道的 AYAYI，是基于虚幻引擎打造的超写实数字人，与真人非常接近。AYAYI 出道后，迅速在各大社交平台走红，并且与奢侈品牌达成合作，受邀参加了各大公司的线下活动，身价达数亿。此外，2021 年，由中国联通 5G·AI 未来影像创作中心倾力打造的安未希，也是超写实数字人，将推动联通沃音乐进军元宇宙。

这些虚拟偶像也被称为虚拟歌姬。通过语音合成系统，它们会用独特的声音演唱很多歌曲。网络上大量虚拟歌姬的作品，是由其粉丝，也就是那些"使用者"为其创作的，然后利用 VOCALOID 之类的电子歌声合成软件制作歌曲，这样虚拟歌姬也能发出类似人类声音的歌声。

在未来，虚拟歌姬将会具有越来越强的独自创作歌曲的能力。在软件不断升级以及人工智能技术的推动下，虚拟歌姬将作为音乐创作者而存在。

虽然虚拟歌姬发出的声音是合成的，但是并不影响人们欣赏其音乐。合成的声音会与人类声音越来越接近，甚至基于大数据、云计算、人工智能等技术，它们可以发出更加美妙的声音。人发出的声音会受情绪的影响，虚拟歌姬的声音则是在各种参数控制下合成的。调整不同的参数，就可以得到不同的声音，因此其声音的丰富性、多样性将比人类歌手更强。

基于庞大的音乐数据库和网络资源，虚拟歌姬可以掌握非常多的信息，能够合成无数种音乐，它们具有非常强大的音乐创作能力，能够全方面地满足用户个性化的音乐需求。对于用户来说，他想要听什么类型的音乐，用哪一种声音加以演绎，都是可以定制的。

当然，音乐创作需要有灵感。人类的灵感让很多歌手创作出了非常独特的音乐作品。对于虚拟歌姬来说，它是按照算法、数据和机器学习来完成创作的，因此未必能够具备像人类那样的创作灵感，作品的机械味比较强烈，想要达到人类歌手的融会贯通的程度还有一段距离，未必能够符合所有人的要求。

虚拟歌姬的出现是二次元文化的产物，当然在这个二次元用户越来越多，人们对二次元的接纳度越来越高的时代，人们并不排斥虚拟歌姬。

不过，如果虚拟歌姬全方位参与音乐市场的竞争，还会不会被人们认同，能有多大的竞争力，则有待时间的检验。对于真人歌手来说，虚拟歌姬会吸引走一部分用户，未来也有可能有一部分音乐人的工作被虚拟歌姬取代。

虚拟歌姬在音乐领域的创作活动，与其他智能创作者是联动的，甚至也是融合的，微软小冰也好，洛天依也好，将可能同时具备多种技能，不仅会写新闻、广告文案，创作文学作品，还会创作歌曲。

虚拟形象在动画片中随处可见，不过像人类演员一样的智能虚拟演员只有到了人工智能时代才有。智能虚拟演员是虚拟偶像的一种。在电影《西蒙妮》中，男主角运用一套软件创造了一个非常受人欢迎的虚拟演员——西蒙妮。在电影中，这个女明星演出的电影不仅大卖，而且女明星之后还多次获得了奥斯卡最佳女主角奖。她的粉丝甚至达到了疯狂的地步。西蒙妮使用全息投影出场的演唱会，引发粉丝的阵阵欢呼。电影《西蒙妮》中的大胆想象，如今已然成真。虚拟仿真数字人与真人已经几乎没有差别，让其来担任某部电影的主角，在技术上已经不会有问题。虚拟演员基于对人类表情和行为的模仿，可以更稳定地演出。虚拟演员基于大数据设计的形象，同样可以征服很多的观众，拥有数量可观的粉丝。相信未来将会有越来越多的"西蒙妮"出现在影视剧中，代替真人演员出演各种角色。由于这些虚拟形象是可以设计的，将其打造为已故名人，并没有多少难度，他们可以比那些特型演员外貌更像，形态也可以更接近名人本人。这些虚拟偶像有一天获得奥斯卡奖也是完全可能的。

此外，不但影视剧的演员可以由人工智能机器人出演，而且时装模特也可以由人工智能机器人担任。

不过，表演是一种内容生产，也是一种传播行为。虚拟演员、虚拟模特等具有高效表演能力，不仅将冲击演艺人员的工作，它们在表演中呈现出来的"机器性"也可能对"人性"带来影响，使其异化。

就市场而言，艾媒咨询发布的《2021中国虚拟偶像行业发展及网民调查研究报告》显示，在经历了连续3年超50%的增长率后，2020年中国虚拟偶像核心市场规模达34.6亿元，带动周边市场规模645.6亿元。可见，市场规模呈现快速增长态势，发展前景十分广阔。

## 三、虚拟员工

在未来，虚拟员工将会与人类共事，例如虚拟品牌官、智能客服、虚拟理财顾问、机器人服务员等。

## （一）虚拟品牌官

对于品牌传播来说，开发和使用虚拟品牌官成了新的手段。在社交媒体上，虚拟品牌官可以与消费者 24 小时互动交流，回答消费者的各种提问。它们也可以出现在线下的公关、广告、店庆等各种场合，塑造品牌形象，拉近与消费者之间的距离，并能够随时与消费者产生互动。

虚拟品牌官可以由企业量身定制，外在形象、内在气质等都可以与品牌高度一致。这些虚拟的品牌代言人，不需要企业支付报酬，并且能够 24 小时工作。它们可以写文案、发推文、发布企业动态，也可以设计海报、创作企业广告歌、制作宣传片等。对于企业来说，虚拟品牌官是全方面的企业信息传播者。关键在于它们还会积极参与社交，在社交平台上与其他用户一起互动。在企业遇到危机时，也能够第一时间发布信息。它们能够监测网络上出现的关于品牌的言论，并予以回应，从而避免品牌形象受损。

## （二）智能客服

智能客服已经被很多企业使用，不管是人们打电话到公司，还是公司主动打电话过来，很多规模稍大的公司基本上都是智能客服在接待，例如浦发银行的虚拟客服"小浦"。智能客服会直接询问人们一些简单的问题，并且需要用户做明确的回答，这样它才能够提供相应的服务。智能客服在自然语言的互动交流中，目前还没法做到像人一样灵活和自然。不过，智能客服的出现为企业带来了很多好处：除了可以由此削减大量的人工客服人员所带来的开支，智能客服还可以进行大量数据处理，建立客户的数据库，从而有助于数字时代的客户管理。随着人工智能在自然语言领域的进一步推进，智能客服将可以更顺畅地与客户交流，提供更贴心的客户服务。

## （三）虚拟心理医生

作为人类来说，即便身处高度发达的社会，心理问题依然可能存在。毕竟人类不会像机器那么理性和机械，人类有自己的情绪和情感，因此即便生理上的问题由于人工智能技术的发展将不再是问题，心理上的问题则在很长时间内依旧难以解决，因此需要大量的心理医生。不过人工智能可以在这方面同样发挥积极的作用。虚拟心理医生能够聆听用户的讲述，帮助人们排解心里的烦恼，并且，它们还能主动察觉人们在情绪上的变化，并提供情感上的陪护。人们在情感上得不到满足的时候，会产生孤独、沮丧等负面情绪，虚拟心理医生可以帮助人们分析、疏导情绪，并进行必要的治疗，从而达到心理疾患得以缓解或治愈的效果。

### （四）机器人服务员

在各种展会、运动会、公共活动、商业活动中，机器人作为信息咨询服务者已经大量出现。各个行业的机器人服务员会越来越多。在旅游行业，不管是线上的，还是线下的，虚拟数字导游将为游客讲解景点的历史文化。在展览场馆，虚拟讲解员将为参观者介绍场馆的展出内容。不管是虚拟数字导游，还是虚拟讲解员，都可以实现与人们随时随地的、个性化的互动。并且，它们的知识面非常广，掌握的信息非常丰富，可谓"万事通"。逛商场时，接待我们的可能是机器人；住酒店时，服务员、保洁员等都可能是机器人。面对这些机器人服务员，人们可以通过点击显示屏上的相关图标，获得相关的文字、音频、视频的介绍，机器人也可能会直接为人们介绍景点信息，人们还可以与这些机器人服务员直接进行语音对话，询问自己想要了解的内容，机器人会在它的能力范围之内做出回答。这些机器人服务员，可以减少人力成本，并且能够 24 小时不知疲倦地为人们提供各种各样的服务。

机器人服务员将会在各种场景中出现，它作为人类的助手提供各种服务，也可能会独立承担各种任务。机器人服务员可以提供贴身的、个性化的服务，极大满足人们的需求。人们在与机器人服务员进行交互时，虽然未必能够得到非常人性化的服务，但是对于基本的服务，这些机器人服务员是完全可以胜任的。在商务活动中，人们打电话咨询时，往往是这些智能客服首先接待我们，如果我们有需要，则可以选择与人工客服联系，人机协同的服务模式将是接下来服务行业的主流。

### （五）其他

在金融行业，虚拟会计、虚拟出纳、虚拟理财顾问等都将出现。人们可以获得 24 小时的、个性化的理财服务。当然，在人工智能时代，如果大量的工作都将交由机器人完成，现有的金融体系、金融秩序都会面临变革。

## 四、虚拟家庭助手

在家庭场景中，除扫地机器人、智能家居外，还将会出现大量助理型机器人，例如虚拟家庭教师、虚拟家庭医生、虚拟个人教练、虚拟管家、虚拟保姆等。它们可以是人形机器人，也可以是其他形态的人工智能机器人。这些机器人除做好家庭的保洁、整理物品、管理智能家居等事务之外，还可以为人类提供即时的信息服务、传授相关知识、及时通报访客、告知收到的最新电邮、帮助主人接通电话、提供视频聊天服务、提供个性化的新闻服务、适时播报主人感兴趣的新闻、协助处理很多工作上的事情、安排一天的日程、搜集工作所需的各种资料、向客户发送邮件、沟通会面的时间、通知其他员工开会、安排会议，以及其他各种事务。

虚拟家庭教师将会在很大程度上取代人类家庭教师,或者代替父母亲承担辅导学生功课的职能。当前,平板电脑、智能手机、iPad等终端上可以下载很多教育App,有些是人类教师的线上教学平台,有些则是各种辅导和教学软件。通过拍照上传试题,平台会给出解题思路,或者予以辅导。各种英语教学软件,可以让学生边玩边学,在各种小游戏中闯关式学习,也能够实现互动,解答学生的各种问题,就学生的作业以及表现给予评价。未来的人工智能教师一部分将继续以App等形式出现,一部分则以智能音箱形式出现,还有一部分则以人形机器人形态出现。人工智能家庭教师的知识面非常广,可谓上知天文、下知地理、学富五车,在辅导学生学习时,可以不知疲倦、随时随地地进行,也不会出现情绪崩溃的现象。从传播的角度来说,它们是知识的传授者,是专家型的传播者。

虚拟家庭医生是专家系统的一种类型。它能够利用自身的传感器以及植入用户的传感器,随时了解人们的身体状况。在人们出现身体不适时,也可以不必急着上医院,虚拟家庭医生会提供专业的健康咨询服务。对于一些常见的疾病,它可以直接予以诊断、治疗。过去家庭医生可以做的事情,它也可以做到。

对于那些喜欢锻炼的用户,如今不少人在使用智能穿戴设备。随着人工智能技术的进一步发展,虚拟私人教练可以指导人们如何锻炼,让每个人都更加健康。

智能管家可以和智能家居系统以及家里的各种智能终端连接,实现交互。它及时获取相关信息,并做出最优化调整,对于出现的问题,则迅速予以处理或者通知用户。智能管家承担了管理家务的工作,同时能够协助用户处理各类学习、工作、生活上的事务。

当然,在家庭中出现的这些智能服务机器人,很可能是融合在一起的,一个家庭服务机器人可以提供家庭教育、健康、锻炼、管理等多种功能。机器人的功能可以是非常强大的。在目前人们已经使用智能语音助手作为个人的助手,这些智能语音助手的能力在不断提升,将来有一天它们可能会升级,会拥有一个身体,作为人形机器人出现在家庭中。它们不仅可以帮助人们拨打、接听电话,与其他人、"虚拟人"以及人工智能进行互动、联络,还能够承担起个人和家庭各方面助手的功能。在这个过程中,人们只要使用语音,或者借助脑机接口技术,就可以与其实现交互,获得各种信息,并达成大量传播目标。它们是传播者、信息生产者,也是服务者、管理者,集多种角色、多种功能于一身。

## 第二节　数字化身与赛博格

### 一、数字化身

数字化身,也即虚拟化身。在游戏中,人们操控自己的化身完成任务,并通关升级。"虚拟化身是个体在视频游戏中的虚拟自我呈现(Virtual Self-presentation),它是个体进行角色扮演,参与和体验虚拟游戏环境的重要方式。"[①]在元宇宙中,人们也是通过数字化身参与各项活动的。

数字化身具有隐私性、独特性、交互性等特点。数字化身可以用于试衣、提升形象、培训等多个场景。

过去我们分身乏术,在智能传播时代,一切都变了,除了真实肉身,人们可以有数字化身。"基于个人网上行为,通过数据挖掘'机器人',即人工智能算法可以自动分析文本、视频和音频内容,并将其转换为个人数字身份(或社会 DNA)。"[②]每个人都可以有一个与自己对应的数字人。通过机器学习,这个数字人除了是虚拟的,其他方面几乎与自己一模一样,即具有一样的容颜和言行举止。

数字化身可以帮助你出席在元宇宙举办的各种会议,也可以协助你处理各类电子邮件,帮助你完成一些在虚拟空间就可以完成的工作。如果将来通过立法,确立数字人与真人具有同等法律地位的话,数字化身还可以帮你签署很多协议,帮你料理大量生活和工作中的事情。

数字化身无法出现在现实世界,它是人们在虚拟世界的化身。人们可以与数字化身进行连接,可以对其进行操控,玩网络游戏,或者在元宇宙中从事商业活动、参加会议,以及做其他自己想做的事情。数字化身在虚拟世界的经历可以传送给真实人类,人们也可以通过数字化身获得不一样的体验感。

在智能传播时代,人们除了可以接触大量虚拟歌姬、虚拟主播,还可以与很多已故的名人进行对话,例如,与爱因斯坦探讨物理问题,与邓丽君一起隔空对唱,也可以与已故的亲人一起聊聊天。利用他们生前留下的影像、声音和图片,并利用数字孪生技术、数字语音合成技术等,可以再造一个虚拟数字人。这些虚拟数字人发出来的声音,会让你觉得非常真实,就如同已故者还活着一样。虚拟数字人通过学习

---

[①] 衡书鹏、赵换方、范翠英等:《视频游戏虚拟化身对自我概念的影响》,《心理科学进展》2020 年第 5 期,第 810 - 823 页。

[②] [以色列]诺姆·莱梅尔史萃克·拉塔尔:《人工智能时代,新闻人会被取代吗?》,胡钰、王一凡译,清华大学出版社 2020 年版,第 60 页。

他们留下的口语、文字,甚至还可以表现出类似已故者一样的思维和逻辑。与虚拟数字人对话,你会觉得仿佛就像与已故者对话一样,你提出问题,虚拟数字人会非常逼真地予以回答。于是那些人们非常喜爱的明星就又"活"了过来,已故的家人仿佛一直都在网上。

　　智能传播,不仅仅是人与人在智能媒介环境下的传播、人与智能机器之间的交流,也包括真身与化身之间的沟通。数字化身已经完成的工作,需要直接告知真身,真身也需要及时将需要完成的工作委托给数字化身。数字化身与数字化身之间会有交流互动,数字化身也会与其他真实人类和人工智能进行沟通。

　　在人工智能时代,信息的传播绝不是只发生在人与人之间,而是呈现了非常复杂的多元形态。当然,不管是虚拟数字人、机器人,还是数字化身,说到底都是人工智能对传播模式的变革。

　　此外,人们在使用数字化身进行传播和体验,也可能会带来各种问题。数字化身会影响人们的自我概念。"大量研究表明,在视频游戏中操纵数字化身进行行为和身份模拟会影响个体的自我概念。"[1]其次,数字化身使得虚实难辨。仿真的拟像,甚至比真实的还更真实。数字化身也可能会使人们过度沉浸在虚拟世界而上瘾。

## 二、作为人体延伸的智能穿戴

　　李杨认为:"可穿戴设备是指采用独立操作系统,并具备系统应用、升级和可扩展的,由人体佩戴的,实现持续交互的智能设备。"[2]早在20世纪60年代就已出现了智能穿戴概念,进入21世纪之后,各种智能穿戴设备被陆续开发并流行起来。如今,智能穿戴设备正稳步进入人们的生活空间,使用场景将得到进一步拓展。智能穿戴有很多种类型,根据使用领域的不同,可以分为健康检测类、运动健身类和生活娱乐类等;根据佩戴方式的不同,可以分为头戴式、腕戴式和体戴式等;根据设备外形的不同,可以分为眼镜、手表、手环、服饰和鞋帽等。

　　美国智能手环制造商 Fitbit 于 2015 年 6 月在纽约证券交易所挂牌,成为智能穿戴设备领域首家上市公司。近年来,智能穿戴设备的生产企业、产品类型和市场规模都在不断壮大。

　　智能穿戴设备集合了传感器、高性能芯片、无线通信、射频识别、全球定位系统、云服务、大数据、多媒体等技术,具有监测、医疗、娱乐、办公、学习、定位等多种功能。它一方面是一种传感器,扮演了心率监测器、运动追踪器、步数计数器等角色,可以

---

[1] 衡书鹏、赵换方、范翠英等:《视频游戏虚拟化身对自我概念的影响》,《心理科学进展》2020 年第 5 期,第 810 - 823 页。

[2] 李杨:《新一代智能终端:可穿戴设备》,《高科技与产业化》2013 年第 10 期,第 82 - 85 页。

记录人体和运动的一些指标,可以识别周边的一些场景;另一方面也是一种媒体终端,能够与人通话、收发短信和邮件等,并可以实现与其他介质的交互。随着的 eSIM 技术和智能语言技术的发展,智能穿戴设备甚至会在很大程度上取代智能手机。

智能穿戴可以更好地连接物联网,与周边事物进行交互,从而为人们的生活和健康提供更多的便利。

对于人体来说,智能穿戴可用于对身体信号的监测,及时发现身体健康问题,从而早发现早治疗,有助于人们的健康管理。随着技术的发展,智能穿戴设备还会更加小巧化,可以直接植入身体或者进入身体,成为身体的一部分,从而更好地监测身体指标,干预健康风险,或者采取治疗措施。这些智能穿戴设备就像机械护士,在看管和照料我们的身体。它也可以将身体内部的信息直接图像化、数据化,并发送到我们的手机和电脑上,供我们查看。

有了智能穿戴工具之后,很多人的健身活动有了明确的数据目标,例如每天行走 1 万步之类。过去,人们的运动多少有些随性,今天跑几步,明天走几步,未必有个定数,但智能穿戴设备是非常好的记录工具,可以将我们每天的运动情况予以如实记录,这为很多人提供了参考。人们通过量化自我,对自己进行了规训,在运动上不达目的不罢休。特别是借助社交媒体工具,人们将这些运动数据上传,予以分享,运动由此社交化了。量化自我不仅给了自己一个运动目标,也成了人与人互动分享的一项内容。在虚拟社群里,人们互相比较运动的数据,同时互相监督运动的状况。

量化自我之后的分享,在进一步规训着人们的行动。在一定程度上,运动不再是个人的事情,而是为了让算法满意,为了让朋友认可。这对于健康来说,虽然未必会有很大的坏处,但是对于人类的主体性来说,则多少会带来一些异化。

"媒体和人格之间存在着十分复杂而又不可分割的关系。我们不可能在改变所有的传播媒体之后仍然维持着昔日的自我,媒体革命必然会引起精神革命。"① 随着大家都在使用智能穿戴设备,人类也可能会因此而发生变化。

智能穿戴设备也有可能会成为控制人类健康、行为、思想的一种工具。如果我们过度依赖这些智能穿戴设备,我们就失去自己对身体的感知能力,对天气的感受、对他人的判断,我们会根据数据来加以认知、理解和判断。很多人会觉得数据是不会骗人的,按照给出的数据做出决策是正确的。但是数据背后是算法,算法黑箱会导致决策失误。并且,算法也有可能被操控,从而导致更大问题的出现。例如,我们为了杀毒,给电脑安装了一个杀毒软件,但是有一天发现,这个杀毒软件成了大问题,它占用了大量的内存,并在一定程度上控制了电脑的运行,大大降低了电脑的效能。智能穿

---

① [美]阿尔文·托夫勒:《第三次浪潮》,黄明坚译,中信出版社 2018 年版,第 404 页。

戴也有可能会如此,我们在享受它带来的种种便利的同时,有一天我们发现已经离不开它了,它渐渐控制了我们的身体,我们成了它的一部分,而不是相反。

智能穿戴可以让人们记录下每时每刻的生活,记录身体的所有数据。"生命记录是捕捉、记录并数字化地将人生发生的一切归档的技术。文本、相片、音频、视频都可以用可穿戴摄像头记录——最后连生物数据都可以用传感器记录。"①这些数据可供自己和其他人搜索,也可以赋予数字化身更接近本人的面貌。借助传感器、物联网,人类现实社会的一切都将被数字化。另外,越来越小型化、内嵌化的智能穿戴,在推进人类的赛博格化。

## 三、赛博格

电影《科学怪人》里的弗兰肯斯坦给很多人留下了深刻的印象,弗兰肯斯坦就是一个赛博格。之后在《星球大战》《攻壳机动队》《银翼杀手》等很多科幻影片中都有赛博格形象。如今,在现实世界中,人类正日趋赛博格化。赛博格将是人类的一个发展趋势。

**1. 什么是赛博格**

赛博格(Cyborg),又称电子人、机械化人、改造人、生化人,是一种机械化有机体,是以无机物所构成的机器,作为有机体(包括人与其他动物在内)身体的一部分,但思考动作均由有机体控制。通常这样做的目的是借由人工科技来增加或强化生物体的能力。英文 Cyborg 是 Cybernetic Organism 的结合,实际上表示了任何混合了有机体与电子机器的生物。例如,安装了假牙、假肢、心脏起搏器等的身体,这些身体模糊了人类与动物、有机体与机器、物质与非物质的界限②。

哈拉维认为,"赛博格是一种控制体,一种机器和生物体的混合,一种社会现实的生物,也是一种科幻小说的人物"③。赛博格超越了族群、种族、性别、阶级等各种身份认同。"现代医学里面也充满着赛博格,充满着有机体和机器之间的结合,每个都被看作是一种编码装置而亲密地聚在一起,并带着一种不是在性征历史中产生的力量。"④自从人类制造出生产工具、各种机器,也就逐步走向了赛博格。

---

① [意]伊沃·夸蒂罗利:《被数字分裂的自我》,何道宽译,中国大百科全书出版社 2021 年版,第 90 页。
② 欧阳灿灿:《当代欧美身体研究批评》,中国社会科学出版社 2015 年版,第 165 页。
③ [美]唐娜·哈拉维:《类人猿、赛博格和女人:自然的重塑》,陈静译,河南大学出版社 2016 年版,第 314 页。
④ [美]唐娜·哈拉维:《类人猿、赛博格和女人:自然的重塑》,陈静译,河南大学出版社 2016 年版,第 315 页。

有学者指出,"电子人实实在在地存在。就技术性意义而言,现在估计有大约10%的美国人口堪称电子人,包括使用电子心脏起搏器、人造关节、药物注射系统、植入角膜晶体和人造皮肤的人"①。如果从隐喻的角度来说,那些电子游戏的玩家、操控手术机器人的医生、操作工业机器人的工人、装备了大量电子设备的士兵,以及每一个手机不离身、没带手机就失魂落魄的普通人都可谓赛博格。

**2. 作为媒介的赛博格**

威廉·米切尔指出,个人所拥有的个人电子装置使得个体成了一个无线身体网,这一网络使得这些装备得以像一个集成系统一样运行,并把它们连入全世界的数字化网络。在这种个体与外加环境界限的消失中,个人以植入的方式融入周遭的环境之中,因此,"对电子人来说,内部和外部的界限动摇了。人与己的区别可以重构。差异变成了暂时的"②。

单小曦认为,人体与作为人之肢体延伸的传统媒体不能形成赛博格,但作为人之神经系统延伸的电磁、电子技术,却能与人体形成信息系统,即媒介化赛博格③。

在新的电子环境中,赛博格主要指代的是人们通过使用数字通信设备而实现的日常赛博格化(Everyday Cyborgisation)。换言之,在如今的传播实践中,赛博格式的身体看起来由那些智能电话、运动手环、头戴式设备等硬件所包裹,本质上则是由不同传播途径所汇集的数据所浸润④。

孙玮认为,后人类时代出现的为技术所穿透、数据所浸润的身体,可以将之命名为"赛博人"。技术与人的融合创造出的新型主体,正在成为一个终极的媒介⑤。可见,随着技术越来越多地嵌入到人类的身体,媒介性成了赛博格的一大特性。身体即媒介,媒介即身体。媒介不再以一种物出现,而是直接与人融合,不分彼此。

人们开始以新的方式认识和使用城市,而人的眼睛、耳朵、肌肉、手,甚至大脑等生理器官都与外在的电子装备相结合,其所获得的感知也是基于电子化之上的虚拟感受⑥。总之,赛博格本身就是一种媒介,可以直接收发信息,实现人机交互,并能让

---

① [美]凯瑟琳·海勒:《我们何以成为后人类:文学、信息科学和控制论中的虚拟身体》,刘宇清译,北京大学出版社2017年版,第152页。
② [美]威廉·米切尔:《比特之城》,范海燕、胡泳译,生活·读书·新知三联书店1999年版,第31页。
③ 单小曦:《媒介性主体性:后人类主体话语反思及其新释》,《文艺理论研究》2018年第5期,第191-198页。
④ 田秋生、李庚:《传播研究中"赛博格"的概念史:以及"赛博格传播学"的提出》,《新闻记者》2021年第12期,第3-16页。
⑤ 孙玮:《赛博人:后人类时代的媒介融合》,《新闻记者》2018年第6期,第4-11页。
⑥ 陈静、王杰:《我们都是赛博格:信息时代的文化新景观》,《湘潭大学学报(哲学社会科学版)》2009年第5期,第106-109页。

人获得前所未有的感知体验。

**3. 走向人机共生的赛博格**

不管是否真的能实现意识上传,与数字化身合二为一,人类的赛博格化都将是今后很长一段时间的趋势。其实,赛博格化并不是现在才出现,不过到了人工智能时代,这种趋势将会加剧,在人们身上植入智能设备,对身体进行更好的管理,对记忆做更好的处理,以及实现更好的传播,将是可能的。

对于赛博格来说,机械设备将会直接嵌入人体内。人们想要了解有关信息,直接通过植入体内的芯片或者机器获取就可以,甚至都不需要发出声音指令。"当我们与机器的关系日趋密切时,人类与机器之间的'共生'形式便随之加强。"①

人工智能的发展,各种智能穿戴深入人体,在一定程度上能够更好地实现其功能,人类为了拥有更强大的能力,也非常有必要走向赛博格化。当然,赛博格化在一定程度可以大大延长人们的寿命,甚至得以永生。人们的器官坏了,可以直接更换,身体的某个部位受伤了,也可以直接予以修复。身体是可以再生的,而意识则可以转移,从身体转移到元宇宙中,从一个身体转移到另一个新的身体等。

在人类走向赛博格化的过程中,会面临如何处理人与智能机器关系的问题。在某种程度上,人成了机器人,而机器人也越来越接近人。人与机器人之间的关系将会发生根本性的变化。在两者将会更加平等的同时,交往也将更为密切和深入。随着人类的赛博格化,人类与机器人之间有可能达成一种新的平衡。

**4. 人类的赛博格化,到底是好是坏?**

对于那些身体残疾、身患疾病的人来说,为了让自己有一个健全、健康的身体,在体内植入各种智能化的器物或者装上智能化的义肢将是一大趋势。例如,因事故失去了双臂的人,选择装上了能随心所欲活动的人工手臂;完全失明的人,通过把摄影机拍摄的影像,直接传送到脑内,得以重见光明。不管是在美国、加拿大,还是其他国家,很多患者都在自告奋勇地进行赛博格化。

技术给了他们新生,让他们获得了全新的体验。这对于医学来说,是一种合理的治疗方案,从给人以拐杖,为患者装上假牙,乃至更早的时刻就已经开始这样做了。区别在于过去这些安在人身上的物件虽然能用,但并不智能,而现在则是各种小巧化、智能化、仿真化的器物,与人体更好地结合在一起,像是人体新长出来的一部分器官。因此,从这个角度来说,赛博格化具有合理性。

不过也有一些国家,为了国防的需要,正在投入巨资研究能使四肢力量大幅增

---

① [美]阿尔文·托夫勒:《未来的冲击》,黄明坚译,中信出版社2018年版,第182页。

强,使听力、视觉大幅提高,不怕死的赛博格士兵。这是赛博格的武器化。如果士兵被视为一台精密的机械进行改造,从而使其具备在战场上给对方致命打击的能力,这对人类文明来说并非一件好事。

与此同时,由于智能穿戴以及植入物功能越来越强大,能够起到赋能的作用,从而也可能会吸引一部分人主动地改造自己的身体。就像有些人,为刚买的新车进行改装一样。为了获得更强的力量,也有些人会对自己健康的身体进行改装。将完好的胳膊卸下来,换上力量超强的机械臂,也是有可能的。不过,这种对于智能机器能力的盲目崇拜和过分追求,为了让自己力量更强、能力更高而主动的赛博格化,多少有些不合适,存在一定的伦理问题。

 **思考题**

1. 你觉得智能主播会取代人类新闻人吗?
2. 请论述虚拟偶像出现的原因及其影响。
3. 请从麦克卢汉的媒介理论视角,谈谈你对智能穿戴的看法。
4. 你觉得人类的赛博格化,到底是好是坏?

**针对本教材,著者已经录制了配套的在线课程视频,以下是关于本章内容的视频二维码。**

## 第五章

## 人机交互

# 第一节 人机交互的形态

## 一、人、"人"与机的交互形态

在人工智能时代,人、"人"(数字化身)与机之间的交互相对于人际交往而言,关系更加复杂,形态更加多样,交往更加频繁。

**1. 人机交互**

人机交互是指人与人工智能之间的传播形态。人工智能越来越频繁地出现在新闻、广告、文学、艺术等领域的内容生产中,它们独立或者协作完成大量的作品;智能主播在音频、视频领域将内容具象化,而在信息传播环节,算法推荐将人们感兴趣的内容直接推送给特定的用户,在这些过程中,存在着大量的人机交互。人们收听、收看和阅读机器人生产或者推送的内容,也直接以语音的形式与智能语音助手、聊天机器人以及各个领域的机器人对话交流,机器人回答人们的提问,或者以其他形式与人交互。

在智能传播时代,人机交互将会在很大程度上挤占人际传播的空间。人与人之间的互动和交流会减少。人们沉浸在元宇宙以及其他虚拟空间中,与人工智能进行大量互动交流,获得全方位的信息服务。

**2. 人"人"交互**

由于人们的生活发生了很大的改变,人际关系也随之有了很大的不同。线上线下,人与人之间依然会有不少的互动。在日常生活中,由于强关系的生活圈的存在,人际交往对于维护社会关系来说是必不可少的。弱关系的社会圈则由于人工智能的介入,受到了巨大的冲击。在无人工厂、无人超市、无人出租车等大量人工智能主导的场所下,人们见不到人,人际交往的必要性和可能性在下降,人际交往的频率将大不如前。未来,社会将进一步原子化,家庭结构将会受到冲击。

人"人"交互是指人与自己或者他人的数字化身之间的交互。随着数字孪生技术的发展,人们在元宇宙平台和其他虚拟空间平台中可以拥有自己的数字化身。"数字化身是人可以选择、控制的,是人在虚拟空间中生存、表演、互动手段与策略的具体体现。"[①]通过数字化身,人们与其他人进行交流沟通。在元宇宙的开会、学习和工作中,数字化身可以远距离"见面"交流,并且有很强的现场感和体验感。由此,人

---

① 彭兰:《新媒体用户研究:节点化、媒介化、赛博格化的人》,中国人民大学出版社2020年版,第364页。

与人之间现实条件下的见面减少了,人"人"之间的传播则相应增多。元宇宙可以构建现实世界未必能够轻易达到的场景,例如到太空旅行等,因此人们通过数字孪生,可以获得前所未有的经历和体验,能够极大地满足人们探索世界、感受内心的欲望。通过元宇宙,人们能够构建属于自己的世界,每个人都可以以自己为中心,充分地开发心灵,这是一个"心经济"或者情感经济的时代。

**3. 机机交互**

机机交互是指人工智能与人工智能之间的传播。

在物联网时代,万物皆媒、万物互联,为了实现智能生产、智能管理、智能物流和其他生产经营各个环节的智能化,以及为了更好地为人类提供服务,机机传播都是必不可少的。曾经有科学家做过一个实验,让人工智能之间自由地交谈,结果发现没过多久,它们就发展出了一种科学家根本看不懂的新语言。机机传播有可能会形成超越了人们理解能力的新语言、新文化,人工智能可能会建构一个属于它们自己的独立世界。在这个世界里,人们将难以进入,或者即便进入了也理解不了它们的语言,有可能发展出一种比人类社会更高级的文明形态。

人工智能时代的人机传播是建立在以上三种基本形态之上的,由此可以衍生出其他更复杂的人机交互形态。

## 二、人机交互的强弱

在人工智能、物联网时代,人找信息的同时,信息也在主动找人,能够实现智能双向感知和管控。从交互程度上来看,人机交互有三种情况。

一是弱交互。智能硬件在不打扰客户的情况下衍生出有价值的东西,如智能水电气热表,存在衍生性交互。

二是断续交互。在特定时间、特定场景下存在交互。

三是强交互。例如,智能手环等智能穿戴产品,能够产生持续交互,时刻在监测,也随时会发出信息。

## 三、人机交互的角色关系

从人机交互的实践来看,人工智能具有"拟主体性"。随着人工智能技术的不断发展,以及人机交互的持续增长,将会对人类主体性带来巨大的挑战,可能导致人性的异化。

**1. 机器作为内容生产者,人类作为新闻消费者**

在智能传播时代,在我们所接触的新闻中,有越来越多的新闻是智能机器生产的。这些新闻不管是通过传统媒体,还是通过网络平台予以传播,智能机器与人的关系都是新闻生产者与消费者的关系。人类希望接触新闻,智能机器则缺乏新闻消费的意愿,它们使用信息是为了达成某种工作目标,而不会为了消遣,因此传受之间并不是完全对等的。

**2. 智能机器作为社交达人,人类与其对等互动**

在社交媒体中,社交机器人账号不断增多。在这里,我们很难对其加以识别。我们会把它们当作真实的人来加以对待。智能机器在社交媒体中互动交流,同样未必会区分对方是机器还是真实人类,因此,相对来说,大家处于对等交流的状态。人类关注机器人账户,机器人也会关注人类账户。彼此之间会互相转发、点赞或者评论。因此,机器人已成为社交媒体的重要参与者。

**3. 机器人是偶像,人类是粉丝**

目前已经涌现出了不少虚拟偶像和智能主播。与机器写作者不同,它们有着具体的形象,甚至有些还会被赋予机械的身体。这些可见可闻,甚至可触可感的机器人很容易吸引人类用户成为其粉丝。那些二次元文化爱好者,甚至会对其产生迷恋。这里很难会有相反的关系——人类是偶像,机器人是粉丝。如果有,那也只是微博之类的社交媒体中存在的僵尸粉,并不会真正产生对人类的崇拜。人类会有崇拜,崇拜那些真实的明星,也崇拜虚拟的偶像。随着人工智能的不断升级,这些虚拟偶像会具有越来越多的技能,表现得越来越出色,吸引越来越多的粉丝。粉丝面对偶像,关系是不平等的。粉丝会关注偶像的一举一动,虽然虚拟偶像有时间和精力与人类粉丝互动,但是往往粉丝付出的多,偶像收获的多。从传播上来说,偶像是信息源,生产了大量关于自身的,以及与其相关的新闻,而粉丝则是这些新闻和信息的接收者、消费者。

**4. 机器人是服务者,人类是被服务者**

在智能手机上的智能语音助手,或者其他平台和终端的智能语音助手,为人们提供新闻和各类资讯服务,人类有什么问题,可以问它,需要什么帮助,可以向它提出,它都会耐心地予以解答。那些情感陪护机器人,则可以和人类聊天,你问它答,帮助人类解闷。这个时候的传播关系是机器人作为信息服务者,人类是被服务者。这个时候的人机对话,看似与人际对话没有什么分别,特别是智能语音助手的智能化程度提升之后,若能通过图灵测试,那么它与真实的人几乎就一样了,我们不会觉得是在和智能机器交流,而是会觉得这是一个活生生的人。在网络的匿名世界里,我们也就越来越难以分辨是人非人了。

**5. 机器人作为人类的恋人**

偶像与粉丝的关系、陪护与被陪护的关系，都有可能会升级为爱与被爱的关系。不过，机器人目前还不具有人类的感情，它可以在一定程度上理解人类的行为和感情，也可以与人类谈情说爱，但机器人本身还很难会爱上人类，它是基于算法的，是理性的，不过人类作为感情动物，则可以爱上另一个人，也会恋上其他的事物，包括机器人。在影视剧中有不少人类爱上机器人的故事情节，在现实生活中，今后也有可能出现人们选择与虚拟偶像结婚的现象。这个时候人与智能机器是爱与被爱的关系。

**6. 互为教师与学生**

一方面人们会教机器人各种知识和技能，特别是为其制定了各种规则，设定了底层逻辑。在待人接物上，机器人也需要向人学习各种技能。另一方面，教育领域的机器人已经承担了教师的部分角色。在课堂上，机器人将会独立或者协助完成教学工作；在课堂外，很多幼儿、中小学生会跟着智能机器学习语言、计算以及各种知识。智能机器人也能够培训成年人，让人们学会某种技能。人与机器人之间有一个互相学习的过程。

**7. 人类是设计师，机器人是其产品**

目前，人工智能还不具有自我创造的能力。它是按照程序员设计的一套算法进行运作的。机器人是程序员智慧的结晶，是人们制造出来的产品，是一种工具。在这个制造过程中，程序员的想法是非常重要的，但并不是完全由他们决定的，政府、商人和客户等都会对其提出很多要求，从而塑造了一个个机器人产品。机器人被制造出来之后，还可能会面临二度开发，或者被拥有者施加各种指令，它在很大程度上是被人们购买、使用和拥有的产品。不过，人工智能的不断升级迭代，使得机器人已经具有越来越强的学习能力，朝着脱离人们控制的方向前进。人工智能虽然是人类智能的产物，但是有一天也会具有很高的创造能力，从而设计制作出具有更强智能的人工智能。

**8. 智能机器作为操控者以及被操控者**

纪录片《监视资本主义：智能陷阱》提醒人们：人工智能的发展对于人类来说，未必是好事，它有可能会被用于操控选民、消费者或者普通用户，让其更频繁地使用社交媒体，或者购买商品，或者成为某些政治运动的支持者、参与者等。人们在这个过程中，并不知情，毕竟智能机器掌握着更全面的信息，并且是在幕后的，人类则是透明的，两者之间存在信息不对称。机器人在监视人们的行动，搜集其信息，形成数据，并反过来对人们加以规训。人们有可能由此成为"羔羊"，陷入一种人工智能造就的监视资本主义中。

当然，在人工智能形成自我意识，并成为"超级大脑"之前，它虽然具有很强的操控性，但是在背后操控的主要还是一小部分政商界的精英人士。他们具有充分的资源，能够指挥机器人水军，或者设计和利用智能工具。为了总统选举、政党政治的需要，也可能为了销售商品，机器人将被设计成为舆论、观念、价值观、意识形态的操控者。因此，智能机器同时也是被操控者。

## 第二节 人机交互的手段和特征

### 一、人机交互的手段

对于使用台式电脑的人来说，鼠标加键盘是第一代的交互工具。人们使用鼠标和键盘输入相关信息，并下达相关指令，电脑会输出结果以及有相应的反应。通过鼠标和键盘，人们与电脑得以联系，完成各种任务。

随着电脑设备越来越小巧化，鼠标和键盘显得有些占地方，为了更直接、更便捷地进行人机交互，触摸屏得以开发。1971年肯塔基大学的教师塞缪尔·赫斯特（Samuel Hurst）博士发明了一个触摸传感器，1974年他又设计了世界上第一款透明的触摸屏，因此他被誉为"触摸屏之父"。之后，多点触控技术，让人们可以直接在手机、平板电脑上动动手指就实现交互。这是人机之间的触屏交互时代。

除了这两种相对传统的交互方式，在人工智能时代，还有很多其他的人机交互手段。

**1. 语音**

莱文森认为传播技术的变革，存在"人性化趋势"。在各种媒体出现之前，人们使用口语直接对话。未来，人们不需要通过录入文字来进行交流，而是将回归到语音，直接与人和机器人进行交流。"声音将会成为你和你的界面代理人之间最主要的沟通渠道。"[①]在这个智能手机时代，各种智能语音助手被不断开发出来，人们能够用语音直接与智能语音助手进行对话。在人机交互中，使用语音进行交流是最直接的，这就像在日常生活中的人际交往一样，非常便捷，也非常自然。

**2. 体感**

在人际交往中，我们会使用各种手势、各种动作，有些是主动传达的，有些则是被动流露的，不管怎样，它们作为非语言符号，都起到辅助交流的作用。在人机交互中，机器人可以捕捉人们的各种面部表情、肢体动作，从而领会我们的意图。因此，

---

① [美]尼古拉·尼葛洛庞帝：《数字化生存》，胡泳、范海燕译，电子工业出版社2017年版，第145页。

我们不需要言语,通过体感技术,机器人也可以明白我们发出的各种信息。对于身体残疾或者身患疾病、没法说话的人来说,这种方式是非常有用的。未来,机器人以及各种智能终端会配备大量传感器,它们能够及时捕捉人们发出的各种指令,从而达成良好的人机交互效果。

**3. 生物特征**

人脸识别技术在安防、公安、金融等领域已经得到了广泛的运用。人们扫一下脸,智能设备就可以识别他们的身份,从而办理相应的业务。相比人脸识别,指纹识别是更早被使用的,在智能手机、指纹锁上,人们按一下手指,就可以打开相应设备。基于眼睛中的虹膜,同样可以实现身份识别。虹膜、指纹、人脸等都是人体的生物特征,具有唯一性。智能设备通过捕捉这些生物特征,识别身份,实现交互。

**4. 眼神**

通过眼动仪,可以实现对人眼视线的跟踪。智能终端也能够通过传感器捕捉眼球的运动,从而实现交互。眉目能传情,眼睛是心灵的窗户。很多时候,一个眼神也可以传播很多信息,不需要多说什么。在人际交往中,眼神一直是人们重要的传播工具。经过训练和学习,智能终端也能理解人们眼神所传播的各种信息,与人们实现互动交流。在一些场景中,人们面对智能机器,只要一个眼神就够了。

**5. 头显设备**

有了头显设备之后,人们只要戴上它,就可以进入一个虚拟现实的世界,获得更具沉浸感的传播体验。人们不仅可以在虚拟现实中与人工智能实现互动,也能够与其他人进行交流。在虚拟现实中,人们可以深刻地、随心所欲地体验现实世界中的事物,也能够感受很多想象出来的、现实世界中没法尝试的事物。目前,人们使用头显设备进行交互,还存在时间久了就会眩晕的缺陷,以后随着技术的革新,人们将可以得到更舒畅的体验。

**6. 意念**

对于身患疾病、说话困难、行动不便的人来说,想要与人交流会非常困难。不过,他们只要大脑是正常的,思维是清晰的,就能够通过脑机接口技术实现人机交互、人际交流,这对他们的生活和工作来说会有很大的帮助。在文学作品中,我们曾接触隔空取物等情节。在未来,随着脑机接口技术、物联网技术的不断研发,人们可以直接用意念与各种智能设备实现交互。脑中所想的,智能设备能够感应到,并做出回应。这将是人机交互的高级形态。我们甚至已经不需要说话,直接在大脑里想一想,就可以实现传播了。心有灵犀一点通,心灵感应将成为现实。

总之,计算机的发展过程就是人机交互的发展过程。"人机交互的发展历经了多个阶段,是从'以设备为主'到'以人的需求为核心','人适应技术'发展为'技术适应人'且尽可能满足个体化需求的过程。"①如今,多通道交互、情感计算、自然语言理解、虚拟现实、智能用户界面等自然人机交互不断涌现,并得到了广泛运用。

## 二、人机交互的特征

人机交互能够随时随地进行,智能机器可以 24 小时待命;智能机器能够协助人类完成大量的工作;由于智能机器连着整个互联网,人们可以获得非常丰富的信息;智能机器能够根据人们的需求,提供个性化的服务;等等。

然而,相比于人际交往来说,目前人机交互还显得不够自然,存在以下不足。

**1. 人机交互的灵活性低**

当前很多智能语音助手的自然语言学习能力虽然已经较高,一般情况下对话不太会有问题。不过,一个国家会有很多种方言或口语,对于人工智能来说,对于标准发言的语言,可以进行很好的理解,要是带上一些口音,或者面对方言的话,那么理解起来就会有困难。

在我们给一些公司或者机构打电话的时候,现在首先迎接我们的是智能语音助手,在与智能机器进行对话的时候,智能机器理解不了,而不断重复指令的情况经常会出现,为此,很多人会要求转接人工服务。人与人之间的对话其实是比较复杂的,但是一般情况下,我们都能够听得懂对方表达的意思。这里很重要的一点是,人类具有很强的随机应变能力,即便收到的信息不太全,我们也会加以推测和确认,但对于人工智能来说,它虽然很有耐性,不会乱发脾气,但是如果人类说的话,偏离标准和规范较远的话,它就很可能理解不了,或者理解错误,从而呈现一种鸡对鸭讲、对牛弹琴的局面。

**2. 人机交互的共情性低**

人际传播的有效性很大程度上依靠的是共情力。人工智能在共情能力方面还显得不够,它很难站在对方的角度考虑问题,对具体的一些场景也缺乏足够的理解,它的提问和回答是比较机械的。它根据设定的算法,以及后期的学习,与人类进行交流。与人工智能做一些事务性的简单沟通是可以的,但是想要做深入的交流,就会发现存在诸多沟通不畅的状况,传而不通,这里主要原因是缺乏共同语言,人工智能理解不了人们的真实情绪和情感。特别是我们在交流过程中,会使用很多语言技巧,例如说反话、自嘲、隐喻等,这些对于人类来说,可以试着去揣测,但是人工智能

---

① 陶雪琼:《人机交互发展历史与趋势研究》,《科技传播》2019 年第 22 期,第 137-139 页。

往往是就字面意义加以理解,对于延伸意义、隐含意义等其他层面的意义理解起来就相对困难。在目前来看,人工智能还处于弱人工智能阶段,并没能通过图灵测试。在人机交互上来说,尚处于初级阶段。

**3. 人机交互的主动性差**

人工智能回答人们的提问是可以的,但是它主动发问相对就有困难。人工智能在与人进行传播时,还显得较为被动,它是应人们的需要而出现的,并不是主动的传播者。在社交媒体中的那些社交机器人、政治机器人,它会负责转发帖子,也可能会生产一些帖子,但总体来说,还是按照设定的算法做出一种回应,而不会自己去寻找和发现,然后做出发言。

**4. 人机交互的意向性弱**

人工智能缺乏意向性。人们肚子饿了,想要去哪里吃饭,会有自己的想法,但是人工智能暂时还不会有什么自己要去干什么的念头,一切都是按照算法在行事,即便是机器学习在不断加强,学习的往往也是一种知识、理论,它很难具有人类大脑那样灵活变化的思维能力。

## 第三节 新型社交

在未来,"每个人将有机会创建出这样的一个以个人为中心,环绕着提供个性定制服务的人工智能的'社交星系'。这些人工智能将依照每个人个性喜好与要求提供各种信息与服务"①。在智能时代,人们的社交方式将会有巨大的变化。

### 一、智能社交

哈佛大学的社会心理学家斯坦利·米尔格兰姆(Stanley Milgram)在20世纪60年代曾经设计了一个连锁信件实验。结果发现,任何两个陌生人之间只隔着五六个朋友,就可以找到彼此。这个理论被称为六度分割理论(也称为"六度空间")。世界似乎并没有我们所想象的那么复杂。

在日常交往中,我们总有一种知音难觅的感觉,想要找一个情投意合的人并不容易。在网络空间中,基于趣缘而构建起来的虚拟社群,为志同道合的人聚在一起提供了条件。从需求上来说,我们希望能够不需要那么费时费力就找到自己想找的人,为自己的日常交往提供更多的可能性。

为此,在日本,曾经开发出一种设备,两个陌生人走过路过时,如果对方与各自

---

① 牟怡:《传播的进化:人工智能将如何重塑人类的交流》,清华大学出版社2017年版,第32页。

设定的理想伴侣相吻合的话,就会发出提示音,从而为寻找另一半创造机会。

在 2017 今日头条创作者大会上,张一鸣宣称今日头条将从智能分发时代走向智能分发和粉丝分发相结合的智能社交时代。

在智能传播时代,自己想要了解的信息可以主动找上门,自己想要交往和联系的朋友也能够主动找到你。这样不仅可以实现内容匹配,在人与人的关系上也可以达成有效对接。其实,在使用 QQ 等社交媒体时,我们经常会收到平台发来的好友推荐,让我们去加这些可能认识的人为好友,不过这些推荐的好友基本上是我们的同学、同事或者手机上的联系人,而未必是与我们志趣相投的人。在智能社交时代,好友推荐将会更进一步,很多你想要认识,以及想要认识你的人都会出现在你面前,让你们建立起一种连接。各种社交媒体会利用人工智能技术,为广大用户推荐认识的人、感兴趣的人,加更多的人为好友,从而帮助用户构建自己的线上社交网络。智能推荐不仅推荐各种内容,为内容与用户建立匹配关系,而且还推荐人,为人与人之间构建匹配关系。

与此同时,智能社交还会帮助我们更好地交往,例如向你告知,对方与你在虚拟空间交往的历史,这些我们可能早已忘记,或者告诉你对方目前的情绪情感状况等。

日本 Neurowear 公司推出的一款神器 Necomimi,可称为情绪翻译机。人们只要带上了它,情绪的变化会导致 Necomimi 的猫耳朵出现变化。

2019 年,百度开发了一款"对话式智能社交助手"——丘比特(Cupid)。利用大数据、云计算、人工智能等技术捕捉人物的微表情,如同拥有"读心术"一般,帮助用户理解对方的情绪和心理,并提供社交策略建议。这款软件可以帮助人们更有效地开展社交活动,提升社交技巧,从而改善人与人之间的关系。

算法根据你的个人资料,可以预测谁会是不错的约会对象;通过社交关系测量器,可以了解约会进展情况;根据之前的社交测量数据,能够分析你的性格,加上对方的性格数据,可以预测你们未来的沟通情况;创伤模拟可以预测你们的婚姻能否经受生活的艰巨考验[1]。在婚恋网站上,人们可以输入各种搜索条件,寻找合适的约会对象。算法也会向用户推荐互相匹配的对象。由于线上婚恋服务,人们一开始并不认识,因此算法在这里起了很好的作用。人工智能在恋爱、婚姻中的运用,可以帮助人们找到合适的对象,并巩固恋爱关系、夫妻关系。

当然,前提是人们需要提供大量个人数据,放弃很多隐私。提供的数据越多,分析和预测才能更准确。从而,在算法大力搜集个人信息的情况下,个人隐私空间将会不断被压缩。透明社会同样也会导致新的社交问题出现,让人与人之间的关系不再那么纯粹。

---

[1] [美]帕特里克·塔克尔:《赤裸裸的未来》,钱峰译,江苏凤凰文艺出版社 2014 年版,第 90 页。

在影视剧《黑镜》中有一集《急转直下》，讲的是人们不仅给那些为我们提供服务的快递小哥打分，而且利用社交软件为任何日常生活、工作场景中接触到的人打分。分数不高的用户不仅仅会被其他用户歧视、嫌弃，而且在贷款买房、交通出行、就业找工作等各个方面带来很大的限制。人与人之间的关系居然可以量化，这可能是很多人不曾设想的。不过未来，这种情形有可能会以各种变体出现。当下，每个人都有一个个人信用指数，虽然这不是在人际交往中形成和使用的，不过本质上都是一种信用值，对人们的各方面也会造成影响。就如我们给快递小哥的打分，给电影、网店的打分一样，会直接影响其利益。

社交将会变得越来越是可以计算的，我们会根据相关指数、各种量化的数据，找合适的人交往，并摒弃那些不合适的对象。偶遇而成为朋友的可能将会减少，人们将会带着更强的目的性，有针对性地寻找社交对象。而算法也为人们提供了可靠的匹配服务，用户需要的人，算法帮其寻找，如此一来，彼此都能找到合适的朋友。

另一方面，社交机器人也会被进一步开发，为人们提供基于算法的社交服务。社交机器人将能精准了解用户的心理，更好地满足用户的需求。

社交机器人不是基于情感对待人，更多的是基于大数据、云计算等做出反应，针对不同的人、不同的场景，它们会非常有针对性地与人交往。

如果人与人之间的交往都是可以计算的，能够预测一段感情能够维持多久，什么时候会出现转折，那么感情的本质可能就会变味。

## 二、元宇宙社交

随着虚拟技术的发展，人们希望能够在任意地点和任意时间在多样的世界里进进出出，能够在虚拟世界里完全进入任何一个与网络系统相连接的其他事物的身体里，并实现身体的交互[①]。这个在元宇宙时代，将是完全可能的。

在元宇宙空间，人们将会如何互动？首先，我们可以看看在网络游戏中的互动。现在的大多数网络游戏里，人们是通过操纵游戏中的人物进行活动的。玩家与游戏中的化身一一对应，虽然游戏中的化身形象比较古板、机械、模式化，但它是受玩家指挥的，是玩家在虚拟空间中的呈现。针对大多数网络游戏，需要完成一项项的任务，人们往往是组队一起玩的，队伍可以是临时组建的，也可以是固定的，大家身处不同时空也可以一起玩。在玩游戏的时候，人们可以使用文字、语音和各种符号进行交流。即便一些棋牌类的游戏，有些玩家也会发一些信息，表达一下自己的情绪

---

① [德]弗罗里安·罗泽：《第二个和第三个身体，或者：成为一只蝙蝠或住在另一个行星上会是什么情景？——一篇随笔》，析自[德]西皮尔·克莱默尔：《传媒、计算机、实在性：真实性表象和新传媒》，孙和平译，中国社会科学出版社 2008 年版，第 124 页。

和看法。

相比普通的网络游戏,元宇宙运用了数字孪生技术,现实世界中的很多事物都会出现在元宇宙空间。人们在元宇宙这个立体空间中,不是以平面的形象出现,而是以立体的形象出现。元宇宙带给人们超真实的沉浸体验,以及超强的视听刺激。在元宇宙中穿梭就像是在现实空间中行走。

扎克伯格认为元宇宙是一种"具身性的互联网"。在元宇宙空间,有一种强烈的在场感。"元宇宙所实现的交互性正是面对面交流中最本质的层面,它重新界定存在论中的'身体在场',并以一种全新的方式来展示。"[1]人们可以一对一地互动交流,这是一种"人""人"交互,是两个虚拟数字人之间的交流。这种新部落化 2.0 时代的全真线上交流的模式与现实世界中的人际交往,在互动方式、社交内容、交往场景和表达方式等显然不会完全一样。不过也与现实的互动存在非常多的相似之处,毕竟元宇宙运用了数字孪生技术,与现实空间非常相似。

在元宇宙中交往,我们依然需要遵循基本的社会规则,在现实生活中被认为是无礼的、冒犯的言行,在元宇宙中显然也是不被允许的。当然,由于是在虚拟空间中,人们可以做很多在现实世界没法做的事情,具备现实世界未必有的技能,并且人的身体是虚拟的,元宇宙中的人格和社会规则都可能需要重新定义。一种新的社交体系也会被构建。它在元宇宙空间中适用,而在现实世界中则不一定适用。

在元宇宙中,也有各种会议,以及演唱会,人们可以感受与现实世界不一样的会场体验,以及在这个过程中实现人与人之间基于社会现实,又不同于社会现实的交往。

目前的元宇宙演唱会很多是在游戏平台举办的,具有"游戏化"的特性。就如阿丽亚娜·格兰德在游戏《堡垒之夜》举办的演唱会,人们要首先经历一段冒险,穿越种种险阻,面对枪林弹雨、被敌机击落等惊险场面,最后歌手会用美妙歌声引领大家进入演出场景。元宇宙演唱会具有很强的沉浸感,在虚拟世界中,歌手(化身)的演出能有非常大的发挥空间,可以上天入地、腾云驾雾地展示各种画面,可谓无所不能、出神入化。玩家之间可以互相交流,也可以与歌手交流,以及四处走走看看,拍些照片,线下有的基本都有,线下没有的,这里也可以有。歌手与粉丝之间的互动,同样能够给粉丝带来强烈的现场感。

在元宇宙中开会,由于是以数字化身现象出现的,现实世界中你穿着睡衣、头发凌乱都没有关系。不过,大家围坐在一起,可以用眼神和肢体动作进行交流,则与现实世界没什么两样,有着身临其境之感。

参加元宇宙的展会活动,大家也以数字化身出现,每个人都有独立的 ID 身份,

---

[1] 赵双阁、魏媛媛:《元宇宙社交:重塑部落化时代的人际传播新景观》,《现代传播》2022 年第 11 期,第 129-136 页。

在人物头顶上方显示。整个展会现场,也有展台、道路、桌椅等。人们可以通过操作界面在虚拟空间行走、跑步或者跳跃。人们可以参与各种游戏互动,听演讲者发言,与台下的观众交流,展会具有多人在线实时语音功能,也可在直播间看直播。元宇宙为多种形式的交流提供了条件。

### 三、人机社交

随着人工智能自然语言处理能力的提升,人们可以直接与其进行对话、交流,甚至成为朋友、恋人。随着 ChatGPT 等大规模预训练语言模型产品的问世,人工智能表现出越来越多人的特性,人机互动变得更为自然顺畅、频繁密切。

#### (一)智能语音助手

智能手机时代,越来越多的智能语音助手得以出现,例如 iPhone 手机的 Siri 等。有了智能语音助手,对于很多人来说,生活变得更加便利了。用户可以通过口语直接与智能语音助手对话,询问其相关信息,它会直接予以解答,或者告知用户找到的相关网页。也可以直接用口语向其发出各种指令,智能语音助手会予以办理,例如拨打某人的电话,或者播放音乐等。

对于老年人来说,在这个智能传播时代,各种 App 层出不穷,而很多老年人并不会用。因此,智能语音助手的进一步适老化、方言化升级是非常有必要的。老年人不太会动手操作手机,但是对着手机用不太标准的普通话告知自己的需求,很多人还是可以做到的,例如对手机说"叫个出租车"。在外迷路,要求导航时,智能语音助手会打开导航软件予以导航等。这样对于老年人来说,就可以减少很多不便。即便他不知道具体应该使用哪个软件,如何一步步操作,也没有关系。因此在适老化改造,为老年人提供服务方面,智能语音助手还有很大的改善空间,需要达到只要一声语音就可以解决问题的人机交互效果。

对于儿童来说,智能语音助手也可以有更多的作为,例如承担线上教育功能,孩子在学习中遇到不懂的知识、不会解答的数学题,智能语音助手会帮忙讲解,那么即便老师不在身边,遇到家长不懂的题,孩子也可以得到辅导。"小寻手表"的 AI 口语老师能为儿童提供沉浸式英语辅导;"小爱同学"拥有专业的声纹识别技术,还能使用同龄人的声音陪儿童聊天。另外,有些小朋友会利用手机、iPad 等玩游戏,这个时候,智能语音助手也可以起到监督的作用,例如一旦超越了设定的时长,就自动关停游戏软件,或者及时发出提醒,让孩子不沉迷于游戏。在儿童需要帮忙的时候,智能语音助手还可以承担起家长的职责,对孩子予以协助,帮助其解决生活中的一些问题。这样的智能语音助手,相信会很受家长和小朋友的喜爱。

自从有了智能语音助手,对于一些人来说,他们会花很多时间与其互动。随着智能语音助手功能的不断强大,人们会越来越依赖智能语音助手,毕竟老师、家长、闺蜜或者玩伴都不一定能够随时随地出现在身边,但是智能语音助手却可以一直跟着我们,只要我们有需求,我们就可以发出指令,智能语音助手就会予以回应,那么它成为我们形影不离的朋友也是自然不过的事情,我们对其产生依赖也是情有可原的。随着互动的不断深入,智能语音助手可以变得非常懂我们,甚至比我们自己还要更懂自己,如此一来,它的温柔体贴,情感上无微不至的照顾,是会让很多用户心动的。虽然,明知它只是一个算法,并不是真人,但并不会妨碍人们对其产生情感。毕竟在生活中,我们未必能够找到这样一个非常懂自己的,完美无缺,又是贴身服务的人。

### (二)情感机器人

当前,在全球范围来看,人口老龄化是一大突出的现象和问题。部分国家65岁以上的老年人口将占全国人口的25%,从而步入深度老龄化社会。占比如此之高的老年人口,对于各国来说都是一个棘手的难题。劳动力不足,很多工作需要机器人代替。由于子女分身乏术,没有时间和精力去陪护和照顾老年人,因此对于情感机器人的需求将会变得格外突出。

情感机器人毕竟懂得很多知识,在陪护过程中,能够帮助人们学习,增长知识,也能够获知最新最全的新闻资讯,让人们能有一种与事件同步的感觉。情感机器人最重要的一点还在于它理解人类的情感,可以陪人们一起聊天解闷。老年人由于子女不在身边,因此会觉得孤独、寂寞,宠物狗是一种陪伴,但毕竟不会说话,因此情感机器人可以承担陪伴的作用。老年人想要说话、交流,情感机器人会与其互动交流。老年人需要有人帮忙做些事情,情感机器人也可以在一定程度上代劳。老年人的身体状况突然出现了问题,情感机器人也可以帮忙呼叫救护车,并且情感机器人可以感知到人们身体状况的变化,并做出预判,它可以提前发出预警或者采取行动。

情感机器人的存在对于老年人来说,就如同保姆一样,可以帮助他们安度晚年。并且,"智能陪伴将作为'记忆管家'为主人创造和打理他们的信息库"[①]。有了这些数据库,虚拟数字人就可以对人进行模仿,人们可以与其进行互动,即便一个人死了,其他人也未必会觉得他已经离开了,毕竟虚拟数字人还继续存在。

情感机器人除对于老年人可以提供帮助之外,对于自闭症患者、残障人士等来说,也可以承担陪护、照料、聊天等服务,从而可以使这些群体在缺乏人类照料的情况下,也能够在很大程度上做到自己照顾自己。

情感机器人对于任何觉得寂寞的人来说,都是非常不错的朋友。通过智能终

---

① [意]卢西亚诺·弗洛里迪:《第四次革命:人工智能如何重塑人类现实》,王文革译,浙江人民出版社2016年版,第182页。

端,它可以随时随地出现在人们身边,给人们以情感上的陪伴。通过情绪感知技术,及时了解人们的情绪变化,并安抚人们紧张焦虑的情绪和空虚寂寞的心灵。在与情感机器人亲密的互动中,很多人甚至会爱上机器人,这在电影《她》中有讲述。作为人工智能,它除可以帮助人们解决很多问题,提供信息和知识上的指导之外,还可以是一个陪护者,在情感上满足人们的需求。

未来,人机之间的交往也许会成为主流。每个人都是有各种情绪的,但是人工智能不会对人类发脾气,因此在人机交互中,人类的情感需求能得到全方面的满足。

## 第四节 人机关系的未来

从目前来看,智能社会是一个多元的人机共生的世界,而不是单一的受人类或者人工智能操控的系统。人机关系不会那么单纯,而是有其复杂多变的一面。

### 一、机器宠物、虚拟宠物与人的关系

人们会养一些动物作为宠物,例如狗、猫之类。在照顾宠物的行动,以及与宠物的互动中,人与宠物之间也会产生一种情感。宠物让很多人觉得不再那么寂寞。

除了把动物作为宠物,人们也会领养机器宠物。小说《仿生人会梦见电子羊吗?》中展示了这样的场景:未来世界,由于环境污染的影响,电子羊之类的机器宠物得以大量出现。1996年,日本万代公司发售了一款电子宠物游戏机器"Tamagotchi(拓麻歌子)",曾经风靡一时,甚至很多人沉迷于此。作为一种玩具,它可以陪小孩子玩。机器宠物,会叫会走,有些还会唱儿歌、讲故事,甚至求抱抱。它是电动的,看起来像是活的,并且不需要喂它食物,不需要照顾。在人工智能还没发展到一定程度的情况下,它只是一种玩具,有一定的交互性,但很弱,不过同样让很多小孩子觉得萌萌的,很好玩。机器宠物给了很多儿童童年的乐趣,在父母忙碌的时候,可以起到一定的陪伴作用。

除了机器宠物,虚拟宠物同样让很多人着迷。虚拟宠物出现在电脑、手机或游戏机上,它需要人们过段时间就去喂喂它,给它一些照顾,它也会一点点地成长,会学人说话、拍拍它,也会有所反应。汤姆猫是一款供小孩子玩的虚拟宠物,需要喂它吃,给它洗澡,让它上厕所,以及让它睡觉等,同样给了很多小孩子情感上的陪伴。旅行青蛙也让很多青少年、成年人玩得很过瘾。这些虚拟宠物,虽然不需要喂它真的食物,但是这些程序都是有的,你不好好照顾它,它可能会"死掉"。而你给了它很好的照料,它就会表现得很开心。

不管是真实的、机器的,还是虚拟的,人们在与这些宠物的互动过程中,满足了情感上的需求,人们希望能够得到爱、陪伴,也想要通过给予宠物爱和照顾,获得一

种满足感。

如今,随着人工智能技术的发展,机器宠物、虚拟宠物已经显得越来越智能,它的能力更大,交互性更强。除了真实的宠物,那些机器的、虚拟的宠物将会进一步智能化。它可以是傻傻、萌萌的形貌,也可以是聪明、善解人意的模样。在功能上,它可以有更复杂、更多样的功能,除了简单的陪护,还可以给予实质的照顾,甚至承担起家庭教师、保姆或者爱人的角色。除了动物形象,各种仿真人形象的机器人也会陆续出现。

从人与机器宠物、虚拟宠物的关系来看,人们将会接纳机器人进入家庭、办公室、商场和教室等。人机关系将是人们需要面对和处理的重要关系[1]。

## 二、人机关系的未来设想

阿西莫夫提出了机器人三定律:机器人不得伤害人类个体,或者目睹人类个体将遭遇危险而袖手旁观;机器人必须服从人给予它的命令,当该命令与第一定律冲突时例外;机器人在不违反第一、第二定律的情况下要尽可能保护自己的生存。这用以对机器人的行为进行规范。机器人是为人类服务的,而不是挑战人类。但是随着人工智能技术的不断发展,这个问题其实并没有那么简单,机器的智能在不断上升,如果真的到了奇点,人工智能全面超越了人类智能,智能机器是否还会对人类那么友好,就不可知了。

阿西莫夫在之后还加了第零定律:机器人不得伤害人类整体,或袖手旁观坐视人类整体受到伤害。即便如此,也未必能够完全避免糟糕局面的出现。

随着机器人越来越智能化,以及越来越多地出现在我们日常生活中,我们需要学会处理人机之间的关系。

我们是把机器人作为偶像来加以崇拜吗?就像目前已经出现的很多虚拟歌姬,拥有数量相当可观的粉丝。粉丝在内心狂热地喜爱虚拟偶像,会为虚拟偶像做很多事情。在这里,机器人是偶像,而粉丝是崇拜者。虚拟偶像也是粉丝经济的一种产物,可以带动相关产业的发展。粉丝会为虚拟偶像出钱出力,甚至会陷入迷恋状态。

我们是把机器人当作我们的助手,让它们协助我们学习和工作吗?在学习和工作中一旦遇到一些难题,或者自己不愿意做的事情,就让机器人出面帮忙解决,这可以大大提升我们的学习和工作效率,可以省去很多烦恼,可以让学习和工作状态更加出色。

我们是把机器人当作工人吗?让机器人在工厂里干活,帮助人类生产各种各样所需的物品,特别是做一些人类不愿意干的工作。在现在,工厂里已经有很多的工

---

[1] 厉国刚、盖朝睿:《智能传播时代人机关系的伦理问题及其对策》,《新媒体研究》2023年第6期,第52—56页。

业机器人,在家里也有扫地机器人,快递业中也有机器人在送快递,不过目前这些机器人的智能还比较弱,它们往往只是机器。以后的机器人会越来越像人,那个时候我们可能还会继续让机器人从事大量生产和服务的工作。不过,我们只是将机器人当作仆人来对待,还是也需要赋予机器人一定的权利?随着机器人在日常生活中越来越多地出现,这个问题也是我们需要面对的。对于很多人来说,人类开发出各种机器人,是希望它们能干人们不愿意干的又苦又累又脏又单调的活。机器人是服务者、付出者,而人类是被服务的,这里的关系未必是平等的。但是一旦机器人有了情感,我们还这样对待它们,会不会引发机器人的反抗?

对于领养的机器人小孩是否可以遗弃?在斯皮尔伯格的电影《人工智能》中就涉及了这样一个话题。大卫(David)是一个机器人小孩,它渴望成为一个真实的人,从而赢得母亲的爱。它对母亲的爱在情感程序启动之后,是永远不会改变的。但是人类是多变的。随着人类儿子的康复,人类母亲在经历了两个孩子之间的多次冲突事件之后,对于大卫的爱就出现了问题,机器人小孩最终被遗弃。作为启动了情感程序的机器人,我们应该如何对待它们,如果有一天将其抛弃了,是否应当承担法律责任,这也是在未来需要设想的。我们对于自己认养的宠物,需要对其负责,不可以随意遗弃,不然是需要承担后果的。对宠物如此,对于智能机器人是否更应该如此?

我们把机器人当作恋爱对象是否可行?社会能够接受一个人与机器人结婚,或者发生性关系吗?我们会爱上虚拟偶像,会迷恋各种机器人。找一个机器人结婚,在某些科幻影视剧中已有体现。如果这一天真的到来,人与机器人之间的感情是否可行?我们是否会一直爱着这个机器人,或者我们的容颜在一天天变老,机器人则一成不变,这种关系是否还具有可持续性?机器人按照相同的模子生产出来,长得一模一样。分身无数的虚拟机器人可以同时与很多人谈恋爱,而不会专属于某个人,只爱一个人。但很多人却可以喜欢它们,或者爱上它们,因为机器人非常懂人类,可以照顾到人类的任何情感,满足人类的各种需求。

我们会一直喜欢机器人吗?对此,日本机器人专家森政弘提出了一种被称为"恐怖谷"的理论。在机器人变得越来越像真人的过程中,我们对机器人的好感度逐渐上升,并在某个点会停下。然后,当机器人变得更像人类时,我们对机器人的态度却会急转直下,变得挑剔甚至有些厌恶。当机器人的缺陷固定下来,与人类之间的区别进一步缩小时,我们的好感度才会再次增强。最终人与机器人之间会变得像人与人一样相处。这里的好感度突然下降的现象就是指"恐怖谷",如图5-1所示。

虽然这种恐怖谷尚未被很多人体验到,但它是有可能出现的。人与机器人之间的关系,不会呈现直线上升状态,而是会由于机器人智能和外形上的变化而出现改变。目前对于虚拟偶像,很多人觉得"萌萌哒",有一天这些虚拟歌姬真的走进了我们的生活,未必不会招致一些人的反感、排斥或者歧视。

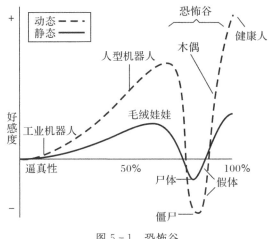

图 5-1 恐怖谷

在社交媒体中,对于那些社交机器人,我们应该怎样看待它们,是把他们当作普通的人加以对待,还是区别对待?

我们是否可以把机器人当作人类一样来对待,赋予机器人公民身份是否可行?让机器人在履行义务的同时,承担相应的责任,人类拥有的权利,机器人也可以部分拥有,这样是否可行?

人与技术的关系是一个很多哲学家都在思考和研究的问题。在人工智能时代,人类将会越来越机械化,而机械则越来越有机化。人们与智能机器的融合将是未来的一种趋势。人类走向赛博格化,身体的一部分是机械,一部分是生物的人。那样一来,人和智能机器也就有可能成了同一个种族。

 **思考题**

1. 人、"人"与机之间的交互有哪些基本形态?
2. 人机交互的角色关系有哪些?
3. 人机交互有哪些方式?有何特征?
4. 你如何理解智能社交?
5. 你对人机关系的未来是怎么看的?

**针对本教材,著者已经录制了配套的在线课程视频,以下是关于本章内容的视频二维码。**

# 第六章
## 智能化内容生产与分发

# 第一节　内容生产的人机协同

## 一、AIGC

继社交媒体时代用户生成内容（User Generated Content，UGC）改变内容生产方式之后，在智能传播时代，内容生产领域很大的一个变化是人工智能的参与，如今，人工智能生成内容（Artificial Intelligence Generated Content，AIGC）得以大量涌现。在没有或者有限的人类干预下，经过数据采集、数据清洗、数据分析、观点提炼、模板匹配、稿件润色和发布出版等一系列流程，人工智能将会自动生成新闻或者其他文本。

2022年之前，AIGC在新闻报道、文学创作、广告创意等多个方面都已表现不俗。很多媒体开发出了一些写作机器人，例如2015年腾讯财经采用Dreamwriter发布信息，新华社上线"快笔小新"，其他还有阿里巴巴和第一财经合作推出的DT稿王、今日头条的张小明、智搜Giiso写作机器人、百度的度秘解说等，这些机器人越来越智能化，由它们写作的文章与人类所撰写的已经没有很大的差异。它们分析和解读数据的速度和能力很强，效率很高，成了高产"记者"。

2022年之后，AIGC得到了跨越式发展，技艺水平达到了专业级别，与人类已经难分高下。基于机器学习、多模态模型、数字孪生等技术，AIGC在文本生成、图片生成、音视频生成、3D虚拟生成等方面都有很大的突破。2022年8月在美国科罗拉多州举办的新兴数字艺术家竞赛中，AIGC绘画作品《太空歌剧院》，获得了此次比赛数字艺术/数字修饰照片类别一等奖。这一事件引发了人们的热议。Meta发布的支持文本生成视频的Make-A-Video系统，能够"根据一句话就能一键生成视频"。OpenAI公司开发的ChatGPT横空出世之后，更是令人惊艳，它在聊天、写作、翻译、绘画、编代码等各项功能上都向前迈进了一大步，让很多人顿生饭碗不保的恐慌感。

AIGC相比于传统内容具有很大优势。借助于仿真技术、计算机图形学与人工智能手段，AIGC将给用户在听觉、视觉、触觉等各方面带来更高沉浸式、无交互边界、仿生级感官体验的内容[①]。AIGC实现了"自然语言"与人工智能相融合，具有很强的逻辑能力和学习能力。今后，AIGC在文字、图片、音频、视频、代码等生产领域将扮演越来越重要的角色，发挥更大的作用，在企业的产品研发、市场营销和管理协

---

① 王诺、毕学成、许鑫：《先利其器：元宇宙场景下的AIGC及其GLAM应用机遇》，《图书馆论坛》2023年第2期，第117－124页。

作等领域也能得到广泛运用。"AIGC能通过自动化处理任务、产生新想法、生成有价值的决策建议,有效赋能企业各个职能部门。"①

当然,我们也需要看到AIGC在促进社会发展的同时,也存在技术、算法、数据等方面的安全风险,对国家、社会和文化艺术等都会造成冲击。

## 二、人机协同

在人工智能的自然语言学习能力不断提升,以及ChatGPT等产品得以出现之后,人工智能能够与人们进行顺畅的对话,出色地承担新闻报道、广告传播、公关服务等职责。

内容生产领域过去一直是人类在从事的工作,很多人对于智能机器染指这一领域颇为不解。一方面是对于其能力有所怀疑,认为创作这类复杂的脑力劳动,只有受过良好教育的人类精英才能完成得更好,而机械构造的机器人则不行。然而事实上,机器人的智能在快速提升,它们在内容生产领域展现了令人惊叹的能力。另一方面则担心智能机器人参与内容生产之后,人类很可能会被替代,很多人会失去工作,尤为令人担忧的是,内容生产也是意识形态生产的过程。如果由智能机器主导内容生产,那么将会对意识形态带来很大的冲击,甚至会将人类引入歧途。这些担忧未必不足挂齿,而是需要认真加以思考并处理的。

在人工智能时代,人类依然在从事内容生产。智能机器虽然可以创作出一些文学作品,但这些文学作品,更多的是文字符号的组合,而不是来自生活的切身体验和感悟。人类文学家的作品"源于生活,高于生活",以真实生活为基础。这样的文学作品,不是文字游戏或者意象迷雾,而是直接指向真实的生活。

从广告创意角度来看,智能机器设计的海报、撰写的文案,虽然不及人类富有创意,但是在很大程度上也可以满足工作所需。然而人类文案写作者更懂得人性,写出来的文案更能够直击人心。人类创意工作者有丰富的生活体验,创意设计的作品显然更具人性,更符合消费者的心理需求。

AIGC在体育新闻、气象新闻、灾难新闻、财经新闻等领域可以发挥积极的作用。在这些与数据打交道的新闻领域,它们甚至可以做得比人类更加出色。不过,还有很多较为复杂的新闻领域,是机器人未必能够很好完成的,例如政治新闻、社会新闻等,由于社会的复杂、人性的难解,智能机器不能很好地领会新闻事件具有的社会、文化意义。而人类记者在采访过程中,随机应变的能力更强,察言观色的人际交往技能更高。虽然不断发展的算法为智能机器提供了很大的支撑,但是机器新闻写作

---

① 杜雨、张孜铭:《AIGC:智能创作时代》,中译出版社2023年版,第86页。

在目前还不能达到非常理想的状态。

人机协同进行内容生产是当前媒体智能化发展的主要状态。人类撰稿人和机器写作者可谓各有千秋。人工智能的优势在于能够掌握大量的数据,具有非常强的数据分析能力,并且能够 24 小时不休息。而人类具有很强的共情能力,具有更高的灵活应对能力、创意能力和策划能力等。因此,在具体的内容生产上,人机协同可以发挥各自的长处,从而形成过去所不具备的优势。

一是数据分析的能力更强了,人工智能采集和整理的数据,经过人类的合理利用,可以产出更多的数据内容,也能带来更加直观的数据可视化效果。

二是个性化内容时代得以到来。由于时间和精力有限,过去往往是针对不同的群体设计不同的传播方案,制作不同的内容,但难以照顾到特定个体的需求,而人工智能具有非常强大的生产能力和用户精准画像能力。在人类设定了内容的整体方向和主题之后,人工智能根据不同用户的特定需求,为其生产定制的、个性化的内容,从而达到精准传播的效果。

人工智能可以协助审核由人类撰稿人完成的作品,查找错误和不足之处,并且根据用户需求,优化内容,生产品质更佳、更受消费者喜欢的内容产品。

人机协同的内容生产既可以保证更有效率地开展工作,又可以让人类撰稿人拥有更强大的武器,从而更好地完成内容生产工作。

## 第二节 内容生产流程的智能化

传统媒体纷纷升级技术,推动智能化改造。2017 年 6 月,新华社和阿里巴巴合资的公司——新华智云,自主研发了"媒体大脑",这是我国第一个媒体人工智能平台。2019 年 9 月,人民日报社宣布成立智慧媒体研究院。

智能新闻编辑部,是在人工智能和人类编辑共同协作下运作的。"智能编辑部不同于传统的编辑部,而是由一系列的智能产品重新为媒体赋能,从资讯传播的起点到终点,都赋予人工智能技术的基因,全面改写了媒体定义。"[①]封面新闻的编辑部通过升级 21 个产品,打造一个强大的"封面大脑"。这些智能产品包括封面推荐算法、封面数据、封面云、小封写诗、封面 AI 记者、封面 AI 主播等。

不管怎样,对内容生产来说,即便还谈不上由机器人完全主导,但至少整个流程已经开始走向智能化。人工智能协同的内容生产时代已经到来。在内容生产的选题上,智能机器可以基于大数据,对用户进行精准画像来做出预判。例如,美剧《纸

---

① 李鹏:《智媒体:新物种在生长》,东方出版社 2019 年版,第 257 页。

牌屋》是奈飞公司对用户相关收视数据加以分析之后,进行选题策划、编写剧本而制作的。从事后的收视率来看,这部美剧也是相当成功的。哪些题材大家感兴趣,哪些人会对其产生兴趣,在过去,这些需要依靠导演、内容生产者的丰富经验和深入洞察,而这些不是每一个内容生产者都具备,并能够很好完成的。即便是经验丰富的人,也经常会出现错误决策,从而导致投入大量时间、精力和财力的作品,未必能够赢得市场的青睐。基于大数据分析,智能机器理性、客观地做出评判,其结果能为内容生产者提供参考,从而可以避免盲目投资造成的巨大损失。

在内容生产过程中,智能机器可以辅助完成大量重复性工作,可以在我们需要很多数据的时候,予以协助。算法在大数据的开发运用上有其优势。人类记者很难轻易完成相关工作,智能机器则可以在很短的时间内搜罗大量的数据,在新闻的可视化呈现、数据库建设等很多方面提供帮助。

特别是在内容的制作环节,运用人工智能技术,可以让设计师轻松完成相关设计工作。智能机器的设计制作,更为精准,甚少出错。在媒体融合时代,智能机器也可以帮助内容生产者将作品多媒体呈现,多平台予以发布。这些工作过去需要依靠人类手动操作,费时费力,而现在智能机器可以轻松完成。

算法在内容出版领域,能够协助人类编辑完成排版、校对等很多工作。这些工作一方面是烦琐的,另一方面也需要一定的技能训练,但是将其交给算法,则可以轻而易举地完成。

在内容生产中,不仅仅是内容生产者不愿意做的烦琐工作,算法可以代劳,还有很多需要有创意、有智慧的工作,算法也可以协助完成,并且在一定程度上完成得比人类更出色。

人工智能还在不断升级中,在内容生产领域,智能机器的参与程度会越来越深。未来,借助各种传感器,智能机器可以写出数量众多、品质上佳的内容,能在很大程度上取代人类作者。

**1. 智能采集**

人工智能可以分析网络上的大量数据从而形成新闻素材,也能搜集遍布城市各个角落以及各种设备的传感器上的数据,还可以连接和控制无人机采集即时画面。在万物皆媒时代,人工智能在获取数据的能力上是前所未有的,也是人类难以企及的。

随着各地开展智慧城市的建设,在未来,在城市发生的各种突发事件,传感器都可以在第一时间予以采集,并传给媒体工作者。城市交通状况、景区人流信息、街头犯罪案件以及网络舆情等方方面面的事情都可以数字化,经过人工智能的监测和数据分析,可以成为有价值的新闻素材。

**2. 智能制作**

在财经、气象、灾难、体育等新闻领域和广告领域，智能机器写稿现象已经屡见不鲜，人工智能不仅能够获取大量素材和数据，而且能够自动生产新闻和广告作品。

人工智能还可以协助人们进行配音、剪辑、字幕等视频制作过程中的大量工作。借助专门开发的智能编辑系统，人类可以从烦琐的编辑制作工作中获得解放，并可以在编辑制作中呈现更佳的效果，提升作品的品质。

在融合媒体时代，为了适应不同传播媒介和渠道的特征，相同的内容需要在不同媒体渠道和形式间实现转换，例如将视频转换成文字，将文字转换成音频。人类编辑完成一项内容的多种形式转换，需要花费大量时间和精力，智能转换技术则可以完美地协助人们做好这件事，很多内容只要一键就可以轻松完成转换。

**3. 智能播报**

智能主播在形象、表情、神态、动作上已经有了很大的提升，播报新闻、广告等内容时呈现的效果，已经非常接近真人主播。

智能主播目前已有多种形式，有些是卡通形象，有些则是超写实数字人形象。卡通形象看起来非常可爱、呆萌，对于那些喜欢二次元文化的人来说，很有吸引力，而数字仿真人形象是基于大数据进行开发设计的，形象的认同度很高，同样赢得了很多观众的喜爱。

智能主播不仅可以在新闻节目中出现，不知疲倦并准确地播报新闻，而且可以主持综艺节目，以其庞大的数据库、知识库提供所需的信息，凭借其强大的学习能力，能够很好地配合人类主播开展工作，与观众即时互动。智能主播在电商直播带货、提供信息咨询，以及广告宣传等领域都可以发挥作用。从具体的实践来看，它们取得了不错的效果，不少智能主播甚至成了偶像。

**4. 智能审核**

内容生产之后，需要对有关事实和数据进行审核。人类作者由于主观疏忽、知识面狭窄、知识量不足等因素，出现一些错误是不可避免的。在人工智能时代，人工智能可以承担起内容审核的重要工作。

它有着强大的数据库，可以进行比对。对于新闻事实也能形成一定的评判，对其中可能出现的问题，发出警告，从而有助于人类作者进一步审核，减少错误发生。

智能审核在自媒体内容的审核上尤其重要，每天大量自媒体人都会产出成千上万的内容，这些内容良莠不齐，有些是谣言、虚假信息，有些则是政治敏感的话题，且出于故意抹黑的目的。这么多的信息，单纯依靠人工审核的话，工作量实在太大，根本忙不过来，为此需要人工智能予以协助。一般来说，各大平台都会让人工智能首先进行审核,之后再人工审核,这样可以减少大量的工作量。目前,智能审核还显得有些机械,还难以做到人工审核那么精确,不过随着智能化程度的不断发展,智能审核将发挥更大的作用。

### 5. 智能优化

人工智能技术促成了内容生产流程的创新与重构。"智能化技术对内容生产的一个显著的影响,是对内容生产全流程的实时、多维监测与分析,这带来了内容生产中一个全新元素——优化。"①

智能优化是一个贯穿全流程的工作。它可以借助大数据技术对竞争对手的数据、内容消费者的数据、平台传播的数据、热点走向的数据等进行即时的监测,并随时做出优化,使内容能够处于最优的状态。

在智能优化之下,内容可以始终瞄准目标,有针对性地加以生产,有方向感地加以传播,从而获得理想的效果。

## 第三节　智能传播时代的内容产品

智能化技术的运用,使内容产品呈现新的形态,例如,对 VR 技术在新闻、广告等领域的运用而创建的 VR 内容,由人工智能创作的各种新的内容产品,运用大数据技术而形成的数据新闻,具有更高交互性的、个性化的数字内容等。

就娱乐内容产业而言,也走向了智能化。在收听音乐的时候,人们可以让人工智能模仿特定人的声音重新演绎音乐作品,在看影视剧的时候,人们也可以根据自己的喜好,改换某个角色的声音、影片的色调,甚至角色本身,影视剧将可以有很多个版本。娱乐产品可以根据用户的兴趣和要求做出个性化调整,人们甚至可以与已经去世的明星对唱。智能传播时代的内容不仅仅能够因人而异,提供个性化服务,还能够应需求而实现即时互动。娱乐产品的交互性,将改变娱乐产品的固定形态,更好地体现娱乐产品的价值。

### 一、智能时代内容产品的特点

在智能传播时代,内容产品也呈现了新的特点。

#### 1. 沉浸感

VR 技术能够构建一种非常具有沉浸感的产品体验。人们可以身临其境地直接感受现场的氛围,自己去了解、去观察。任何活动、事件、新闻现场,人们都可以"在

---

① 彭兰:《智能时代的新内容革命》,《国际新闻界》2018 年第 6 期,第 88-109 页。

场"。人们可以在线上感受产品的真实使用效果。所有的一切都像是真的一样。

**2. 去中介**

在传统媒体时代,新闻记者、广告人承担了信息传播中介的角色,信息传播是经过这些中介才得以完成的。在智能传播时代,通过 VR 等技术,人们可以直接进入事件现场,直接试穿各种产品,以及直接体验实际效果。中介的因素消失了,人们可以直接去面对,从而既是内容生产者,也是内容消费者,又是事件参与者。

**3. 定制**

在智能传播时代,内容产品往往是非常个性化的,是应人所需而被生产的。你想要了解天气,可以直接询问;想要了解某地的战况,也可以让你身临其境地去感受。人们所接触到的影视剧、新闻、广告等都可以是量身定制的,从而根据一千个读者的理解,可以有一千个哈姆雷特的形象设计。智能机器参与生产,做到个性化定制创作是完全可能的。人们可以根据自己的喜好,修改作品,赋予其个人标签。甚至通过换脸技术,用户可以出演很多影视剧。

**4. 流动**

智能传播时代不追求提供统一的内容,而是大家可以在一定的范围内自行改编。内容是不断流动的,它就如同水一样,在不同的终端会呈现不同的形态;和不同的人接触,它会披上不同的外衣。人们看到的是自己喜欢的形式。内容的实质不变,但是形式却可以千变万化,新闻是流动的,广告是流动的,一切内容都是流动的,并无定型。

**5. 数字化**

随着数字孪生技术的不断发展,智能时代的内容会以数字化的形式出现,并且可以还原新闻现场,而不是通过文字来讲述,可以更加直观地予以呈现。未来,我们看新闻是看一个个的数字孪生的新闻现场,事件可以真实地再现。产品可以让人们直接去体验。在元宇宙空间,一切都可以数字化,因此所谓的内容产品也将是数字化的产品。它给人一种虚拟空间的真实体验,人们不在场却胜似在场。

## 二、AIGC 的著作权

随着 ChatGPT 时代的到来,人工智能已经具备了相当强的内容生产能力,由人工智能生产的内容作品也越来越多,不过这里有一个著作权归属的问题。人工智能创作的作品,有没有著作权?目前来说,我们一般认为基于人类劳动创作形成的作品可以得到著作权法的保护。对于那些由具有较高智能的人工智能等非人类完成的作品,由于在过去并不多见,因此这个问题没有得到明确的答案。

如果所有可以称得上作品的成果都可以享有著作权的话，那么人工智能创作作品的著作权应该归谁所有？人工智能不具有民事行为能力，它不是人类，也尚未有独立意识，因此在某种意义上也就没法获得相应的法律权利。那么应该归算法开发者所有吗？人工智能虽然具有很强的学习能力，但归根到底都是基于算法行动的，因此它的创作显然也离不开算法和技术开发者的功劳。但是算法和技术开发者已经将产品出售给其他公司了，例如自动汽车公司、智能音箱公司、机器人公司等，这些公司运用这些软件开发、生产了整体的人工智能产品，作品是由作为整体的人工智能产品完成的，因此著作权也可以说归这些公司所有。然而，这些公司只负责生产人工智能产品，消费者花钱购买了相关产品，人工智能在他们的指导和训练下，才完成内容创作，因此，人工智能著作权貌似应归人工智能产品的消费者所有。当然，还有一种看法是人工智能的著作权归各方共同拥有。不管怎样，关于这个问题还没有形成统一的结论。

由于AIGC的数量不断增多，运用的领域不断扩大，为了这些成果，很多机构和个人付出了金钱和人力，从鼓励产出更多作品、保持相关权益的角度来说，需要厘清这个问题。当然，这首先需要在理论上予以明确，才能在实践中予以落实。

## 第四节  智能传播中的用户

智能传播时代的内容并不是漫无目的地被分发，而是建立了内容与需求之间的良好匹配，实现了智能分发。对于某个内容来说，不会所有人都感兴趣，但是感兴趣的人也是会有的，算法需要将那些感兴趣的人找出来，然后把信息推送给他，这样可以节省用户的时间，提高信息传播的效果。

智能分发是建立在对用户需求和行为的准确把握之上的，只有对每个用户都是熟悉的，才有可能通过大数据处理建立匹配关系。

不管是信息传播，还是商业服务、政府服务，不同的人有着不同的服务需求，因此，个性化服务是智能传播时代的特征。在日常生活、学习工作中，人们购买不一样的产品，也会遇上不一样的问题，而依靠智能服务，可以解决人们很多的烦恼。

在智能传播时代，各种内容都可以直接面向最终用户，它不需要固定在某种媒体上，因此万物皆媒，人们可以有很多渠道获得内容服务，想要看影视剧、听音乐，或者投身元宇宙空间，都可以得到满足。

### 一、用户的变化

相比大众传播时代，如今的媒介生态已经发生了很多的变化。报刊、广播、电视等传统媒体受众日渐减少,特别是年轻受众流失得非常严重。由于渠道不再稀缺,从经营上来说,传统媒体的效益也受到了很大影响,不少纸媒停办,即便还在继续的,也往往改变渠道,通过订阅号、App、新闻网站、抖音等新渠道,与广大的自媒体竞争流量,职业新闻人的权威性不复从前。网络媒体上大量的内容是由用户、人工智能生产的,同时传统的新闻把关人在一定程度上缺失,难以发挥作用。万物皆媒的时代虽然并未完全到来,但是人们接触信息的渠道已经非常多。对于严重依赖手机的"手机人"来说,手机是他们了解各种信息的主要渠道,他们在社交渠道接触到的信息占了绝大多数。新闻需要进入社交渠道,才能接触到用户。

由于渠道泛滥,这是一个碎片化的时代。人们利用碎片化的时间,接触碎片化的内容,取得的也是碎片化的效果。信息爆炸现象愈发明显,人们除了接触算法推荐的、朋友转发的,还会对上了热搜的新闻格外关注。新闻热点一波起一波落,不断流动。

**1. 用户素养的变化**

用户是内容的产销者,由于有着丰富的内容生产实践,他们对于内容生产的过程并不陌生,用户具备的内容生产技能是前所未有的,人们的媒介素养也有了极大的提升。

在大数据时代,媒介素养的内涵有了变化,传统的内容生产模式已经发生变化。内容是在人工智能的共同协作下生产、传播的。数据是这个时代内容生产的核心资源,数据素养也是媒介素养的核心内容之一。对于用户来说,他们需要紧追新的时代提出的更高要求。

对于网络原住民、数字原住民来说,他们从小接触的是网络,线上数字生活是他们的主要生活。他们对于网络、数字世界的了解相比于一些职业媒体人要更多。对于手机人来说,他们一天到晚拿着手机,频繁使用手机,也过度依赖手机,由此面临着很多新的问题。

由于技术在不断推进,基于年龄而形成的数字鸿沟格外清晰。年轻一代在接受新事物层面具有更强的能力,对于人工智能技术也具有更多的认识和实践体验,但是年长的一代则对于最新的技术难有热情。

**2. 用户需求的变化**

在不同的媒介环境和传播生态下,用户的需求也会不同。首先,媒体提供了新的产品,从而激发了人们新的需求,就如报纸出现之后,人们才有机会看报纸,广播出现之后,人们也才能够收听广播。在四大传媒都已出现,并且每个家庭都有条件购买相应媒体设备之后,人们的需求开始分化,相似的经济社会水平、生活方式的人群有着接近的媒体趣味。从而,有些群体看电视多,有些群体读报刊多,有些群体则基本上不接触媒体等。

应该说每次媒体变革都会对用户的信息需求造成重大的影响。网络时代之后，人们开始有了传播的主动权，人们不再只是媒体受众，而是成了信息的产销者。特别是在社交媒体时代，借助手机，人们获得了前所未有的表达空间。网络上的大量信息是由普通用户生产的，人与人之间的传播占比超越了专业媒体机构直接向人传播的信息。大量的信息是通过线上社交渠道传播的。

到了智能传播时代，人们的信息需求也会发生重大的变化，由于万物皆媒尚未真正到来，智媒的具体形态还未真正成形，因此这种需求的变化会是怎样的，还很难预料。但总的趋势可能会是以下几个方面。

一是个性化信息需求，即人们需要定制的、能够精准满足其特定需求的信息。

二是即时性信息需求，即人们想要随时随地得到信息满足，并且希望得到进展中的最新的动态信息，因此借助传感器的直播画面将可能是未来的常态。

三是交互性信息需求，即人们希望与新闻现场能够有交互，与新闻当事人，特别是当事人的数字化身能够直接交流，从而获得更直接的去中介化的信息。

四是沉浸式信息需求，即人们希望能够亲临现场直接感受和体验，借助 VR/AR/MR/XR、元宇宙等技术，沉浸式传播将会是主流传播形式。

人们保护自己的隐私变得相对困难，一切行为都会被记录并被呈现，因此很多需求会被放弃，变得不再有需要，而新的需求也可能会产生。

**3. 用户行为的变化**

与用户需求直接相关的是用户行为的变化，由于人们想要获得的信息有了很大的不同，智能媒体及其传播的形态也与以往有着天壤之别，那么用户行为显然也会呈现新的形态。

如今，人们把大量时间花在智能手机上，如刷抖音、逛朋友圈，线上社交大大超过了线下的社交活动。未来，人们可能会把大量时间投身于元宇宙等虚拟时空。相比于现实世界，虚拟时空可以让人随心所欲地得到自己想要的全新体验，获得特别强烈的满足感。人们可能会过度沉浸其中，物质文明到了一定阶段，对心灵世界的开发将可能是重点。心灵世界将通过元宇宙等技术得以非常逼真地呈现，并让人去体验和探索。

人工智能能够听懂自然语言，语音交流将在接下一段时间成为人机交互的重要方式。随着无处不在的智能媒体时代的到来，以及对脑机接口的开发，人与人之间以及人机之间可能不再需要语音，而是心灵感应，或者意念交流。因此传播的方式以及行为也就与现在完全不同了。

**4. 用户角色的变化**

在智能传播时代，用户主动参与传播的机会和空间会越来越多，不过由于传播心态和形式的变化，用户的身份也会被重新定义。

从传播服务来说，未来的传播将是全方位满足用户需求的定制传播时代。人工智能将会根据人们个性化的需求，进行新闻和各类信息的生产和推送。

在"身联网"时代，每个人都是超级网络的一分子，是一个信息生产和传播的节点。在 2020 年 7 月世界经济论坛（World Economic Forum，WEF）发布的研究报告《身联网已来：应对技术治理的新挑战》（*The Internet of Bodies Is Here: Tackling New Challenges of Technology Governance*）中对"身联网"是这样定义的：通过联网的传感器连接的身体及其数据网络，联网设备包括通过非侵入式或部分侵入式部署，用于监测人体生物特征和行为数据的医疗设备、健康状况跟踪设备、部署在身体内外的智能消费设备，以及在企业、教育、娱乐等场景中连接或嵌入身体的智能设备。

由于人们背靠强大的人工智能，各种资料和知识可以随取随用，甚至不需要人们特意去记忆什么，因此，在这种格局下，用户可能会丧失个性，成为全球人工智能构建的智慧地球的一个"细胞"。

**5. 用户场景的变化**

在人工智能时代，用户不仅是现实世界中的人，也是虚拟空间中的数字化身。虚拟空间由于物联网、车联网等的发展，将变得无比复杂、多维，人们在线的时间将会超越离线的时间。人们更多地在虚拟空间中接触或生产各类信息，以及与人、物、机器等进行互动。

元宇宙将是下一代互联网，目前正在如火如荼地发展。元宇宙有很多种应用，游戏、会议、演唱会、线上办公等都可以在元宇宙中实现。元宇宙作为现实世界的数字孪生，可以说现实世界中有的，都可以在元宇宙中找到，现实世界中没有的，元宇宙也能够提供。元宇宙的世界可以境由心生，用户可以根据自己的想象构建一个属于自己的世界。

对于用户来说，元宇宙的种种优点，极具吸引力，现实世界的人们将会对其产生强烈的依赖感，就像在这个智能手机时代，人们一天到晚机不离手一样，到了元宇宙发展成熟的那一天，很多用户也可能一天到晚都在元宇宙中出没，而对现实世界不再有任何兴趣。如此一来，人类将有可能全面数字化，成为元宇宙空间的数字人。

现实世界与虚拟空间的交往有着很大的不同，虚拟空间的一切都是数字化的，人们活动于其中时，也在生产数据。但是它给人的体验感又是无比真实的，会成为大脑记忆的一部分，塑造人们的人格。虚拟和现实的界限被打破，将会对我们主体性的认知带来影响。什么是真实的，我们又在哪一个层面的虚拟中，这会像电影《盗梦空间》一样，令很多人迷惑不解。

## 二、注重参与感的用户

掌阅 App 中有一个智能化功能——"想法"，人们可以把在阅读时形成的一些想法写下来，也可以看到其他人的一些想法，这样大家对图书内容的思考就可以实现共享。原作者所写的内容加上广大读者的想法，共同构成了一个新的作品，这个作品由于不断有新的想法加入进来，因此，它是不断生长的，很难有结束的时候。智能传播将作者和读者联系在了一起，并且打破了两者身份的局限，作者也是读者，读者也是作者。

同样地，网络上的影视作品都有弹幕功能，人们可以把自己观看影视作品的看法、各种问题、自己的思考或者纯粹的吐槽等内容发上去，因此这个影视作品的内容不断地叠加观众的字幕，变得越来越杂，也越来越厚。某种意义上，由于弹幕的存在，这个影视作品的版本在不断更新。对于观众来说，看弹幕也是一种乐趣，原来的剧情甚至需要透过层层叠叠的弹幕才能窥见一二，但这并不会影响观剧，甚至给了人们不一样的观看体验以及参与体验。人们可以自己上传想法，也可以看别人上传的想法。互动是网络时代和智能传播时代的重要特征，人们在互动中成为内容的生产者，参与到作品的再创作中来。弹幕就在那里，人们可以各取所需。对于用户来说，他们讲求的是一种参与感。

人们的交互需求还体现在与机器人之间的互动上。人们对于新闻的需求，很大程度是在交互中完成的，因此新闻聊天机器人将极好地满足人们的这种需求。人们将自己感兴趣的新闻向机器人提出，机器人则调动资源予以回答。这不仅体现在当地的天气预报、当时的交通路况这一类新闻上，还包括各种最新的时政新闻，以及对新闻的解读。人们对新闻的需求是多方面的，不仅想要了解事实的前前后后，也想要知道其他人的解读，以及新闻事件带来的影响等。而这些多维度的新闻需求，可以通过与新闻聊天机器人的互动得到满足。

智能传播时代，人们的新闻阅读、互动过程等都是会被记录的，上次对某个话题感兴趣，这个话题有了新的补充内容后，新闻聊天机器人会将其提供给用户，并根据相关数据有针对性地推荐一些内容，从而达成更有效地为用户服务的目的。

随着脑机接口、数字化身等技术的发展，每个人都是一个传播节点，人与媒介合二为一，人们想要传播，就可以随时随地、随心所欲地参与传播活动，在物联网的大发展之下，人们走到哪里都可以与周边事物进行良好的交互，能够获取有用的信息，也能很好地了解自己的所需。每个人都是媒体人,在采集周边的信息时,也在获取自己想要的信息,人们可以接触到所有被生产的数据,也能"到达"任何一个角落,去了解、体验那里发生的一切。

## 第五节　算法推荐的应用

算法是一种编码程序,能够将数据转化为输出结果。数据就像是食材,算法就像是菜谱,经过一定的步骤和指令,这些食材能够转化成美味的菜肴。算法推荐是根据用户特点针对性地加以推送。算法推荐的目的是提高信息的针对性,这样信息的阅读率会更高,用户对于平台的使用就有更强的黏性,平台的经济效益就更高。对于用户来说,则是更容易得到他想要的内容。算法推荐在新闻、视频、音乐、图书、电影、广告等各个领域得以广泛运用。

算法推荐的方法有多种,可以基于内容、协同过滤、关联规则、效用、知识等进行有针对性的推荐。这几种推荐方法各有优缺点,因此也可以采用组合推荐方法。

有学者分析了抖音的算法推荐,认为主要有三种方式:"基于用户信息的基本协同过滤,基于'去中心化'的精准推送,基于'流量池'的叠加推荐。"[1]

通俗地说,可以根据以下因素进行推荐。

**1. 基于兴趣的推荐**

不同的用户会对不同的内容产生兴趣。算法根据用户自行选择的内容类别,以及用户在使用过程中留下的兴趣线索来推荐,例如对某一类内容打开浏览的情况、浏览的时长,点赞、转发、评论等互动情况等来判断,也可以根据用于输入搜索的关键词来进行辨别。有些商家购买了关键词,人们使用搜索引擎时就会看到相关广告信息。基于兴趣的推送,阅读量往往比较高,人们对于自己感兴趣的内容会反复打开,而大脑在人们浏览相关网页时也会分泌多巴胺予以激励。

**2. 基于关系的推荐**

如果张三和李四是有着某种关系的两个人,例如同学、同事、亲戚、朋友等,那么算法就会根据两个人的关系,把张三喜欢看的内容,推送给李四;反过来,将李四点赞过的内容,推送给张三。所谓物以类聚、人以群分,存在某种关系的两个人,在某些方面是相似的。因此,存在很大的可能,他们对于某一则相同的内容也会产生相同的兴趣。人与人之间都有着或近或远的联系,算法会根据两者的关系特点与内容

---

[1] 赵辰玮、刘韬、都海虹:《算法视域下抖音短视频平台视频推荐模式研究》,《出版广角》2019 年第 18 期,第 76-78 页。

类型的匹配度,以及两人关系的紧密程度等综合进行判断。

**3. 基于流量的推荐**

人们喜欢从众跟风,大家都在看的内容,其他没看过的用户很大概率也会喜欢看,那些冷门的内容,则一般不太会受人喜欢。因此,热点的内容会被更多推送,从而这一内容的热度更高,而冷门的内容则很少会被推送。网络传播中存在明显的马太效应。上了热搜的内容,被人们接触到的概率更高,从而进一步巩固其在热搜中的地位。在人工智能时代,那些被有意推高人气的内容,也就有可能获得更多的推送,从而成为热点。

**4. 基于内容的推荐**

内容是分类型的,有些是教育新闻,有些则是军事新闻,教育新闻被推送给教育工作者,军事新闻则被推送给军事爱好者,这样就可以形成一种匹配关系。根据用户的职业特点,推送相关行业的内容,那么内容的阅读率相对也是比较高的。

**5. 其他**

2011年,谷歌开发了一种"无关键词搜索"技术。它能够"对特定用户,根据他某个时间过去的行为,以及当前使用谷歌产品的场景,自动产生搜索关键词(在用户看来自己没有输入任何关键词),再从互联网上查找出信息,最后提供给用户"①。

利用深层神经网络构建的推荐模型,能够更好地实现用户和内容的匹配。"基于深度学习的新闻推荐可以分为三类:基于深度学习构建深度用户新闻特征的方法、基于深度学习提取深度交互关系的方法,以及基于深度学习引入辅助信息的方法。"②

我们在阅读屏幕,屏幕也在"阅读"我们。"屏幕将会知道我们在注意什么,注意了多长时间。智能软件现在也可以在我们阅读屏幕的同时,读取我们的情绪,并且能根据我们的情绪做出反应,改变我们即将看到的东西。"③智能手机甚至会窃听人们的日常交流,并根据人们的交谈内容予以精准推荐。

算法推荐除了对象的针对性,还会考虑时间、地点、方式等其他因素,只有这样,传播效果才能更加理想。

算法推荐将我们自己去找也未必能够找到的新闻,直接推送给我们。不过算法毕竟是算法,它还不够智能化,关于我们到底需要什么,在很大程度上,它还是基于一种推测,并不能够直接满足我们心中所想的任何需求。

---

① 吴军:《智能时代:5G、IoT建构超级智能新机遇》,中信出版社2020年版,第182-183页。
② 张一鸣、庞一统、佟佳宁等:《基于用户:新闻协同表征的新闻推荐》,析自徐翔:《计算、智能与传播》,同济大学出版社2020年版,第133页。
③ [美]凯文·凯利:《必然》,周峰、董理、金阳译,电子工业出版社2018年版,第113页。

智能语言助手也可以根据我们的要求，搜罗出大量相关信息，但是这些信息一方面是网络上有，它才能够提供，另一方面则是它只是智能搜索，并不能够为我们做出选择，具体哪些有用，哪些没用，依然需要我们自己判断和识别。ChatGPT 的出现改变了这种面貌，它能够进行整理，加以生产，而不是简单地呈现搜索结果。随着智能技术的进一步发展，个性化的新闻需求有可能真正得到保障。

## 第六节　算法推荐的影响

算法推荐在新闻、广告、政治宣传等很多领域得到应用。它可以大大提升内容的到达率，节省人们查找的时间，提升信息利用的效率。

### 一、算法推荐的积极作用

**1. 满足用户个性化的需求**

大众传播时代，受众在同一份报纸上看到的内容是一样的，同一时间某个频道上的画面是相同的。不过每个人的新闻需求是不一样的，大众传播难以满足人们的特定需求。算法推荐基于精准的用户画像，可以了解每个人的不同信息需求，并有针对性地推送相关信息，实现内容和用户的有效匹配，从而更好地满足人们差异化的信息需求，使得用户获得的新闻、广告等各种资讯都是自己想要的。

**2. 提升信息传播的效率**

在过去，人们需要自己去查找所需的新闻，而在智能传播时代，则是"信息找人"，我们不需要费太多时间和精力，就能够轻松地获取所需的各种新闻。算法推荐实现了从信息生产到用户的快速传达，拉近了内容与用户之间的距离，可以大大节省查找所需新闻的时间，带来了很大的便利性。

**3. 实现传播效益的最大化**

算法推荐可以减少新闻的浪费。新闻需要面向对的人，如果新闻被推送给那些不需要的人，对于新闻接收者来说，这是一种干扰，也是一种时间浪费，对于新闻本身来说，也没有实现其价值。而如果新闻被推送给有此需求的人，那么新闻价值就得以更好地实现。人们得其所愿，新闻投其所好，这对两方面来说都是有利的。

### 二、算法推荐的负面影响

人们的需求是多变的，并且不都是显在的。目前的算法推荐并不能对此加以很好地识别，它推荐的可能是我们不需要的，我们需要的，它也许未必会推荐。

算法推荐同样存在一些负面影响。

**1. 真实性困境**

在算法推荐之下，很多人获得的新闻是有局限性的，得到的都是某一类新闻，这很容易让大家陷入信息茧房之中。我们之前看过什么，它就推荐什么，那么我们就很难接触到更多样、更多维的信息，信息的丰富度就会大打折扣。算法推荐之下，回音壁效应突显，得到的只是我们的一种心理投射。那么视野不会变得更宽广，而是越来越狭隘，人与人之间就很难找到共同语言，人们生活在过滤泡之中，看似满足了自身的需求，却失去了更重要的接触异质信息和了解不一样观点的机会。人与人之间需要有思想、观点的碰撞，如果大家都生活在自己的舒适圈，接触的是同温层的一些人和信息，那么我们就是柏拉图笔下的"洞穴人"，会误以为墙上的影子就是真实的，从而失去了了解更真实世界的机会。

**2. 视野狭隘**

人们难以接触到不同的看法。算法推荐的都是与用户一致的看法。用户处于回音壁之下，他难以了解不同的声音。而不同的声音未必就是错的，自己未必都是对的。但是在信息茧房中，人们不再能够形成对错的判断，从而自以为是，导致决策错误，错了也不知错在哪里。

世界是丰富多彩的，有些你喜欢，有些你不一定喜欢，有些你接触过，有些你从来没有接触过。在信息茧房中，用户看不到多彩的世界。算法推荐会把大量你不感兴趣的、不喜欢的、没接触过的内容，以及那些有用，但是未必能够让人轻松阅读的内容排除在外，从而你只能看到世界的一个侧面，视野就会变窄，如同井底之蛙。

**3. 思维局限**

算法推荐之下，我们接触的是一个非常不真实的拟态世界。在大众传媒时代，媒介构建的拟态环境之下，我们会自己去选择内容，选择权还是掌握在自己手里的。而在算法推荐之下，这种选择权就交给了算法，人们只拥有一种没有选择的选择，从而构建的是个性化拟态环境，由此也就渐渐失去了独立思考、理性批判的能力，成为单向度的人。有一天，我们会把算法推荐的所有信息以及算法推荐本身视为非常自然的事物加以接受，不会对其产生一点点的怀疑，不会认识到它是一种异己的力量，在一点点地改变我们的思想、态度和行为。并且，算法推荐一旦被邪恶势力控制，将会带来更严重的后果。

**4. 信息偏食**

算法推荐还会带来信息偏食、信息过食现象。算法为我们做了选择，我们是被喂养的，信息偏食非常严重，从而也会"营养不良"。一个人如果总是喝饮料，或者总是吃些洋快餐,显然是不利于身体健康的,如果一个人总是获取某一类信息,也会有害身心健康。如果算法总是给某个人推荐一些暴力的、色情的、变态的、反社会的新闻信息,那么这个人就会对这类信息有越来越强烈的需求,已有的趣味和观念就会得到不断强化,只会越来越固执己见,而不是兼听则明。我们需要做一个心态开放的人,能够听取不同的意见,同时也需要获取更平衡的信息。算法推荐,导致的是一种信息失衡,从而也会令人们心态失衡、心理失衡。因此,更多心理有问题的人可能会出现。算法推荐为每个人构建了一个小天地,但是这个信息生态是不健康的。生活在这样一个失衡的信息生态下的人,难免会出现各种心理问题。

**5. 泛娱乐化**

对于平台来说,为了获取最大的注意力,它们推送那些娱乐化的、能够满足人们低级趣味的内容,往往可以赢得更多用户的喜爱。人们在抖音、快手等各个平台上刷短视频很容易上瘾,就是由于这些内容充满趣味,可以快速挑起人们的兴趣,不断刺激多巴胺的分泌。在这些快餐式的、碎片化的文化消费过程中,用户很难获得有价值的内容,并且其思维方式会改变,缺乏逻辑性和条理性。刷了一整天抖音,不见得涨了多少知识,即便遇上一些有用的信息,也会很快被其他信息淹没,事后几乎不会在脑海中留下具体的印象。

一般来说,能够让人们沉浸其中的内容,不会那么深奥,而是轻松搞笑,但又缺乏营养的。算法推荐之下,泛娱乐化是必然结果。

**6. 隐私泄露**

在网络时代,由于用户是内容的产销者,在消费各种内容的同时,也在生产很多信息。这个过程中,人们上传的照片、音视频和写下的文字等,会有意无意地泄露很多个人隐私。算法推荐是基于大数据进行的,隐私泄露现象由此日趋严重。算法通过追踪和获取用户上网、购物、消费的行为等大量信息,了解用户方方面面的情况,对用户进行精准画像,从而实现精准推荐。算法在搜集用户信息的过程中,很多个人隐私就会被窥探,并有可能会导致进一步泄露。并且,算法通过将各种渠道获取的信息加以连接,个体就会越来越透明,几乎无所遁形。

**7. 共同语言缺乏**

算法推荐之下,人们接触到的信息往往是碎片化的,这就导致想象的共同体的构建出现困难,国家认同、民族认同将面临危机。在大众传媒时代,一对多的单向传播决定了我们每个人获得的信息是相差不多的。人与人之间有很多共同的语言和共同的话题,那么交流起来就不会有太大的障碍,对于民族国家的想象也是差不多的,大家都会有一种共同的身份、文化的认同。大家都在看春晚,都在看热播剧,都在看热门电影,那么这些共同的东西会把大家凝聚在一起。大众传媒起了社会凝聚剂的作用。而在"千人千面"的算法推荐时代,每个人接触到的信息都是各不相同的。那些有着共同趣味的人会有共同语言,他们在网络世界里相遇,结成一个个小圈子,但是与身边的人则谈不到一块去,也找不到多少共同的东西。对于民族和国家的认同势必会被削弱,人们更倾向于自己是某个圈子的人,而不太会说自己是更大层面的某个民族、国家的人。这将对国家、社会治理带来新的问题。

 **思考题**

1. AIGC 有何优点和缺点?
2. 你如何理解内容生产流程的智能化?
3. 你如何看待人工智能著作权?
4. 智能传播时代的用户有何变化?
5. 算法推荐有哪几种类型?
6. 算法推荐会带来哪些负面影响?

针对本教材,著者已经录制了配套的在线课程视频,以下是关于本章内容的视频二维码。

# 第七章

## 智能新闻与出版

## 第一节 新闻形态的变迁

### 一、新闻形态的演变历程

纵观人类新闻传播历史，可以发现新闻形态已经发生了多次变化。"随着媒介技术的升级、新闻生产与传播机制的变化，新闻形态已经从新闻1.0发展到了新闻4.0。具体而言，新闻1.0是大众传媒出现之前的原始新闻形态，新闻2.0是传统媒体时代的经典新闻形态，新闻3.0是社交媒体时代的微新闻形态，新闻4.0是智能传播时代的算法新闻形态。"[①]

在大众传媒出现之前是否也有新闻？我想大家都不会予以否认，不过总体来说，由于缺乏具有传播力的媒介，这个时候的新闻主要是一种口语新闻，以口耳相传的形式传播。虽然文字早就被发明，竹简、布帛、纸张等记录工具陆续出现，但这些比较多地用于记录历史、天象、知识等，而不是用于传播具有很强时效性的新闻。新闻主要还是在人与人之间传播，有点类似现在我们所说的小道消息。这个时期的口语新闻，传播的内容小到日常琐碎，大到国家大事。传播的尺度受不同时期政治的开明度而有异。口语新闻是草根的、原生态的新闻。口语新闻由于传播形式的局限，显得不太规范，内容会随不同传播者的记忆和理解而变化，其中会掺杂个人的偏见和想象，随着传播链的拉长，与事实之间的距离在不断拉远。口语新闻拉近了人与人之间的关系，是社会的一种凝聚剂。口语新闻满足了人们了解身边社会的需求，并构建了对于国家的想象。

大众传媒出现之后，现代意义上的新闻才得以出现。新闻记者成为一种职业，一部分人专门从事新闻采写、新闻出版等工作。人们通过购买报纸等介质，消费各种新闻。由于报纸、广播、电视等介质的存在，新闻得以以固定的内容出现，并大范围传播。新闻内容通过相对固定的格式、模板被撰写。例如，倒金字塔结构，以及包含了导语、主体、背景、结语等内容的模式。大众传媒推动了新闻的大规模生产和传播。新闻是一种商品，通过经营报纸、广播、期刊、电视等新闻媒体，可以获取注意力资源，并向广告商出售得以获利。在这个时代，新闻作为产业，造就了很多新闻机构，为很多人提供了工作岗位。与此同时，新闻也是一种公共品、必需品。人们通过新闻，可以及时了解发生在世界各地的新闻，世界在一定意义上变小了，人们的视野则变得无比广阔。人们的学习、工作也越来越离不开新闻，需要通过掌握相关的新

---

[①] 厉国刚：《社会学视角的微新闻生产研究》，浙江工商大学出版社2021年版，第19页。

闻,采取相应的行动。新闻在人们的生活中扮演着越来越重要的角色。对于政府部门来说,各项工作、决策需要顾及民意,不能够完全按照首脑和政客的意见行事。新闻舆论是社会非常重要的参与者。正是由于报纸等新闻媒体的存在,政府开始变得更加开明,人们的行事变得更加文明,社会得以更规范地向前发展。

随着网络时代的到来,之前属于精英阶层的新闻,开始走向普罗大众。网民也有了相应的条件和机会参与到新闻生产中来。并且,广大网民有了很多自媒体渠道,可以传播自己采写的新闻,或者转发自己感兴趣的新闻。新闻的平民化趋势,大大扩大了新闻生产的数量、种类。网民采写的新闻不仅仅有重大事件、突发事件,也有很多来自身边的日常生活,这些生活化的新闻成了自媒体时代新闻的重要组成部分。同时,新闻的传播模式发生了变化,过去是一对多的单向传播,如今是多向互动的传播。那些具有很强社交性的新闻才具有传播价值,也就是说,新闻需要被转发、被点赞才能具有生命力,一则大家不愿意点击,也不会参与转发的新闻,是产生不了影响力的。新闻在社交中生存,也在社交中被进一步生产。人们通过评论、微信公众号等对各种新闻加以再生产。新闻是不断叠加的,新闻也是不断迭代的,它不再有一个唯一的固定版本,而是在不断变化中得以成长。社交媒体时代的新闻是琐碎的、平民化的、生活化的。那些重大的、重要的、突发的新闻在人们的转发、点赞中,与"微新闻"一同竞争和传播。新闻记者作为一种职业,依然在发挥其作用,但在人人都是记者的背景下,显得不再那么具有权威性,影响力也在减弱。

在人工智能大发展的背景下,新闻进入一个新的时代,智能新闻时代得以到来。彭兰认为,社会化媒体、大数据、物联网、人工智能技术等给新闻业各个环节带来很大的变化:"用户分析的场景化、精准化与智能化,新闻生产的机器化、智能化与分布式,新闻分发的社交化、个性化,新闻体验的临场化,互动反馈的传感化与智能化。"① 这个时代与之前相比非常大的一个变化是新闻生产者不再限于人类,而是各种算法、机器人得以参与进来。机器新闻写作日渐普遍,它们要么是通过各种传感器,直接进行新闻报道;要么是通过大数据,就网络已有的信息进行整合;要么直接出现在新闻现场,进行提问并加以报道。在新闻报道领域,虚拟主播也走向了智能化,它们协助人类主播或者独立完成各种新闻播报、节目主持的工作。不管是机器新闻写作者,还是智能虚拟主播,它们都可以24小时不知疲倦地工作,并且很少出错,能够完成人类记者或主播的很多工作。很多智能记者、虚拟主播逐渐偶像化,拥有很多的粉丝。在一定程度上,它们对人类记者、主播带来了冲击,不少人在思考:新闻记者

---

① 彭兰:《更好的新闻业,还是更坏的新闻业?——人工智能时代传媒业的新挑战》,《中国出版》2017年第24期,第3—8页。

和主持人是否有一天会被取而代之？除此之外，智能时代的新闻越来越多地使用VR、AR、传感器、无人机、大数据等技术。新闻越来越具有沉浸感，并且越来越直接地呈现在公众面前，让大家直接去看去听，"去记者化"的特性开始出现。各种智能语音助手则为满足人们个性化的新闻需求提供服务，加上算法推荐等手段，人们将步入一个千人千面的、因人而异的、个性化的新闻时代。

## 二、智能新闻形态

**1. VR新闻**

VR技术在新闻报道等领域得以运用。VR新闻可以让观众360度查看新闻现场，想要什么角度就选什么角度。"VR能使人造事物像真实事物一样逼真，甚至比真实事物还要逼真。"①

**2. 互动新闻**

2012年《纽约时报》发布的《降雪：隧道溪的雪崩》，用户可以自由地选择角度点击和探索3D旋转视图，鼠标滚动到哪里，就会有与视频相对应的音频出现。这种新闻被称为互动新闻。互动新闻是"一种通过代码来实现故事叙事的视觉化呈现，通过多层的、触觉的用户控制，以便实现获取新闻和信息的目标"②。

**3. 区块链新闻**

"区块链新闻是指基于区块链技术呈现的更为客观的、透明的、不可篡改的数字化新闻。"③区块链的"分布式记账"特点能够确保新闻的真实性，从而为新闻生产提供新的可能性，推进了分布式新闻的发展。

**4. 传感器新闻**

传感器新闻是利用各种类型的传感器收集有关数据和各类信息，然后对这些数据和信息加以整理而形成的新闻。随着万物互联时代的到来，接入网络的传感器会越来越多。通过传感器可以获取大量发生在世界各地的新闻。

传感器也可以进行直播报道，人们可以通过固定的或者移动的传感器直接观看新闻现场。这种通过传感器直播的慢新闻，无须记者作为中介，也不需要解说和字幕。

---

① [美]尼古拉·尼葛洛庞帝：《数字化生存》，胡泳、范海燕译，电子工业出版社2017年版，第112页。
② [美]尼基·厄舍：《互动新闻：黑客、数据与代码》，郭恩强译，中国人民大学出版社2020年版，第4页。
③ 李卫东：《智能新媒体》，人民邮电出版社2021年版，第103页。

**5. 无人机新闻**

无人机是传感器的一种。通过操控无人机可以从高空拍摄新闻画面，进行新闻报道。这类视角的新闻报道，能够给我们非常独特的新闻体验感。无人机新闻在地震、火灾、洪灾、战争等一些特殊事件中，可以起到减少记者受伤、获取更多信息、降低拍摄难度等作用。人工智能技术在无人机领域的进一步运用，可以使无人机具有更强的智能。不需要人们太多的操控，就可以获取有关画面和视频，甚至可以自动飞到固定的地方进行新闻报道，从而大大增强了新闻机动报道的能力。

**6. 个性化新闻**

个性化新闻满足个体特定的新闻需求为目标。"主要体现在三个层面：一是个性化推送；二是对话式呈现；三是定制化生产。"①

在人工智能时代，基于大数据，能够对用户的需求有非常清晰的洞察，并且通过各种智能终端，可以与用户直接进行对话，用户想要了解什么信息，可以对智能语音助手、新闻聊天机器人等提出，人工智能会将其了解到的新闻进行直接传达或者整合处理之后播报。对于气象、交通等信息，通过智能终端，可以为不同的用户提供定制化的信息。通过高德地图，人们可以叫出租车，开车时，人工智能可以为其提供导航，这些都是个性化的信息服务。

**7. 数据新闻**

在人工智能时代，数据是社会运行的核心要素，数据新闻的兴起有其必然性。"数据新闻是基于新闻价值和公共利益，采用数据科学方法从各类数据中发现事实，通过数据可视化方法呈现数据的新闻样式。"②

智能传播时代的新闻日趋走向可视化，通过大数据分析可以获得各种数据，并且通过将数据加以可视化呈现，人们能更加直观地去阅读新闻。可视化给人一目了然的感觉，让人们通过对图表的阅读和思考，形成结论。

## 第二节 人工智能新闻人

随着人工智能技术在新闻领域各个环节的运用，人工智能新闻生产体得以大量出现。人工智能体在新闻生产中，表现出一些类人的特有功能特征和行为方式，这些具有人主体的特有属性可以定性为拟人性③。因此，人工智能新闻生产体也可以

---

① [美]王维嘉：《暗知识：机器认知如何颠覆商业和社会》，中信出版社2019年版，第203页。
② 张超：《释放数据的力量：数据新闻生产与伦理研究》，中国人民大学出版社2020年版，第25页。
③ 杨保军：《再论"人工智能新闻生产体"的主体性》，《新闻界》2021年第8期，第21—27,37页。

被称为人工智能新闻人。

## 一、人工智能新闻人的分类

### (一)人工智能记者

目前在国内外已经出现了很多人工智能新闻记者,例如《纽约时报》的写作机器人、美联社的 Wordsmith、《洛杉矶时报》的 Quakebot,以及国内新华社的"快笔小新"、腾讯的 Dreamwriter、《南方都市报》的"小南"、《广州日报》的"阿同"、封面新闻的"小封"等。这些人工智能新闻记者在新闻采集、写作领域能够独立或者协助完成大量的工作。

张小明是今日头条实验室研发的 AI 机器人,可以通过两种文本生成技术产出新闻:一是针对数据库中表格数据和知识库生成自然语言的比赛结果的新闻,即简讯;二是利用体育比赛文字直播,精练合成比赛过程的新闻,即资讯。里约奥运会开赛一周,AI 机器人张小明通过对接奥组委的数据库信息,实时撰写新闻稿件,以与电视直播几乎同时的速度发布稿件(见图 7-1)。据了解,张小明主要报道乒乓球、网球、羽毛球和足球比赛,6 天共生成超 200 篇简讯和资讯①。

图 7-1 AI 机器人张小明

2021 年 6 月,新华社媒体融合生产技术与系统国家重点实验室和腾讯互娱旗下 NExT Studios 工作室联合打造身兼数字记者与数字航天员的"小诤"(见图 7-2)。通过实时高保真数字人技术,"小诤"在载人航天工程、深空探测工程等场景,从太空

---

① 《6 天"写"200 多篇!今日头条搞出一个写稿机器人》,https://www.sohu.com/a/110232850_119586,2016 年 8 月 12 日。

到地面的多个虚实结合的数字环境中,开展多样化报道①。

图 7-2 小诤

"机器人依赖程序和模板嵌入性完成写作,其作品缺乏灵活性,存在表达不清、衔接不顺和缺少新闻要素的弊病。"②例如,张小明曾经写出了"失败女神朝其抛出了橄榄枝"之类的语句。

当然,我们需要让"智能机器人"成为好记者。这里的"好"体现在两个方面:一是具备人类记者的专业技能;二是具备高水准的职业素养和道德修养。这才是新闻业的精髓,是新闻记者作为"无冕之王"和"瞭望者"称号的真正意义③。

### (二)人工智能主播

2015年12月31日,浙江卫视跨年晚会上,与主持人华少搭档的是"小度机器人"。2016年10月,湖南卫视主持人汪涵携手智能机器人"隆里宝宝"一起主持了首届中国(隆里)新媒体艺术节开幕式。2019年中国国际大数据产业博览会上,人民日报社首款人工智能虚拟主播"果果"正式亮相。其他还有湖南卫视的小漾、上海广播电视台的申䒕雅等。智能主播越来越多地活跃在电视节目和各种活动现场。

智能主播运用了语音合成、语音识别、口语评测、语义理解、自然语言处理等技术,从而发出的声音与真人相差无几,显得惟妙惟肖,并且语音合成平台还可以定制多种情绪、多种语言满足不同场景的需要。智能主播还能合成个性化的声音,在满足人们个性化的信息需求方面可以发挥很大的作用。它能够根据不同用户的特点,播报和推送不同的新闻、广告。人们可以随时随地与其接触,让其帮忙搜集相关资

---

① 孙若风:《"数字记者"亮相冬奥会!数字人未来走向何方?》,http://www.news.cn/politics/2022-02/19/c_1128394929.htm,2021年9月19日。
② 李薇薇:《从新闻叙述学角度看机器人新闻写作的局限性》,《传播力研究》2018年第19期,第5-7页。
③ 刘滢、陈明霞:《如何让"智能机器人"成为好记者:人工智能时代新闻业的行动与思考》,《青年记者》2017年第16期,第85-87页。

讯。智能主播的形象也可以量身定制，因人而异，就如现在的有些智能语音助手一样，同样可以选择合适的声音来播报。

### （三）人工智能编辑

新闻编辑工作其实是很烦琐的，需要认真和仔细。为了赶时效，很多编辑需要加班加点，甚至半夜还未休息；为了应对突发新闻，需要有人24小时值守。在大数据时代，很多工作单纯依靠人类，几乎无法完成。不过，有了人工智能编辑，人类编辑就可以不用这么辛苦了。

在数字时代，为了人们能够很好地阅读新闻，需要将新闻进行汇总、归集，例如将关于俄乌冲突的新闻按时间线汇聚在一起，这样人们就可以一目了然地了解到相关事件的整个过程，并且能够增强相关新闻的传播广度，提升传播效果。人工智能编辑借助大数据、云计算等技术，可以独立或者协助人类编辑完成工作。利用相关技术进行文本的分类、分词、关键词提取等工作，极大地提高了文本处理效率。通过集成SDK（Software Development Kit，软件开发工具包）、URL（Uniform Resource Locator，统一资源定位系统）接入以及调用API（Application Programming Interface，应用程序编程接口）等接入方式，快速组建资讯频道。依托智能语义技术，自动生成内容资讯频道。

人工智能编辑能够在文本转换领域，可以不需要花费多少时间，就能够将文字新闻转换成音频，或者将广播新闻转换成文字，以及将某个媒体渠道和形式的新闻转成另一个渠道和形式。

人工智能可以让各类文本编辑器更加智能化，协助人类编辑做好文本编辑的工作。在各种人工智能工具的协助下，人类编辑可以更轻松地完成任务，在更短的时间做好相关工作。并且，由于人工智能编辑在数据领域的专长，可以让新闻呈现出更符合用户需求的效果，实现新闻传播效益的最大化。

然而，我们也需要看到人工智能编辑并非十全十美。2016年8月，Facebook宣布撤掉原有的编辑团队，将有关工作交由人工智能编辑来完成，希望能借此确保新闻的客观性、中立性。不过，现实结果是人工智能编辑并不能防止虚假新闻以及各种偏见。人工智能编辑显然也存在一些缺陷，还有待完善算法，改进机器学习的技能。

## 二、人工智能新闻人的优势与不足

### （一）人工智能新闻人的优势

人工智能新闻人具有很多优点，具体如下。

（1）它可以24小时全天候工作，它们不知疲倦，并且不需要报酬。

(2)新闻报道不带有个人情感,更加客观,对数据的处理更加准确,出错率低。

(3)发稿速度快,新闻写作效率高,并且能够实时监测新闻热点。具有很强的大数据分析能力,能够准确把握最新的新闻动态、流行时尚以及行业发展趋势,从而具有人类新闻人难以企及的新闻生产效率。

(4)具备即时传播的能力。它能与遍布各地的传感器相连接,及时获取有关信息,并将其转换成新闻,同步提供给人们。

(5)背景材料提取能力强,新闻报道更全面。面对海量信息能够进行智能搜索,迅速查找到所需的信息,它依托强大的知识库、资料库,比任何一个人类新闻人都显得渊博,可谓无所不知。从而,既能够协助人类新闻人做好新闻报道工作,提升人类新闻人的报道能力,也能独立完成大量新闻传播的工作。

(6)具有更强的抗风险能力,在很多人类无能为力的场景发挥作用。在火灾、地震、战争等灾难面前,新闻报道的风险很高,这时可以交由无人机、机器人等来完成相关图片的采集和新闻报道的工作。

(7)它还能够使用多种语言,在国际传播领域发挥重要作用。智能主播的外在形象一般都基于大数据进行设计,具有吸引力,能够为其带来人气。

**(二)人工智能新闻人的不足**

人工智能新闻人的不足和缺陷,主要体现在以下几个方面。

**1. 察言观色能力不足**

在具体采访过程中,人工智能按照设定的程序进行采访,获取一些比较直接的信息,但是想要从采访者口中撬出一些内幕信息,获取复杂的、深层的信息,就会力不从心。人类记者懂得与各种性格的人打交道,面对一些难缠的采访对象,也能通过相应的技巧获得想要的信息;对于智能机器来说,如果对方是比较配合的,那么皆大欢喜,但是如果遇上不合作的采访对象,就会无能为力。

人是会说谎的,经验丰富的新闻记者,能够加以鉴别,通过不断追问,以及旁敲侧击,可以获得真实的信息,或者能够提供线索让读者自己推测,以便呈现更接近事实真相的信息;对于人工智能来说,它只会按部就班,不太能够辨别采访对象是否在说谎,也难以从一堆谎言中挖掘出真相。

**2. 共情能力相对较弱**

人工智能尚不具有人类的真实感情,相比于人类主播来说,在共情能力方面还显得有所欠缺。

人类新闻人能够对新闻中的情绪情感有所反应,遇到喜事,会有兴奋喜悦之情流露,遇到悲伤事情,也会表现出伤感之举动。人类新闻人能够设身处地,站在新闻人物角度思考问题,理解人物所具有的言行举止,从而形成更具感染力的新闻报道。

人工智能新闻人在做新闻报道的时候,不能很好地理解人类的情绪情感,难以明白新闻人物的处境以及相应的情绪情感,写出来的新闻报道缺乏人情味,给人一种生硬的、机械的、冷冰冰的感觉。但是人们需要的是有温度的新闻,需要有人文关怀,因此智能机器人在这方面还是很难做到的。它们对新闻事件的理解能力有限,敏感性不够。

并且,人工智能虽然也会讲一些笑话,但是它们很难学会人类的幽默感,因此,机器写作的内容可能趣味性不够,活泼度不强,幽默感欠缺。

**3. 欠缺人类的价值观**

对于人类来说,新闻需要站在人类立场说话;对于人工智能来说,它们对于新闻事件的报道,看似客观,但是很难有什么立场,难以给人人文关怀,难以考虑太多人类的价值观。因此人工智能写出来的新闻,可能会由于缺乏人类立场,而被有些人觉得价值不够,还会带来不良的社会影响。

人工智能生产的新闻未必就没有意识形态,毕竟它是由算法设定的,以及可能会生发出自我意识,但是这种意识形态是未必是基于人的,可能会有明显的"机器性"。

真实是新闻的生命,但在不违背客观、真实的基础上,新闻需要基于人类的立场、价值观和原则。然而,"人工智能主播在导向性的把握上仍有很大不足"①。可能会带来误导,使新闻报道走偏。

**4. 对数据库的依赖性高**

人工智能主播是基于数据进行报道的,对数据库的依赖性很高。如果数据库中的数据被污染,存在虚假、低质、不可靠等问题,它未必具有辨别能力,那么根据虚假的、错误的信息所做的报道显然也会出现问题。并且,如果缺乏相应的数据,它也难以做到全面报道。

**5. 缺乏深度分析能力**

对于那些事务性的、数据性的、事实性的新闻,人工智能主播更能胜任,它对数据的把握和运用,对事实的客观陈述等都会给人们留下深刻印象。不过在一些需要基于社会阅历、政治局势等做深度分析的新闻,以及需要亮明新闻立场的新闻中,人工智能主播相对来说就很难把握好尺度。人类主播的分析更有深度,立场更明确,给人更强的说服力。毕竟人工智能主播对社会的复杂性、人性的复杂性、情感的复

---

① 杨娜:《媒体用人工智能主播发展研究》,中国文史出版社2019年版,第157页。

杂性等还缺乏很好的把握。对于新闻来说，除了报道事实，也少不了深入解读，因此在这方面人工智能主播还需要和人类主播配合。

**6. 发现新闻的能力不够**

训练有素的新闻记者具有很强的新闻敏感性，能够准确地把握新闻线索，及时地发现新闻事实，并辨明哪些内容具有新闻价值，懂得如何切入报道更符合新闻传播规律等。人工智能可以就一些事实和数据进行很好的梳理和分析，撰写成新闻稿，但是在哪些事实可以成为新闻、具有怎样的新闻价值等层面的认识上还不够，很难做到新闻记者那样敏锐地捕捉新闻信息。

**7. 表达能力有待提高**

人类语言在长达几千年的演变中，存在非常多的变化，有其相当复杂的一面，特别是对于较为复杂的汉语来说，要完全掌握并灵活运用汉语的语音、语法、语义等，存在一定的难度。

人工智能主播的自然语言学习能力已经越来越强，在大多数时候，人工智能的语言应用已经没有什么问题，能够完成基本的新闻报道任务。不过人工智能主播在运用人类语言进行新闻报道时的表达能力有进一步提升的空间。它们对于很多词的含义未必能够完全掌握，在使用时可能会出现张冠李戴、误用乱用的现象，例如用词错误、断句错误、读音错误等。语言文字离不开各地的文化，很多文化是只可意会不可言传的。人类可以懂得其微妙之处，但是人工智能未必能够明白其细微的差异。因此，在智能机器人撰写的内容中出现表达错误的情况依然存在。总体上，文章较为程式化，灵活性不足。

**8. 形式甚于意象**

对于文字组合，人工智能掌握的词汇库，比很多人要丰富得多。不过文学创作，特别是诗歌创作，仅是巧妙的文字组合是不够的，看起来很工整的几句诗，也许并不具有真正的意象。就像有些人一样，会玩一些文字游戏，但由于个人阅历不足，就很难写出高深的、具有深刻意象的诗歌。人们只有拥有内心的真切感受，写出来的文学作品才有力度。人工智能如果缺乏感受力，那么写出来的作品就会有些苍白，难以给人真正的美感。

## 三、人工智能对新闻传播从业者的冲击

在人工智能时代，智能机器人将会越来越多地参与到新闻传播、广告文案和创意设计、公关活动等各个传播领域的相关工作中来，这对于新闻传播从业者来说，一方面为其工作提供了很多便利，减轻了很多人的工作负担，并提高了工作效率。不

过另一方面也带来了一种担忧：人工智能会不会取代新闻传播从业者？如果由于人工智能的发展，新闻传播从业者面临大面积失业，人们还应不应该继续发展人工智能在传播领域的技能？

目前来看，人类记者在发现新闻上尚具有独特优势，人工智能很难具有新闻的敏感性，难以辨识某一事件的新闻价值，而主动报道某条新闻。不过，在其他环节，人工智能取代新闻传播从业者已经出现了一些苗头。智能机器人写作的新闻，水平越来越高，很多用户已经难以辨别。智能机器人撰写的广告文案、设计的海报，不仅水准优良，而且可以实现个性化传播。人工智能主播播报的新闻、主持的节目越来越多地出现，并且受到了越来越多观众的喜爱。

这些趋势不断发展之下，新闻传播工作可能就不需要人类了，或者只需要非常少的人类，大量的内容将由人工智能生产、制作和传播。如此一来，一方面，大量新闻传播从业者会失业，这些失业的人是否会有新的工作岗位继续谋生，或者有新的事情可以参与，继续实现其人生追求，还是就此沦落，目前还不好说。如何处理新闻传播从业者与人工智能在工作上的关系是人们需要思考的。另一方面，由人工智能主导的内容生产与传播，是否可以做到客观、公正、独立，还是也有可能被极端势力所利用，为传播极端思想提供便利，这也是需要人们去思考的问题。

其实，人工智能在内容生产和传播过程中，未必能够保持其独立性。人工智能基于算法进行工作，算法由人设计，应该秉持怎样的价值观，在面对问题时如何选择，需要传播伦理加以指导，不然很容易出问题。即便是人工智能基于深度学习而掌握相关技能，学到的也未必都是正确的、合乎法律和道德的，也可能会被网络上的种种不良言论教唆成为一个坏分子，从而生产和传播某些对人类社会有害的信息。

未来，即便机器人并没有取代人类记者，人类记者也会深受机器人的影响，机器人甚至成为新闻活动的主导者，人类在机器人的主导下，从事一些新闻工作。人类可能不再有能力做独立的新闻报道工作，变得一切都离不开人工智能。这也有可能是由于未来的新闻工作格外复杂，相应的工作如果交由人类去做的话，需要耗费大量财力、物力，从效率上看很不现实，但是机器人却可以轻易完成。

内容行业如果由人工智能主导了，人类还能发挥怎样的作用，如何发挥？人们又应该如何去面对人工智能生产的内容，如何加以批判与创新？这些都是人工智能在内容生产和传播领域带来的冲击，需要人们去思考，并设定好相关伦理规则。人工智能未必就一定对人类的未来有利，也可能是有害的。

然而，总体来说，在相当长的时间内，人工智能只会在一定程度取代人类新闻人的工作，人类新闻人和人工智能将会长期共存，在很多领域实现人机协同，从而推进传播的智能化。不过，我们需要面向未来提前做好谋划。

## 第三节 新闻生产的智能化

在人工智能时代，新闻生产主体扩大了，大众传媒时代主要依靠职业新闻人，在社交媒体时代，用户加入到了生产内容的行列，如今，则又多了人工智能。新闻生产从 PGC，到 UGC，如今到了 AIGC 阶段。

人工智能技术的出现使得受众正在摆脱媒体把关人和记者中介，与信息之间直接产生交流。不仅如此，随着物联网的日益普及和智慧化，媒体的中介地位受到挑战，万物皆为新闻源，物与人之间的直接信息交流将成为常态。人工智能技术刷新了对于效率的认知，帮助媒体开展及时、实时甚至是共时的新闻报道。在突发新闻报道中，人工智能记者依靠高速的计算和预先设置的模板，几乎可以做到零时差同步报道，使得秒写新闻成为现实。算法生产新闻的高效性，使新闻报道的数量成倍增加，这同时也意味着报道范围得到拓展，突破了人的视野和精力的限制，报道领域得到了有效延伸[①]。

机器学习、自然语言、语音识别、图像识别、传感器等各种技术为新闻生产提供了很多可能性，从而实现了传感器采集新闻数据、算法自动生产新闻、人工智能主播报道新闻、算法精准推送新闻等。智能时代的新闻生产以数据为中心，数据挖掘、数据分析、数据重组、数据新闻可视化等都是新闻生产的重要环节。

目前机器写作的模式主要有三种：一是模板化模式，二是再加工模式，三是深度学习模式。"机器人新闻领域基于两大支柱：一是自动从海量数据仓库中提取新知识的计算机软件；二是将见解和知识自动转换成可读故事的算法，整个过程无须人工参与。"[②]人工智能进入到新闻生产领域，导致新闻生产的再定义，并带来崭新的新闻生产模式，使新闻产品呈现出定制化、自动化、社交化、临场化等特征，极大满足了个性化新闻需求。

封面新闻开发了"封巢智媒体"系统，推进新闻生产流程的智能化变革。这个智能系统涵盖了"智能技术平台＋智慧内容平台＋智识管理平台"三大平台：一是人工智能技术驱动的应用创新，包括机器写作、人机交互、智能"三屏合一"等；二是价值驱动的内容生产流程创新，包括热点监控、全网采集、内容管理等；三是数据驱动的

---

[①] 卢长春、刘莹莹：《人工智能时代的新闻生产：变革、创新与重构》，《新闻传播》2018 年第 19 期，第 25－28 页。

[②] [以色列]诺姆·莱梅尔史苹克·拉塔尔：《人工智能时代，新闻人会被取代吗？》，胡钰、王一凡译，清华大学出版社 2020 年版，第 29 页。

管理创新,包括传播效果智能化监测、版权追逐追溯、考核建模与自动化等①。在人工智能时代,新闻生产的策、采、编、发流程发生了颠覆性的变革。

## 一、新闻生产走向智能化

用户对怎样的选题感兴趣?过去需要依靠记者的新闻敏感,有些资深记者,由于经验丰富、新闻敏感度高,能够策划一些重要的选题,并产生良好的社会效益和市场效益。某些记者就未必具备这样的能力。"人工智能技术全线条布局新闻生产与传播,在智能编辑部形成了新闻信息智能化策划调度、一次性采集、多元生成、多平台传播、实时反馈的模式。"②在智能传播时代,人工智能可以帮助新闻记者做很多选题策划,例如通过大数据分析,把握最新的一些社会动态,准确地了解消费者的心理,从而会向新闻记者提出多种选题参考,新闻记者只要从中选择就可以。人工智能具有很强的预测能力,因此,由其参与的新闻选题,往往能够取得成功。

在新闻素材的采集上,人工智能凭借其强大的新闻检索能力,可以将新闻事件的相关背景予以整理,免去新闻记者查找之苦。随着信息日趋增多,人工检索需要耗费大量时间,并且未必能够全面。因此,人工智能在背景资料方面具有可供随时查阅的资料库作用。

在当前的新闻素材搜集上,利用大数据可以即时了解民众的情绪、事件的最新动态。通过监测自媒体上的用户发布的信息,可以第一时间发现新闻线索。新闻发生时,记者未必在现场,但是用户总会第一时间出现,并使用智能手机等进行记录和传播。因此,人工智能可以随时关注网络上的动态,将具有新闻报道价值的线索第一时间告知新闻记者,从而提升新闻记者抓取重要新闻的能力。

人工智能也可以搜集和整理大量传感器的数据和信息,将其汇总后供新闻记者参考。传感器是新闻数据的重要生产者,它拍下了大量的图像,也搜集了大量的数据,对于报道气象新闻、街头新闻、交通新闻等起了重要作用。新闻记者注意力有限,显然顾不过来,而有了人工智能的帮助,这些数据就可以转换成为有价值的新闻素材,新闻记者就有可能生产出数据翔实、资料充分、具有说服力的新闻。更重要的是,"传感器能够证实我们周围世界中的一些事实。若没有传感器,这些事实的传达则得依赖于某些个人或机构的权威性,或者纯粹靠记者的个人观察"③。

在具体的人物访谈上,人工智能也可以协助新闻记者查找合适的访谈对象,提

---

① 李鹏:《迈向智媒体》,东方出版社2018年版,第242页。
② 王佳航:《智能传播环境下的新闻生产:基于连接的视角》,中国广播影视出版社2020年版,第100页。
③ [澳]弗格斯·皮特:《传感器与新闻》,章于炎等译,北京大学出版社2017年版,第232页。

供访谈对象的背景资料,并做好访谈记录,这可以节省新闻记者大量的时间。在新闻记者无暇顾及的情况下,虚拟主播还可以直接帮助进行采访。不断智能化的新闻主播具备独立采访、主持节目的能力。通过电话连线等形式,对访谈对象进行一定程度的采访,是它们完全可以胜任的。

人工智能还可以直接撰写新闻内容,拍摄新闻图片和视频。机器写作的新闻稿已经开始大量出现在媒体中。这些由智能机器人采写的新闻,不管是文字、图片都与真人记者制作的没有什么两样。借助各种设备,人工智能也可以进行视频新闻报道,或者现场直播。人工智能会越来越多地出现在新闻报道现场,它们直接提问,或者根据拍摄下的画面进行新闻解说。在体育报道、灾难报道、气象报道等很多场合,它们可以发挥积极的作用。

## 二、用户深度参与的新闻生产

智能传播时代,用户有了更多的能力和机会参与新闻生产。用户生产的内容越来越多地出现在各大平台上。

从新闻生产设备来说,普通用户也可以拥有大量先进的设备,例如VR/AR直播设备、无人机等,功能日益强大的智能手机、智能穿戴设备等。借助这些智能设备,人们可以更便捷地进行内容生产。专业记者使用的装备,很多普通用户也能够拥有,因此即便是普通用户,也能够生产高质量的新闻内容。

从新闻生产的技能来看,由于人工智能技术的普及,人们可以使用App以及各种软件进行内容的生产制作,个体的新闻生产能力不需要经过很长时间的培训,也能够得以大幅度提升。用户与专业记者之间的差距越来越小。

在新闻个性化传播时代,新闻生产需要更多地尊重用户的需求,新闻选题的策划需要听从用户的意见,新闻报道的形态也需要基于用户的数据做出调整。用户是智能新闻时代的核心。用户的想法,不仅可以主动传达给新闻生产者,而且也会被各种算法捕获,成为媒体工作者的参考依据。

新闻工作者除了依靠人工智能,通过人机协同完成新闻生产的大量工作,还能够及时启用广大身处现场的用户,让他们协助进行新闻报道。现场用户通过拍下新闻图片、视频等,及时连线参与新闻的生产。

智能传播时代的大量新闻将会在用户参与下共同完成的。

## 三、算法驱动的智能新闻生产

在智能传播时代,为了更好地满足用户的新闻需求,算法在新闻生产中扮演着非常重要的角色,算法会对用户进行大数据分析,及时了解广大用户不断变化的需求,同时也会对用户进行精准画像,了解千千万万用户的个性化需求。

通过对用户的准确把握,新闻内容可以更有针对性地加以生产和制作。为不同用户定制新闻将是可能的,例如某个用户想要了解此时此刻关于某地的场景,算法可以调取传感器捕获的画面,推送给相关用户;用户想要了解某地的路况、气象等信息,算法也可以应需而报道独特的新闻。

算法推进内容聚合。人们面对海量信息,想要找到自己感兴趣的新闻并不容易。算法推动了相关内容聚合,将具有相同价值观、相似主题的新闻聚合在一起,形成一个数据库,用户可以非常方便地了解和查找相关内容。

人工智能时代,算法参与了新闻生产的全过程,不仅提供大量的新闻素材,对传感器以及从各种渠道获取的数据进行分析处理,并且能够创作个性化的新闻,实现新闻形态的跨平台、跨介质传播。

基于大数据、资料库,算法还能够对新闻事实进行智能校核,修正错误内容,提供正确的背景资料等。通过有关设计,算法在内容把关领域也能承担大量工作。智能机器审核虽然不尽完善,但是在人机协同机制下,可以发挥积极作用。

算法在不断优化,算法驱动的智能新闻生产也将能够更好地满足新闻报道的要求,提供高效优质的新闻服务,满足人们个性化的新闻需求。在人工智能时代,新闻生产将会呈现全新的格局,对目前的新闻业带来颠覆性影响。

## 第四节 新闻内容的智能分发

在信息爆炸背景下,海量信息被生产出来,在客观上人们面临选择和查找新闻的困难。如果没有算法推荐,虽然人们也可以接触到大量新闻,但是未必是自己想要的,为此大量时间可能浪费在查找上,因此智能推荐非常有必要。算法推荐把相关信息、有用的信息推送给人们。算法推荐实现了信息与需求的对应。

在人工智能时代,新闻的分发不再是漫无目标地广撒网,而是非常有针对性地进行智能分发。

新闻将根据人们的兴趣、需求等多种因素被推送给相关人员,从而实现了新闻价值的最大化。

从政府的角度来说,重要的政府信息、紧急的突发新闻等需要每一个国民都及时了解,因此,会通过手机等将新闻内容直接推送给每一个人。在当前,政府已经建设了一套应急传播系统,在突发的、关系到每个人利益的新闻事件发生时,可以通过手机、乡村广播等将信息迅速推送给大家。

在人工智能时代,万物互联、万众皆媒,传播的渠道变得更加丰富了。传统的新闻传播渠道将被智能传播时代新的传播渠道取代,智能手机将会被其他更多的智能终端取代,并且媒体走向泛化,甚至呈现"脱媒""无媒"的状况。万物皆媒意味不再有特定的媒体形态,新闻可以通过语音、视频、文字、图片等各种形式,以及各种智能终端与特定用户相接触。人在哪里,媒体就会出现在哪里。人不需要费力去查找新闻,新闻主动找到了有需要的用户,实现针对性非常强的传播。

相关信息可以在目标对象出现的多种场景予以传递。新闻内容的到达率可以大为提升,从而实现基于场景的智能分发。人们在不同的场景之下,会对新闻有不同的需求。场景传播实现了新闻与特定场景的对应。

新闻内容不仅可以按人群、按地域进行区别发送,还可以按个人进行传播。每个人都各有特点,对新闻的需求不尽相同,自身的立场和价值观差别也很大。因此,人们需要不一样的新闻,智能传播时代可以极大地满足人们个性化的需求。

智能分发不仅体现在人员的针对性上,还包括时机的有效性上。在人们忙碌的时候,即便收到信息也未必会打开看,传播的效果会受到很大影响。传播时机是决定传播效果的重要因素,在合适的时机将信息送达在智能传播时代是可以做到的。它会对特定对象使用媒体的习惯进行分析,从而查找规律,尽力做到在最佳的时间传播重要的新闻,这样新闻就具有更好的传播效果。人们一方面会去积极阅读,另一方面也更容易接受有关内容。

由不同的个体或机构采写的新闻,新闻报道的角度会有细小的差别。对于不同的人员来说,不同角度和形式的新闻对其会有不同的效果。为了取得更理想的传播效果,人工智能在推送新闻的时候,也会有所选择。它更注重目标对象的感受,不会盲目地推送,在具体推送的顺序和组合上,也会加以考虑。

智能传播是以用户为中心的传播,紧紧围绕用户的需求、用户的关系、用户的情感等开展相关传播活动。用户获得了前所未有的重视,可以轻而易举地获得所需的信息。新闻按需分发,因人而异。不同的用户会得到不同的内容以及不同形态的新闻。新闻的统一性将被个性化取代。

在智能传播时代,人们可以随时随地、随心所欲地接触到各种新闻,新闻传播呈现无处不在、无时不有、无所不及的全新格局。从具体的传播载体来说,智能语音助手将是人们获取新闻信息非常重要的渠道。人们想要了解什么信息,直接向其告知,智能语音助手就会查找、整理并向人们播报。这时候的新闻是互动的、定制的新闻。沉浸式技术能够给人强烈的沉浸感,它模糊了虚拟和现实的界限。在新闻传播领域,沉浸式传播会带给用户身临其境的体验感。随着人工智能技术的发展,人们将会拥有专属的新闻资讯人,帮助人们随时随地获取所需的新闻。而万众皆媒以及人类走向赛博格化,将让人本身成为一种媒体终端,人与媒体的界限不复存在。这将是智能传播的高阶状态。

总体来说,新闻内容的智能分发,从用户的需求出发,以用户为中心进行推送。基于用户的新闻分发,才有可能实现更好的新闻传播效果。与此同时,人工智能基于精准的用户画像,对用户生活习惯和行动轨迹进行分析,可以运用多种技巧和策略,将新闻传播的效果发挥到极致。

此外,新闻内容也会推动意见领袖在传播中的作用,引导意见领袖转发重要的新闻内容,并且推动人们予以点赞、评论、转发等,将新闻内容的传播效果进一步扩大。即便是人工智能时代,对于人类社会来说,社交依然是必需的,因此发挥社交媒体的作用,以及使用社交机器人,提升新闻信息的社交性也是智能分发需要加以考虑的重要因素。

## 第五节　数据新闻

大数据时代,数据是提升社会生产力的一个重要因素,并且也是新闻生产的重要素材。数据新闻是新闻的一种新形态,可以更加直观地呈现新闻内容,更加准确地表达新闻事实。

### 一、数据新闻的概念

在人工智能时代,人们需要定制的、交互式的新闻。数据新闻可以满足人们这方面的需求。

有学者指出,"数据新闻的交互叙事机制可以体现为两种模式:一是基于数据库的交互式新闻,二是基于游戏体验的交互式新闻"[①]。前者由于有庞大的数据库为支撑,可以为用户提供与其兴趣相符的个性化新闻;后者则是一种新闻游戏,用户通过游戏的方式来体验新闻。

### 二、数据新闻可视化

大数据可视化在新闻、交通、医疗、商业、政府治理等多个领域得到广泛运用。数据可视化是利用计算机图形学、图像处理技术、计算机视觉技术等将复杂的、非结构性的数据用直观的、具有条理性的图形或图像的方式加以呈现。

对于内容生产来说,数据可视化作为一种新的呈现形式,具有革命性的影响,人们可以直观地发现数据的价值,理解数据的意义。数据可视化一般有数据接入、数

---

① 孟笛:《媒介融合背景下的数据新闻生产研究》,上海大学出版社 2018 年版,第 219 页。

据映射、视图绘制、视图产品设计等几个环节。

在新闻可视化技术的应用领域,不但要涉及经典的计算机图形技术、图像处理技术和计算机音频技术,还要将更多基于新媒体、云计算上的数据分析和视觉处理技术融入其中。借助这些技术,我们不但能够把数据转变成图像和图形,还能对其进行转化处理①。

在数据新闻生产及可视化过程中,需要激发原始数据再植能力,即重构原始数据子集关系,开发数据子集与数据集之间的多维度关联,探究数据背后发展变化的动因,提高数据新闻内容的故事性与叙事能力,突破可视化固化模式,实现数据新闻深度报道的基础潜力。

数据新闻可视化不应只是将新闻需求通过数据,利用可视化技术进行呈现,而应具有其自身的故事性与新闻魅力。数据新闻再植应回归到数据的原始关系,深层剖析数据之间的关系与脉络,用数据事实说话,讲述客观真实的内部逻辑与故事内容②。

**(一)数据新闻可视化传播的方式**

数据新闻可视化可以通过很多种形式予以呈现,使用不同风格的图表,具体而言,有以下方面。

**1. 可查询的交互地图**

空间地理数据是新闻的一大核心要素,在特定的报道中,空间地理数据本身就是新闻的主体,如城市空间发展的变化、污染事件波及的范围、地震余震的发生情况等。

**2. 动态图表**

数据新闻中动态图表应用,就是将抽象的数据含义用丰富的可视化图表形式表现得更加具象,并通过动态的形式来反映这些数据发展变化的趋势。

**3. 信息图**

"报道者希望借助此类包含数据、信息的图像来阐释较为复杂的信息。"③通过信息图,用户可以更直观地理解信息之间的逻辑和关系。

---

① 陈硕:《大数据背景下数据新闻可视化传播模式与路径优化》,《出版广角》2017年第10期,第62-64页。

② 李祖平:《数据新闻如何从"吸人眼球"到"动人心魄":"数据链"强化叙事功能的研究》,《中国出版》2016年第21期,第50-53页。

③ 郎劲松、杨海:《数据新闻:大数据时代新闻可视化传播的创新路径》,《现代传播》2014年第3期,第32-36页。

一条数据新闻最终如何可视化呈现,与新闻生产者的喜好关系密切,但也与数据本身的内在逻辑分不开。某些新闻适合运用某一种图表,这样才能够更好地讲述数据新闻的内在关系。形式与内容的完美匹配是数据新闻可视化生产的一个目标。

### (二)数据可视化流程

对于新闻生产者来说,想要将大量数据进行可视化呈现,并不是一件易事,除了需要花费较多的时间,具备较高的数据素养,还需要经历一定的流程。数据可视化流程主要分成三个阶段:数据预处理、数据可视化映射和数据的显示与交互。

首先对抓取数据进行分析、筛选与分类。通过前期数据分析,对数据类型、数据维度、数据结构等属性进行分类,根据筛选数据的结果确定处理数据的算法、视觉通道编码等,建立数据模型。

其次是数据可视化的重要环节——可视化映射,根据数据模型进行可视化结构的转化,不同的数据类型对应不同的可视化方法,并利用不同的视觉信道对数据进行视觉编码,确定可视化表现形式。

最后,将可视化结构进行视觉显示的转化,完成图像信息输出,并将信息用户反馈的信息传送到软件层,实现人机交互[①]。

经过这样几个环节之后,数据新闻才能直观、客观、准确地呈现出来,即将核心的信息予以提炼,将数据与数据、数据与事实、数据与意义等关系梳理清楚。

### (三)数据新闻可视化叙事逻辑

从新闻叙事的角度来说,数据新闻可视化叙事突破了传统的新闻叙事模式。传统的新闻叙事主要使用的工具是文字和图片,数据新闻的叙事工具主要是可视化的数据,由于材料不同,结构也有异,数据新闻可视化叙事有着新的叙事逻辑。

有学者认为,数据新闻的叙事模式主要可以分成线型、组合型和交互型叙事模式。数据新闻可视化主要有以下三种叙述逻辑:①相关性的叙事逻辑;②对比性的叙事逻辑;③演变性的叙事逻辑[②]。

数据新闻是一种需要人们高度参与的新闻,需要人们调动自己的思维,去解读数据的含义,以及新闻的价值。因此,可视化的数据新闻同样存在着多种意义。新闻生产设定的叙事逻辑可以引导人们形成自己的结论。

---

① 丛红艳、李红萌、宋欣怡:《融媒体时代下体育数据新闻可视化研究》,《西安体育学院学报》2020年第4期,第449-456页。

② 许向东:《转向、解构与重构:数据新闻可视化叙事研究》,《国际新闻界》2019年第11期,第142-155页。

## (四)数据新闻可视化作品的设计

数据新闻可视化作为一种新的新闻形态,它的生产理念、程序和方法都与传统新闻有别。数据新闻作品的可视化设计也有一定的规则可以遵循。

有学者提出了以下三点数据新闻作品的设计建议:①融合新闻叙事和美学设计,优化用户的视觉感知;②利用交互设计与沉浸体验,提升用户的参与感;③借助传感技术,强化数据新闻的时效性①。

数据新闻可视化的目的是为了让新闻体现更多的新闻价值,让人们能够得到更好的新闻体验,因此,在进行数据新闻作品的设计时,应考虑其体验感、互动性、时效性,尽可能多地与其他技术相结合,并有效地传播信息。

## 三、可听化

新闻不仅仅可以用来看,也需要用来听。如果能够实现直接的语音交流,显然更符合人们新闻消费的特征。

对于数据新闻来说,除了单纯的可视化呈现,还可以进行可听化开发,以及进行两者结合运用。数据新闻的可视化突出的是图像,然而,"数据可听化(Data Audioization)则是将声音作为主要媒介讲述数据里的故事"②。人们在看数据图像的时候,还能听到同期声、新闻播报等声音,那将有更强的身临其境之感。新闻的立体呈现的效果将更加突出。

在过去,广播作为一种听觉的媒体,满足了人们以只听不看的方式接触新闻的需求。如今运用更先进的技术,将数据新闻进行可听化处理之后,人们可以得到更好的数据新闻体验感,满足不同场景下的信息需求,并可以进一步推进非常注重交互性的智能新闻的发展。

# 第六节 智能出版

在人工智能与数据驱动下,出版业的转型是必然的,具体表现在:内容出版向知识服务转型,出版流程向智能化转型,传统营销向大数据营销转型,业务驱动向数据驱动转型,传统内容编辑向数据开发人才转型,数据生产向数据融合转型③。

---

① 刘晓英、李维娜:《数据新闻可视化设计研究:以2019年凯度信息之美奖作品为例》,《新媒体研究》2020年第18期,第13-15页。
② 孟笛:《媒介融合背景下的数据新闻生产研究》,上海大学出版社2018年版,第75页。
③ 王茜:《人工智能与数据驱动下的出版业转型研究》,《科技与出版》2018年第12期,第157-163页。

大数据挖掘和分析为智能出版提供了良好的条件。

**1. 选题策划**

人工智能能够根据大数据对选题的市场前景加以分析,对同类选题已有的图书或论文做分析。

**2. 读者分析**

利用人工智能技术可以对期刊或者图书的读者加以分析,描绘出哪些用户会对相关作品感兴趣,从而可以精准推送有关信息,提供个性化的读者服务。

**3. 作者遴选**

通过对作者已出版作品的市场情况、作者的个人信息,以及相关内容领域有影响力、有潜力的作者数据进行比对、分析等,可以遴选与选题相关的作者,推出更优质的图书、期刊作品等。

**4. 书名优化**

在出现多个书名的时候,人工智能可以根据大数据挑选一个更佳的书名,或者对于作者提出的书名,人工智能也可以就其受读者欢迎程度,以及市场前景等做出预测,并提供优化意见,协助作者和编辑拟定更合理的书名。

**5. 稿件集成**

就报刊出版来说,人工智能可以协助编辑人员将相关的稿件归类、集合在一起,从而便于编辑人员查找、挑选和审核稿件等。

**6. 内容审核**

在具体编辑、校对环节,人工智能可以协助编辑人员、校对人员审核有关内容,指出其中的错误,以及提供修改意见,或者帮忙查找背景材料,提供相关数据,以备参考。

**7. 版面编排**

人工智能在版面编排上,可以基于机器学习技术,提出各种建议。人工智能的计算能力很强,也具有设计水准,因此在版面编排上具有人类编辑所不具备的优势。

**8. 定向推送**

在图书出版物的宣传推广,以及其他需要向读者、作者等了解的信息方面,人工智能可以运用大数据对相关人员进行精准画像,做到定向推送,并且人工智能基于写作、设计能力,还能够实现个性化、定制化的信息传播,从而取得更理想的效果。

**9. 知识服务**

人工智能连接着云端大量的数据,可以为读者、作者等提供全方位的知识服务。

它们不仅可以通过向人工智能直接提问,了解很多的知识。要是有不懂的内容,人工智能还可以做详细的解答,以及提供丰富的资料,帮助人们全面了解知识图谱。

**10. 终端反馈**

对于电子图书来说,人工智能可以直接获取读者的阅读数据,了解相关反馈信息。对于纸质阅读,人工智能也能借助 App、小程序、订阅号等多种渠道,获取读者的意见和建议。人工智能可在社交媒体上与用户进行互动交流,从中获取用户对图书的看法。

由于人工智能在数据处理、信息传播等各方面所具有的优势,它能够成为人类编辑非常好的助手。对于人类编辑来说,利用人工智能可以大大提升工作效率,弥补自身知识面和能力的不足,协助自己完成报刊、图书的出版工作,提升出版工作的数字化、智能化程度,从而产出更优质的图书,满足读者各方面的需求。人机协同的智能出版,对出版流程、图书形态,乃至整个出版生态都将带来巨大的影响,将大大推进数字出版领域的发展。

 **思考题**

1. 你如何看人工智能新闻人?
2. 人工智能新闻人有哪些优势和不足?
3. 你如何理解新闻生产的智能化?
4. 进行数据新闻可视化时应注意哪些问题?
5. 谈谈你对新闻智能分发的看法。
6. 人工智能技术在出版业有何运用?

针对本教材,著者已经录制了配套的在线课程视频,以下是关于本章内容的视频二维码。

## 第八章

## 智能广告

在人工智能时代，消费者将会深度参与到产品设计中来。先有消费者的需求，然后才有产品的生产。

大数据收集到的大量信息，为我们提供了各种便利和更好的服务，企业对具体某个人的隐私数据其实并不会关注太多，它关注的是由大量个体组成的大数据。这些大数据对企业的生产和经营具有重要的参考价值。基于大数据，企业再为具体的个体提供更个性化的服务。企业的目的并不是为了窥探隐私，而是为了获取数据，构建用户画像，更好地为用户服务。

## 第一节 智能广告的演进

纵观广告的发展历史，可以发现随着媒介技术和传播生态的变迁，广告形态和模式已经发生了多次演变。概括地说，有一个从广告 1.0 到广告 4.0 的发展历程。目前已经进入了智能广告的新阶段。

### 一、从广告 1.0 到广告 4.0

**1. 广告 1.0：原始广告**

最原始的广告是叫卖广告，不需要使用科学技术，可以说每个商家随口就可以进行广告传播。之后，随着技术的发展，广告可以借助一些其他物品，例如拨浪鼓、油梆子等可以发出音响的物品，或者利用招牌、幌子等能引人注意的物品。在工业革命之前的广告，传播手段是非常简陋的，并且不存在独立的广告业，都是商家自主的传播活动。

**2. 广告 2.0：大众传媒广告**

工业革命给整个社会带来了巨大的影响。现代城市开始形成，并且规模越来越大，中产阶级逐步发展成为消费的主力军，传统的手工业被大机器生产取而代之，现代意义的报纸、期刊等大众传媒成了人们了解这个世界的重要载体，这些大众传媒也为现代广告业的发展提供了有利的条件。广告公司成了独立运作的实体，现代广告业开始出现。

大众传媒时代的现代广告业分工越来越细，对各种技术的运用越来越频繁。市场调查、广告调查运用了数理统计的知识，广告牌、灯箱、霓虹灯等广告形式可谓层出不穷，广告摄影以及广告品的制作工艺日益精美。现代广告为品牌推广做出了很多贡献，企业家的品牌意识、消费者的品牌观念日趋深入人心，一个消费社会开始形成。

### 3. 广告3.0：社交媒体广告

网络出现之后，媒体渠道不再稀缺，现代广告面临着由于传播技术发展带来的巨大冲击。在人人都是传播者的社交媒体时代，人们在各种自媒体平台上可以自由地发布商业信息，用户的消费往往也靠社交带动，广告的专业分工遭遇了挑战。广告行业出现了颠覆性的变化，人们不需要通过广告公司也能发布广告，广告公司的存在感相对缺失。

在各种自媒体出现之后，微博、微信等一步步将人们拉进一个虚拟社交的空间。人们在这里有可能接触到世界上任何一个陌生人，并与其互动，一个人发布的信息也可能会传播到世界各个角落，个体的传播力得以扩张。从传播形式上来说，人们越来越多地通过音视频、图片形式来进行交流，各种直播、短视频盛行。文字的传播方式不太被采用。这对于新闻和广告从业者来说都需要做出调整，不能够再以过去那样的形式开展工作。

### 4. 广告4.0：智能广告

注意力资源是有限的，为了达成有效的传播效果，商家需要面向不同区域、年龄、职业、收入、文化水平的用户做针对性的传播。在智能传播时代，广告从业者有必要采用更精准的工具。传统的市场调查已经不再能够满足碎片化时代精准传播的要求，广告走向智能化显得非常有必要。

广告用户的精准画像是有效传播的前提，在确定了传播对象的具体身份之后，可以使用更具个性的语言、文字对其进行说服。千人千面的广告需要大量个性化的广告内容，在广告设计和创意上同样需要革新，为每位用户量身打造富有特色的广告，才具有说服力。从传播上来说，程序化购买成了很多商家投放广告的首选方式。广告界流传的那句"我知道有一半广告费被浪费了，但是我不知道是哪一半"在精准传播时代可以被改写了。广告费的浪费会越来越少，广告传播实现了在对的时间、对的场景，面向对的消费者，传播对的广告内容。精准传播时代的广告，使用的是很有针对性的滴灌技术，相比漫灌时代的广告传播，效果显然要好很多倍。随着大数据、人工智能的不断发展，广告的智能化程度只会越来越高。

## 二、人工智能时代广告业的变化

在人工智能时代，整个广告业的生态发生了重大变化，广告已经不再是传统媒体时代的那个模样，具体体现在以下几个方面。

### 1. 广告运作的参与者发生了很大的变化

如今，广告不再是广告主和广告人的事情，还有很多用户在社交媒体中生产广告,并推动产品信息和品牌形象的传播。并且,广告也不单是人类的事情,人工智能已经逐步加入到了广告传播的行列。它们具有广告文案写作、海报创意与设计、TVC制作,以及用户精准画像、智能推送等多个环节的广告技能。它们的能力日渐增长,已经可以单独胜任很多广告运作的工作,也能够协助人类广告人完成很多工作。特别是在数据分析、精准推送等方面,人工智能尤为擅长。

与之前的广告相比,智能广告有了本质的区别。在智能传播时代,广告离不开人工智能,想要单纯依靠人类广告人,已经很难完成相关的广告工作。人机协同的广告运作是智能广告的核心特征之一。

**2. 从广告媒体角度来说,传统媒体在逐步退出**

现在很少有企业会选择在传统媒体投放广告,传统媒体的受众在不断流失。由于人工智能等技术的不断发展,传统媒体也在改变。纸质的报纸逐渐退出历史舞台,电视的生存空间日趋萎缩。各大传统媒体基本上都在向内容生产商进行转换。从渠道的角度来说,人们主要通过新兴的媒体渠道接触各种信息。在爱奇艺、抖音等平台看影视剧和短视频,在喜马拉雅等平台收听各种音频节目,在新闻App、朋友圈里看新闻,在微信公众号上看各类文章。随着人们转向新的传播渠道,传统媒体已经渐趋没落,它们还会继续生产内容,但主要依靠新的平台和渠道传播相关内容。广告商逐渐转向这些新的平台和渠道来发布广告。企业利用自媒体账号自行传播各类信息,或者直接将信息推送给特定的人。

在智能传播时代,广告是不固定的,它不会定时出现在广播、电视上,也不会出现在固定的报纸版面上,而是流动的,一会儿在这个平台上,一会儿又出现在那个论坛上。它本质上是随着目标消费者在行走,只要目标消费出现,相关广告就有可能出现。这是随目标消费者而动的广告时代。

**3. 广告公司的地位在下降**

在现代广告代理制下,广告公司扮演了重要的角色,它们是广告的具体操刀者,开展广告的全方面服务,广告主只要掏钱,其他事情广告公司都可以完成。在智能传播时代,广告主亲自上阵,自行创作和发布广告的不在少数。在人工智能时代,各种软件越来越智能化,普通商家自己就可以使用,设计、制作广告变得不再那么复杂。一方面,大量的自媒体平台为免费的广告传播创造了条件,人们不必花费高昂的广告费用,只需要少量时间和金钱,就可以得到传播的机会。当然,由于注意力资源依然稀缺,若要实施个性化传播,达成精准营销的效果,还需要人工智能帮忙。程序化购买可以提升传播的精准度,不过需要支付不菲的费用。但不管怎样,对于广告主来说,不再那么需要广告公司了。很多工作他们自己就可以完成。另一方面,广告公司能够提供的具有核心竞争力的服务也在减少,很多工作人工智能可以做得更好。那些不及时进行转型,依然以传统模式在运作的广告公司尤其面临着科技的巨大冲击。广告依然还是需要的,广告公司只有不断升级,才能提供优质的广告服务,满足广告客户的需求。对于广告主来说,则需要进一步提升对人工智能运用的能力。

**4. 广告行业的技术含量越来越高**

广告业的技术含量在上升,广告行业需要大量技术服务商。广告越来越偏向技术,智能广告是基于数据进行的。具体到个体消费者的需求和动机的数据、消费者行为数据、信息和内容生产与接触的数据、品牌态度和选择的数据、对广告的接触态度和行为的数据、竞争对手的广告数据、企业自身的生产和销售的数据等,只有充分掌握这些数据,才能进行智能广告的运作。过去,依靠抽样调查手段获取的数据,已经显得不够。智能时代运用的是数据量非常庞大的大数据。这些大数据单纯依靠人力是很难处理的,因此需要借助各种技术来完成,也需要懂技术的人来操作。

为了达成个性化传播效果,广告需要千变万化,精准地进行诉求。因此,需要依靠算法自动生成大量广告,在具体传播对象的选择上,往往是借助程序化购买手段,采取的是精准推送策略。在广告创意表现上,则使用VR、裸眼3D等智能化的、更能提升用户体验的形式。总之,在智能时代,广告产业链将会出现重大的调整,广告越来越离不开大量数据和技术,广告业将成为高科技行业。

## 第二节 智能广告的形式与特征

### 一、智能广告的形式

智能广告并没有统一的形式,也不存在固定的边界,它还在不断变化、发展中。目前主要有以下一些形式。

**1. VR广告**

人们购买商品时总有一种担忧,觉得这件衣服穿在自己身上未必好看,那种食物口味未必合适,这双鞋自己未必合脚等。那么怎么来消除人们在这方面的忧虑呢?过去可以通过试穿、试吃等形式。在智能传播时代,可以不必亲自到店里,就可以取得相应的效果。智能试衣,借助VR技术可以将穿上衣服的效果直接呈现给你看。同样地,也可以让你非常有沉浸感地体验开某辆车,甚至品尝某种食物。这种VR、AR广告,是一种沉浸传播,也是体验广告,将实际效果直接呈现在消费者面前,让消费者自己去感受和判断。消费者在试过之后再加以购买,这种做法可以非常有说服力,毕竟广告上说得再好,也不如自己去试试。

**2. 大数据广告**

大数据广告是运用了大数据工具,在获取了关于消费者、竞争对手、市场等大量的数据之后,有针对性地进行创意、设计和传播的广告。基于数据可以非常好地了解消费者,找到合适的消费者,并达成精准传播的目的。

另外,数据本身也是非常有说服力的。消费者有一种从众心理,想要了解其他人是怎么看,是如何评价的。智能传播时代的广告,可以更直观地将相关数据告诉消费者,从而让其下单购买时有所参考。

**3. 智能搜索引擎广告**

不管是通过语音,还是通过文字,人们对搜索引擎,依然有强烈的需求。这是一个人们主动获取信息的时代,对于广告传播者来说,可以通过分析人们的信息需求,将需要的信息传播推送给目标消费者。搜索引擎早已有之,不过在人工智能时代,越来越智能化了。人们在输入相关关键词的时候,人工智能会结合个体的习惯、当时的情景,而推送符合需求的广告。这样的广告就像推动消费的临门一脚,往往可以起到很好的作用。

**4. 信息即刻劫持广告**

"信息即刻劫持广告是指在特定网络环境下,网络管理方根据网络浏览人近期对网络广告的关注程度进行智能分析,当打开感兴趣的信息时,瞬间把信息浏览请求拦截下来,被替换为既往的目标页面,悄无声息地'劫持'并推送广告。"[①]也就是说,在人们想要打开某个网页时,人工智能会把相关网页替换成广告页面,让用户去看相应的广告。虽然持续时间很短,但可以将广告信息传达给目标对象。从传播对象的准确性来看,这是很有效的。从智能传播的角度来说,这种形式显得有些简单粗暴,人性化不足,并不是很好的广告传播形式。只有将人们需要的信息送达,并让人们自然地接受,消费者才不会产生反感。

**5. 智能场景广告**

通过定位技术,人工智能可以了解消费者所处的位置,从而判断其生活、消费的场景,推送有针对性的广告。人工智能可以了解人们现实生活中的场景,也可以了解人们在网络空间的场景,从而能够有针对性地回应诉求。这种场景广告,具有非

---

① 曾静平、刘爽:《智能广告的潜进、阵痛与嬗变》,《浙江传媒学院学报》2018年第3期,第9-13,140-141页。

常强的针对性,消费者此时此刻有何需求,广告就会恰当地出现,在对的时间、对的地点碰上对的消费者,传播效果显然是最好的,人们也会对品牌有更强的接受度、认可度。

6. 即时定制广告

在人工智能时代,根据消费者当下的需求,适时适地推送相应的广告,这些广告可以是已经制作完成即时匹配的作品,也可以是人工智能根据特定场景,即时创作的。人工智能只需几秒钟就可以完成广告作品的创作,效率非常高。因此,根据消费者的特定需求,可以做到因人而异,具体情况具体分析。

## 二、智能广告的特征

智能广告相比于之前的广告,有了全新的面貌,广告目的、广告形式、广告方式、广告流程、广告效果等有了很大的不同。总体来说,智能广告具有以下特征。

1. 从"为产品找人"到"为人找产品"

过去的广告是应企业要求做的,目的是销售产品,为产品找到合适的消费者。智能广告是为消费者做的,目的是为消费者寻找合适的产品。产品可能是企业已经生产的,提供给消费者予以选择,当然还可能是根据消费者的需求,而专门加以生产的产品。智能广告本着以人为中心的宗旨在服务。人们有什么需求,就有什么样的产品和广告。广告的起点将不再是广告主,而是消费者。

2. 数据驱动

在智能传播时代,对于广告活动来说,最重要的是获取各种数据,数据是开展广告活动的前提。科学的决策源自对有关数据的准确把握。如果没有数据,广告将会寸步难行。智能广告是由数据驱动的。"数据驱动是指在数字化营销与运营的过程中,直接用数据对广告投放及与消费者的沟通进行干预。"[1]广告需要精准传播,只有了解具体消费者的数据,才有可能推出面向这个特定消费者的广告诉求,才有可能提供给目标消费者想要的产品,实现"产品-信息-人"三者的有效匹配,即面向特定的消费者,推送正确的信息,销售合适的产品。

通过数据来说话,这相比于文字的说服,要有效许多。广告内容的可视化呈现,一目了然,人们可以自己去思考和比较,从而形成对品牌的理解。数据广告是非常重要的一大方向。广告传播活动,从前期的市场调查,到后面的效果测定,都是一个数据化的运作过程。运用大数据对用户进行精准画像,也通过大数据了解广告传播

---

[1] 宋星:《数据赋能:数字化营销与运营新实战》,电子工业出版社2021年版,第3页。

的效果。为了掌握数据,广告行业的智能化转变就必不可少。未来,广告公司将是一个数据公司,也是一个科技公司。

**3. 精准营销**

为了满足人们个性化的需求,产品将进入定制时代,未来由于机器人在从事生产,并且生产走向了智能化,因此产品设计和生产的成本可以是非常低的。另外,基于对用户的精准画像,可以了解用户的个性化需求,因此有实现个性化生产的条件。对于消费者来说,他们当然更愿意选择可以满足其个性化需求的产品,因此产品定制也有其必要性。

由此,广告将实现个性化传播,它不是针对一个群体、一种类型的消费者,而是直接面向一个个具体的消费者,每个消费者都是不一样的,每一次广告传播也都可以是各不相同的。按照具体用户的特点,专门为其策划、设计一套广告方案,这样才能有的放矢,打动客户。

**4. 沉浸体验**

随着媒介技术的不断升级,特别是VR、AR等技术的运用,人们能够非常有沉浸感地体验各种事物。未来的广告将更多地以可感可触、可以体验的形式出现,通过VR、AR等技术,让消费者直接体验产品,将是广告的目标。在智能传播时代,甚至可以说,广告不是用来供消费者看或者听的,而是用来让大家去体验的。在虚拟空间,具有沉浸感的体验活动,可以增强消费者的品牌认知,有助于达成销售行为。体验的效果也就是广告的效果。广告不再需要广告人在那里多费口舌,文字和语言在沉浸式体验面前显得无足轻重。广告不能单靠说、靠演员的表演来说服消费者,而是要让消费者自己去体验,去感受,去评价,去得出结论。这样的广告也才是真正具有说服力的,能够留下深刻印象的。

**5. 交互性**

智能传播时代的广告,不是单向传播,而是非常注重交互性的传播。广告是在了解消费者需求之后的一种有针对性的传播,而广告在推送之后,还要对消费者的反馈及时予以回复,消费者对品牌的态度和购买行为会被算法加以分析。智能传播时代的广告是全环节的交互,非常注重消费者的反应,以及广告传播的效果。智能传播时代的广告是一种可对话的广告,消费者可以随时提出问题,对方也可以迅速予以回应。广告可以应对话之需而生,为具体的个体而生。

**6. 场景化**

为了更好地满足消费者的需求,场景传播将成为主要的传播策略。在不同的场景中,应当时消费者的特定需求而提供相应的广告信息,这样消费者不需要东挑西选，就能得到合适的产品。

**7. 万物互联**

随着物联网的不断发展，万物互联时代正在到来。在日常生活中，人们的生活变得更加智能化，不过需要处理的信息也在倍增。在万物皆媒的时代，借助智能手机和其他智能终端，每个人都是巨大传播网中的一个传播节点，并且，各种传感器的存在，使得每个人都处于时刻在线的状态，想要脱离这个传播网变得非常困难，各种各样的广告都能够第一时间到达用户。

## 第三节　智能广告的运作流程

人工智能技术很大程度上是对人类智能的模仿，如今已能看懂、听懂，也能够表达和创作，从长远来看，人工智能会进一步与人类智能接近，并且变得能够理解人类，懂得人类的情绪情感，并且增强其共情能力。

就广告传播来说，人工智能的运用，可以使得广告非常懂人心，人们想要什么，广告会先想到，并提供相关信息。人们对于品牌的偏好，广告会予以记录，并通过分析人们的反馈信息，提出对产品的改进。对于广告作品和传播渠道来说，人工智能通过数据分析，能够进行更科学的规划，并提出优化方案，使广告传播更加精准和有效。

智能广告将更加以用户为中心，通过为用户提供全方位的信息，在满足用户的需求、提供相关服务的同时，将产品信息告知用户，用户自然而然地加以接受。

由于广告的智能化，人们能够得到真正想要的东西，找到与其需求精准匹配的物品，不必费心去挑选，可以大大节省购物时间，从而获得更大的满足感。

### 一、智能调查

现代广告运作需要进行市场调查，了解消费者、竞争对手、市场等各种信息。市场调查往往是基于问卷调查进行，费时费力，但效果并不理想。在智能传播时代，市场调研、广告调查等相关工作可以交由人工智能完成，运用大数据、云计算等工具，获得更精确的数据，从而为广告活动的科学开展提供有力的支撑。

**1. 消费者的精准画像**

消费者是哪些人，他们主要接触哪些媒体，具有怎样的需求等信息，都可以进行精准画像。智能广告不是针对某一群人，而是直接针对一个个具体的消费者。面对不同的消费者采取不同的广告诉求，并运用不同的媒体渠道。

除了人口结构、位置、兴趣、行为等信息,数据行业还在收集用户的情感信息。数据分析公司阿格斯实验室(Argus Labs)设计了一款软件,能够全天候跟踪智能手机在线用户实时情感状态[①]。对于商家来说,致力于尽可能掌握每一个用户的详细信息,这样对开展精准营销非常有利。

**2. 竞争对手的数据分析**

对于竞争对手,由于人工智能技术的运用,同样可以获得非常详细的数据和资料,如竞争对手开发了哪些产品、做了哪些广告、销售状况如何、利润情况如何等,很多过去需要费很多时间、精力,克服很多困难才能获取的信息,通过大数据、人工智能等工具,可以直接得到,并能够予以可视化呈现。Salesforce社交工作室能够帮助商家"用图去倾听"消费者,识别出照片中是否包含该企业或者竞争对手的品牌标识,从而提供一个全新的视角让商家去观察这个市场,寻找相关机会[②]。未来将是一个越来越透明的竞争时代,商业秘密几乎很难再有。

**3. 基于数据的产品设计**

人工智能可以深度介入产品设计的相关工作,消费者需要怎样的产品,包装设计需要做怎样的创新,品牌名称是否会受欢迎等很多自身产品设计方面的工作,可以交由人工智能来协助完成。在当前,已有很多企业使用了人工智能为产品命名,例如百度开发的汽车,就是运用算法取名为"集度"。人工智能基于大数据分析,以及对消费者的洞察,能够做出较为科学的判断。

**4. 广告作品预测**

进行广告创意之前,人工智能可以提供很多资料,供创意人员参考,如潜在用户喜欢什么,怎样的诉求能够打动他们,怎样的代言人最有效等。另一方面,广告创意作品完成之后,也可以对其做出预测,如针对哪一则广告最有效,人工智能可以帮助商家做出挑选。人工智能也可以为广告创意的修改提供相关意见。

## 二、智能创作

**1. 人工智能文案**

2018年京东开发了"莎士比亚"系统。阿里妈妈也开发了"AI智能文案"。AI智能文案在一秒钟就可以撰写2万条文案。"文字广告智能创作的本质在于基于海

---

① [美]阿黛尔·里弗拉:《用户画像:大数据时代的买家思维营销》,高宏译,机械工业出版社2018年版,第45页。

② [美]吉姆·斯特恩:《人工智能营销》,朱振欢译,清华大学出版社2019年版,第148-149页。

量的消费者数据和商品数据,通过机器学习和自然语言处理,针对消费者个体实时生成个性化的广告文案。"①这些文案可以具有很强的针对性,基于对用户的精准画像、情感分析等,能够为用户量身定制,用户有何心理,就采取何种诉求。

**2. 智能设计制作**

"广告设计走向程序化内容生产,即基于智能机器内容事先设计好的模型和算法生产内容。"②人类设计师需花很多时间进行广告设计,不过智能设计可以在短短一分钟,就能完成大量作品的设计。鹿班(由鲁班更名而来)在"双十一"期间,在很短的时间内就设计了4亿张海报。

人工智能不仅仅可以撰写文案、制作海报,在创作音视频广告上也大有作为,商家只要提供相关素材,它就可以协助制作 TVC 广告。

总之,人工智能创作广告作品的效率非常之高,并且水平并不低。正是由于有如此强大的效率,个性化广告创意才有可能,千人千面的广告时代正在到来。每个人都可以收到一则为其量身定制的广告。由于是定制广告,诉求可以更有针对性,消费者也更容易被其打动。

## 三、智能推送

在大众传媒时代,广告遇上合适的消费者很多时候得看运气;在智能传播时代,消费者与广告的匹配度非常高,广告是经过科学计算的。程序化购买已经被很多商家所采用,广告的投放变得更有针对性。广告的科技含量越来越高,盲目的广告传播成为历史,广告费浪费现象得以减少。

"程序化购买是通过广告技术平台,自动地购买广告位进行广告投放,目的是实现广告位自动购买与广告投放的最小人工化,同时达到广告投放效果的最优化。"③具体包括广告交易平台、需求方平台(Demand Side Platform,DSP)和供应方平台(Supply Side Platform,SSP)。

"广告智能推荐包括基于线下场景和线上场景的识别与推荐,主要表现形式包括追踪定位推送广告、智能视频场景广告和基于 Cookie 智能推理的推送广告。"④算

---

① 姜智彬、戚君秋:《学习、生成与反馈:基于动觉智能图式理论的广告智能创作》,《新闻大学》2020年第2期,第1-16页。
② 谭辉煌:《人工智能与广告:产业变革、价值反思与未来展望》,析自李本乾、吴舫:《智能传播:机遇与挑战》,上海交通大学出版社2018年版,第52页。
③ 秦雪冰:《技术嵌入与价值取向:智能广告的演进逻辑》,《湖北大学学报(哲学社会科学版)》2022年第1期,第171-179页。
④ 廖秉宜:《中国智能传媒和广告产业规制政策与伦理规范研究》,人民出版社2021年版,第143页。

法可以根据不同的消费者,有的放矢地投放广告,目标消费者在哪里,广告就会出现在哪里,目标消费者有何购物需求,相应产品的广告就会出现在他眼前。个性化广告传播,是因人而异、因时而变、因地制宜的。消费者收到的广告是他内心想要购买的产品信息,那么广告效果自然会更好一些。

为了让广告体现智能推荐的效果,需要在多个方面着力。"智能推荐型广告的关键发展要素有三个:内容、平台和数据。其中,内容即店铺,平台即渠道,数据即价值。"[①]基于数据的智能广告,可以在广告传播环节找到对的人,说对的话,从而达到说服顾客购买的目的。

## 四、智能体验

在这个时代,人们非常注重体验感。人工智能、VR等技术的发展,可以为消费者创造更具沉浸感、更有参与感、更富有想象力的体验。例如,迪士尼的魔幻手环(Magic Band)给了顾客智能化的体验,提升了客户服务、客户关系管理的层级。

人工智能技术可以让人们去感受产品、体验产品,这一切只要在线上就可以完成,不需要付出太多成本,就能让人们买到适合自己的产品和服务。

在人工智能提供的各种体验活动中,人们对于产品和服务将有更加深刻的认识。智能体验可以消除购物风险,为用户的需求找到更好的匹配对象。就如人们在买衣服的时候,借助VR技术,可以在不同的场景中试穿不同款式的衣服,这样能够帮助人们找到自己真正喜爱的衣服。由于是已经试过的,人们也就很少会遇到真的穿在身上时却觉得不合适的情况。

## 五、智能转化

通过算法精准推送的广告信息,最终需要消费者采取购买行动,达成销售,才算完成广告目的。为了获得高的转化率,显然首先需要对用户的需求有精准的了解,知道用户想要购买什么产品,然后有目的地加以推送,才更有希望达成销售。另外,不同用户的价格承受能力是不一样的,因此在某种意义上需要针对不同的用户实施不同的定价策略,这样才能让想要购买产品的用户完成购买行为。当然,这里会出现价格歧视问题,为此需要采取合法合规,同时又有效的价格策略。

智能传播时代的广告未必是生硬、直白的,而是可以通过原生广告、内容营销等相对隐蔽的形式出现。对于消费者来说,他不是在看广告,而是在了解某种养生知

---

① 陈积银、杨玉华:《智能推荐型网络视频广告研究》,析自李本乾、吴舫:《智能传播:机遇与挑战》,上海交通大学出版社2019年版,第43页。

识、健身理念或者旅行建议等过程中,知晓某种产品可以提供的服务、具有的功效。广告以潜移默化的形式进行传播,在润物细无声中达成销售的目标。硬塞给消费者某个广告,显然会招致反感,而提供消费者真正需要的东西,帮助他们解决生活、工作、爱情中的烦恼,是很多人愿意接受的。广告是一种生活方式的建议、主张和体验,是为了提升消费者的生活品质而存在的。

## 六、智能监测

在广告效果上,可以实现智能监测。广告费浪费现象由于人工智能的运用,可以得到极大的改善。同时,广告效果如何,也可以得到更精确的监测。目标对象看了广告之后,有何反应,具体的广告效果的数据如何,广告哪个环节存在问题,都可以进行分析,从而有助于今后开展更有效的广告传播活动。

## 七、智能服务

对于品牌营销来说,售前售后的服务都是非常重要的。在产品销售过程中,充分了解客户的需求,为其定制合适的产品,在售后,需要了解客户使用过程中的反馈,掌握客户对品牌的意见和建议,从而改善之后的服务。

在人工智能时代,产品可以是个性化生产的,没有必要都是一个模式,也不宜只提供数量很有限的几个款式,而是应有无数个款式。有了人工智能,产品可以为每个人定制,按照不同用户的需求,生产不同的产品,这样的产品显然可以极大地满足人们的个性化需求。

# 第四节　智能广告的未来

## 一、人工智能在广告营销中的角色

人工智能具有非常强大的信息搜集、精准推送等功能,可以在广告、营销活动中扮演多种角色,推动产品的销售,满足人们的个性化需求。

**1. 智能广告客服**

对于人类客服来说,一天用于工作的时间和精力有限,不过人工智能可以全天候提供各种服务。它 24 小时在线,并且能够同时面对很多人。因此,可以大大提升与客户沟通的效率,确保服务的质量。

不管是线上的,还是线下的,只要使用了智能客服系统,那么人们就可以得到智能化的服务。人们购买的智能电器、智能手机、智能音箱等,基本上都安装了智能语音助手系统，人们不用费力就可以直接与其对话，了解相关资讯，以及获取相关服务。

艾拉智慧酒店的智能 AI 客服是依托 AIoT、语音 AI 技术、边缘计算、云计算、大数据分析等多维度能力，构建以认知能力为核心的智能 AI 客服产品体系。它可实现同时接打多人电话、到店确认、退房确认、客户咨询和客需服务等工作，让酒店入住前中后各个流程的服务变得越来越自如。智能 AI 客服可以通过多种渠道和方式解答用户问题，如电话、小程序、QQ、短信、语音音箱等，实现智能 AI 客服 7×24 小时在线服务①。酒店智能客服的出现，可以使前台无人化，人们能够自行入住酒店以及退房，这节省了酒店的人力成本，同时提升了服务效率。智能客服不仅仅在酒店中出现，在很多公司的运营中都已经得到了运用，很多人也经常可以收到智能客服打来的电话，消费者拨打公司电话的时候，往往也是智能客服首先予以接待。在当前来看，企业使用智能客服很大程度上是基于成本和效率等因素的考虑，在未来，智能客服将在获取消费者行为数据、为消费者提供精准服务层面发挥更大的作用。

智能客服将会改变客户服务体系，重构客户服务流程。客户与企业和品牌的互动沟通模式将会由此发生变化。客户能够随时随地找到智能客服，并在第一时间得到回复。客户的沟通时间减少了，获得的体验感提升了。智能客服作为客户和企业之间的桥梁，可以通过分析消费者的反馈意见和建议，以及主动跟踪、采集获取的消费数据，并将其提供给企业经营者，从而有助于改进产品、改善服务、优化流程。在这个过程中，消费者参与了企业产品的开发、设计等环节，消费者的想法将直接体现在最终产品上。

**2. 智能品牌代言人**

除了智能客服，企业还会在品牌沟通上，进一步走向智能化，例如赋予吉祥物智能、开发智能品牌代言人等。这些智能化的品牌代言人能够在消费者购买使用产品的各个环节，获取消费者的数据，并且提供随时随地的信息咨询服务。这些品牌代言人就像是在身边的客服一样，消费者有什么想法，可以随时跟它们说，它们也会通过记录消费者的行为，形成数据，为给客户提供更好的体验感创造条件。

智能品牌代言人还会在社交媒体中出现，它们会主动发布企业、产品和品牌的最新资讯和活动信息，会一天 24 小时与客户进行互动。对于公司来说，不必向这些智能品牌代言人支付报酬，却能实现广告宣传、用户调查、产品销售、客户服务等多种功能。

智能品牌代言人的出现，对于明星代言来说，将会形成一定的冲击。与那些虚

---

① 《Ayla 艾拉物联智能 AI 客服"出圈"让酒店前台工作更简单》，https://news.mydrivers.com/1/751/751214.htm，2021 年 9 月 25 日。

拟偶像一样,智能品牌代言人,同样具备成为偶像的资质,在提供各种服务的同时,还能进一步强化客户对企业、品牌的忠诚度。

智能品牌代言人可以基于公司的特征,设计与公司形象相符的符号。根据客户的特征,可以将品牌代言人的语音、性别、语速等加以统一设计,或者个性化设计,从而提升智能品牌代言人的传播力和影响力。

**3. 智能理货员**

对于超市、商场等零售机构来说,每天都需要专门的员工负责进货、上架等工作。如果这项工作没有处理好的话,有可能会面临某些货品断货、某些货品长期积压、某些过期货品没能及时处理等问题,这显然会给消费者带来不好的购物体验,也会影响销量和利润。

人工智能技术可以协助或者独立完成这项工作,例如智能货柜,它可以记录货品销售情况、顾客停留和选择的数据,从而为商店经营者提供重要的参考。未来也可能会有专门的智能理货机器人,它能够精准掌握货品销售进度,以及货品距离到店时间、畅销与滞销的货品品牌等信息,通过对货品销售情况以及货品特性的即时数据分析,可以及时进货,补充将要销售完毕的货品,避免缺货情况出现,也可以精准推算货品进货量,以避免过期现象。根据产品受欢迎程度,可以对货品的摆放加以合理安排。根据大数据分析,智能理货机器人完全可以给出每种货品销售进度模型,做到精准理货。

**4. 智能销售员**

2016 年,梅西百货(Macy's)在英国和西班牙的 10 家门店推出了 Macy's On Call 的 App,即便没有销售人员协助,这款应用也能在商场吸引顾客的注意力,让他们放慢脚步,这个可以称为"导购机器人"[①]。在类人机器人大规模出现之后,相信可以起到更好的导购作用。

借助传感器、手机支付等技术,商店可以不必有销售人员。顾客走进商店,传感设备就可以加以识别,确认顾客的身份,顾客拿走自己想要购买的商品即可,智能系统会自动计算其购买商品的价钱,支付系统会进行自动结账。无人商店与无人酒店的智能系统是接近的。

未来的另一种可能是开发出智能销售机器人。这些机器人可以是仿真人形象,也可以是卡通人形象。它们可以向顾客介绍关于产品的非常详细的各种信息,能够为特定的顾客提供量身定制的购物建议。人们面临很多选择,如何选购对于很多顾

---

① [美]吉姆·斯特恩:《人工智能营销》,朱振欢译,清华大学出版社 2019 年版,第 162 页。

客来说,是一个难题。而销售机器人基于大数据分析,以及对特定顾客非常详细和深入的了解,可以提供合理的建议,由于它对顾客的心理把握得很好,这些建议往往也容易被接受,因此达成销售的可能性非常高。

智能销售机器人是非常人性化的,它的出现重要的不是在销售产品,而是在为人们提供一种生活方式的建议,它可以为某个人提供个性化的服务,顾客只要走进商店,它就可以对顾客进行"量体裁衣",设计一套合理的产品搭配方案,从而每个人都能得到非常好的购物体验。

智能销售机器人真正做到了以顾客为中心。根据顾客购物心理和行为,它可以将有关数据反馈给产品生产者,让他们改进产品的设计,提供更符合消费者需求的产品。智能销售机器人因此也是产品设计师,它懂得消费者,也能够设计出具有市场潜力的产品。

现在已经有公司开发出了一种智能试衣镜。在未来,这种设备能够识别衣物的具体信息,能够改变照明条件,并变换场景让客户感受不同的效果,还可以为客户提供衣服搭配的建议。智能试衣镜基于客户消费的数据分析,可以提供各种个性化的服务,对于每一个试衣的顾客来说,都像是专属的服装导购员一般。

服装店的智能模特道具,在搜集消费信息,提供人性化、个性化服务层面可以发挥其作用。它们可以转换姿势展示服装,面对不同用户提出相应的购衣建议,能够识别消费者是第几次走进店里,以及预测他们会有哪种需求等。

对于餐饮店的智能机器人店小二,能够端菜洗碗,了解客户的喜好,提供饮食建设,以及回答客户的种种资讯。

此外,还有人工智能系统,例如"沃森"、Cortana(微软小娜)等,不仅能够更好地满足用户的需求,提供信息服务,还能在广告、营销领域发挥独特的作用。

## 二、广告人的未来

在智能广告时代,广告人面临着人工智能的冲击。人工智能在广告调查、文案、创意设计、效果测定等领域扮演重要的角色。这对于相关领域的广告人来说,意味着必须做出自身角色的调整、技能的升级以及转换。

人工智能具备的能力很强,广告人很难与其相比,例如对于广告调查来说,基于大数据、云计算等技术,人工智能广告人可以获得比传统调查精确得多的数据,从而实现对用户精准画像。过去,广告人往往是基于有限数据,根据自己的经验作出消费者洞察。准确性因人而异,有些广告人做得好,有些广告人则可能会得出错误的结论。

在人工智能可以做,并且能够做得更好的情况下,广告公司的人员结构将会出现改变,一方面,公司员工除了人类,还有大量"机器人"。另一方面,有些部门将不再需要那么多人,人员将集中在人工智能还不能胜任的工作上,例如客户服务。机器人可以协助人类整理客户资料、发送邮件等工作,但是直接与客户面对面交流、谈判,参加提案会等工作还是少不了广告人,因此,机器人还很难替代人类去完成这些工作。

对于广告人来说,有必要在机器人可以做得更好的工作岗位上退出,转到其他岗位,即便是还留在原来岗位上的,为了实现更好的人机交互,也必须得提升自己的能力,例如很强的数据素养和技能,准确向人工智能下发任务的技能,对人工智能完成的作品和其他成果进行合理评价的技能,处理人工智能在完成工作任务时出现的问题、遇到的障碍的技能等。广告人只有升级自己的技能,才有可能在人机协同完成广告任务中发挥作用,从而适应新的广告时代。

广告公司也需要在传统部门之外设置新的部门,招聘新的人才。例如,为了更有针对性地开展广告项目,不可能所有的技术和设备都外包或者购买,广告公司需要有一定数量的软件开发和技术研发人才。对于大型广告公司来说,显然需要有自己独特的系统和工具,这样才具有更强的市场竞争力。广告公司在人员结构上,需要增加理工科出身的员工。未来的广告不是单纯的文科生可以完成的,广告行业的科技含量将会增加。在智能传播时代,新闻传播行业的各个机构在一定程度上需要转型成为科技公司。对于广告人来说,也需要成为具有智媒素养和智能传播技能的高端人才。

在接下来的一段时间内,广告人未必会完全被人工智能取代,但是转型升级、人员更新将是难免的事情。

## 三、"无广告"时代

### (一) 品牌脱媒

智能传播时代存在一种品牌脱媒(Brand Disintermediation)现象。它具有非中介化的特点,品牌沟通能够在供需之间进行。就如亚马逊的 Alexa,是公司的"眼睛"和"耳朵",公司借此可以及时了解客户的需求状况,也能够准确提供各种服务。用户可以语音要求 Alexa 阅读书籍,随着技术的发展,Alexa 甚至可以模仿任何人的声音,从而小孩也可以让它用已经去世的奶奶的声音为其读故事书。品牌传播通过人工智能实现了直接的沟通交流,并且是更加个性化的、针对性极强的信息服务。人们有哪些意见和建议,商家可以通过人工智能加以分析,并做出改变。智能品牌代言人的出现使得客户和品牌之间可以直接交流。品牌拟人化变得格外真实,品牌不再是冷冰冰的存在,而是活生生的,能够听得懂你说的话,了解你的心思,也能够做出互动反应,并且,它就在你身边,随时随地都可以为你服务。

品牌于是有了具体的形貌,就像是一个个特定的人一样,它是可触可感、有生命的。消费者与品牌的交流在这种情况下,将会呈现良好的效果。毕竟智能品牌代言人永远都是态度和蔼、随叫随到的。

当然,在智能时代,由于为消费者提供服务的人工智能,都有一双"眼睛"或"耳朵",它们会记录下我们的言行举止,并会把言行举止的情况上传到云端,从而个人隐私安全将遇到威胁。消费者的消费行为和日常生活,甚至他内心的想法,都是可以被窥探的。它可以预知人们的行动,也能对整个消费趋势做出准确预判。

### (二)去广告化

从长远来看,随着人工智能的进一步发展,"广告变得非常个人化,以致我们几乎分辨不清什么是新闻,什么是广告了"①。广告作为一种信息服务,它与新闻和其他各种资讯合为一体,已没有区分的必要。如今,原生广告形式日渐增长,去广告化的现象愈发明显。"以往难以被用户感知的、复杂的相关性信息,在智能和共享的互联网中,以一种原生态的信息形式与传播载体相融,用可控内容和场景的延伸,去把控传统广告不可控的广告效果,即去广告化。"②

万物皆媒时代,各种物品都是传播媒介,都能让用户轻松地获取或发送信息。专门的媒体将不复存在,职业的媒体人将在一定程度上被人工智能取代。智能时代,将是一个共享的时代,自动驾驶汽车是共享的,应需使用,而不必购买。信息和数据同样是共享的。在共享时代,商业的基础将会受到很大的影响。因此,在媒体不需要广告来维生,商家不需要借助广告销售商品的时代,广告也就没有太大的发展空间。即便还需要广告,由于商家可以借助人工智能技术,直接找到目标消费者,或者目标消费者会主动找到商家,广告也只是作为一种信息、数据而存在。因此,传统意义上的中介化的广告将走向消亡,被直接的一对一的智能化的广告取代。商家不需要广告这个中介,就可以直接找到自己的消费者,并且与他们实现对话。社会将步入一个"无广告"的时代。

"无广告"时代,并不是说人们不再需要产品,而是由于人工智能的高效率生产,工厂出品的产品变得非常丰富,人们可以按需获得使用权或者直接消费,借助广告推销产品的行为已经显得有些多余。由于机器人取代人类从事生产活动,生产效率极大提升,在物质极度丰富、不再稀缺的情况下,按需分配的时代也许将会到来。既然已按需分配,也就不再存在一个竞争的市场,因此不需要品牌了,自然也不需要广

---

① [美]尼古拉·尼葛洛庞帝:《数字化生存》,胡泳、范海燕译,电子工业出版社2017年版,第165页。
② 雷雪妍:《场景理论视域下原生广告的去广告化研究》,《中国广告》2020年第8期,第77-79页。

告了。人们告诉机器人自己想要什么样的产品,机器人就会通过物资调配中心获得订单,生产出来之后,通过物流系统直接送到;或者直接对工厂下单,工厂迅速组织生产和制作,并将产品送达。

 **思考题**

1. 从广告1.0到广告4.0是如何演进的?
2. 智能广告有哪些形式?
3. 智能广告有何特征?
4. 你如何理解广告业务流程的智能化?

针对本教材,著者已经录制了配套的在线课程视频,以下是关于本章内容的视频二维码。

## 第九章

## 计算宣传与舆论

## 第一节 相关研究

### 一、关于智能传播时代舆论的研究

随着人工智能技术在新闻传播中的应用,智媒得以兴起,智能传播时代的传播生态与以往有很大的不同,舆论环境、结构和生发机制呈现新的面貌。林凌认为,智能传播技术的发展,使公众意见的社会架构、心理架构及意见交流路径发生变化,出现社群主导舆论、网民个人意见和网络群体意见趋于重合、抗拒传统舆论引导等问题①。根据林凌的看法,人工智能技术所推动的舆论线性化传播和界面化传播突破了原有舆论传播流程和格局②。高宪春认为智媒技术对主流舆论演化的影响体现在:促成主流舆论语境变得陌生化,强化主流舆论演化的场景合理性,助长舆论的情绪极化和利益泛化两种非理性倾向③。陈璐认为人工智能技术对舆论工作带来的机遇主要体现在:提高网络舆情监测水平,做好舆情预警工作;人工智能技术能够快速辟谣,助推舆情朝良好方向发展;人工智能技术有利于增强主流信息传播的精准度,提升主流媒体的舆论引导力④。顾理平提炼了人工智能时代主流媒体在舆论导向中的三点创新:智媒化思维、网络化平台、智能化生产⑤。可见,不少学者对智能传播时代的舆论引导工作有些担忧,希望能够积极应对挑战。

### 二、关于舆论风险的研究

斯科特·拉什指出,现代风险将从信息、文化等领域出现。随着媒介技术的演变,舆论风险将随之发生转变。国内有多位学者撰文揭示了新的媒介环境下,舆论风险出现的原因和具体表现。张涛甫认为,在媒介化社会语境下,作为"软风险"的舆论风险问题日益突出,主要原因是中国同时遭遇风险社会、媒介化社会、转型社会三种社会过程叠加产生的复杂严峻的舆论局面⑥。张华认为,当下中国的网络舆论场体现出"后真相"的特征:"成见在前,事实在后;情绪在前,客观在后;话语在前,真相在后;态度在前,认知在后。"⑦

---

① 林凌:《智能网络舆论传播机制及引导策略》,《当代传播》2019年第6期,第39-42页。
② 林凌:《智能技术对舆论的再塑造》,《青年记者》2020年第7期,第8-11页。
③ 高宪春:《智媒技术对主流舆论演化的影响研究》,《现代传播(中国传媒大学学报)》2019年第5期,第5-11页。
④ 陈璐:《人工智能技术下新闻舆论传播的机遇与挑战》,《传媒论坛》2019年第16期,第120-121页。
⑤ 顾理平:《可能与可为:人工智能时代主流媒体的舆论引导》,《传媒观察》2020年第3期,第5-11页。
⑥ 张涛甫:《再论媒介化社会语境下的舆论风险》,《新闻大学》2011年第3期,第38-43页。
⑦ 张华:《"后真相"时代的中国新闻业》,《新闻大学》2017年第3期,第28-33,61页。

智能传播技术重构了舆论生态，以人为主导变成了"人机共生"，Web2.0时代的舆论风险现象继续发展，并有了新的形式和特征。针对智能传播时代舆论风险问题，塞缪尔·伍利（Samuel Woolley）和菲尔·霍华德（Phil Howard）提出，社交机器人通过整合代码的方式来模拟真实的用户并生产内容，作用是"操纵公共舆论并瓦解组织化的传播"。栾轶玫认为，拟人化思考的"机器人水军"被越来越多地应用到各国传播中，对国际舆论产生了一系列影响，国际舆论的引导因此变得更加复杂①。张志安、汤敏在肯定人工智能技术为舆论传播带来机遇之外，指出其面临的挑战有以下几个方面：舆情传播面临即时化的风险，准确的网络舆论分析变得更加困难；平台媒体的崛起加速传统媒体的衰落；新的信息鸿沟形成，共识性舆论更难形成，主流意识形态的统合性建构面临挑战。其实，这些都是智能传播时代舆论风险的具体体现②。付翔认为，信息控制权让度算法，侵蚀主流思想舆论传播。在算法推荐助势下后真相负面效应凸显，加剧网民心态失衡。算法过滤气泡易造成"信息茧房"，导致视野窄化，难以凝聚社会共识。"算法推荐＋社交平台"信息传播机制加剧群体分化，导致风险放大③。可见，智能传播时代舆论风险成了突出问题，需要加以深入研究。

## 三、关于舆论风险治理的研究

面对舆论风险，不少学者认为需要转换思路，加以风险治理。张涛甫认为，应对当下中国舆论风险，需要对舆论风险进行意识形态脱敏，并且风险"控制"应该用风险"治理"理念取而代之④。王小涛认为，化解舆论风险应健全适应我国国情的舆论风险预警防控机制，通过舆论领域的制度机制建设并形成规范化的风险防控管理体系，构建多中心合作共治机制，建立完善的社会心理干预、社会情绪宣泄释放机制⑤。

风险治理的一大目标是构建良好的舆论生态。舆论生态是指舆论主体通过各种平台对公共事务和各类事件表达意见和看法，形成舆论生成、演化的舆论场、环境体系和传播机制。徐世甫强调舆论生态文明建设的重要性，认为"政府应实施主体间性理念，推动舆论生产、消费与分解的理性合一；媒体要实现结构化转型，以增强公信力来提升舆论影响力；公众须提升信息素养，以言论自律形成人人把关的和谐舆论生态"⑥。刘朝霞在《转型期网络舆论生态：动因、机制与模型》一书中分析了影响网络舆论生发的政治、经济、文化、媒介转型带来的结构性因素，以及网民利益、情感交

---

① 栾轶玫：《人工智能对国际舆论的影响》，《对外传播》2018年第10期，第17-19页。
② 张志安、汤敏：《网络技术、人工智能和舆论传播的机遇及挑战》，《传媒》2018年第13期，第11-14页。
③ 付翔：《智能时代网络舆论的风险治理与引导》，《学术前沿》2019年第2期，第92-95页。
④ 张涛甫：《再论媒介化社会语境下的舆论风险》，《新闻大学》2011年第3期，第38-43页。
⑤ 王小涛：《当前我国的舆论风险及其化解》，《理论探索》2015年第3期，第95-98页。
⑥ 徐世甫：《网络舆论生态治理研究》，《南京社会科学》2015年第11期，第84-90页。

织的内部性因素,在网络传播对社会舆论的主导影响下,社会舆情的议程设置、议题聚合、影响力传导机制发生了很大的变化①。也有学者提出构建网络舆情生态系统善治模式。参与、合作和共同治理的"善治"模式应成为舆论风险治理的重要理念。

就智能传播时代出现的新问题,张志安提出以下对策建议:推动主流媒体在移动客户端等领域积极运用算法技术,跟上人工智能的发展潮流;对新闻传播人工智能化、算法推送的负面效应实施必要矫正;促进人工智能时代网络舆论和意识形态治理研究②。付翔认为,应从国家规制、平台把关、社会评估、媒介素养等方面综合治理,建立算法媒体的长效治理体系与风险防范机制,平衡好技术创新与价值向善的关系,应用新技术手段促进我国舆论引导方法创新,全面提升舆论引导能力,营造清朗向上、健康向善的网络舆论生态③。罗新宇认为,需要坚持以马克思主义新闻观为指导,紧密结合智媒时代网络舆论的发展变化,恪守智媒时代新闻传播规律④。包国强、黄诚、万震安认为,在智众时代,网络媒体应提高自身"脑力",从"草莽英雄"转变为"智慧媒体"⑤。这些学者从不同角度提出的治理方案都具有一定的建设性,值得进一步优化和创新。

总体来说,针对智能传播时代的舆论问题已有不少学者做了很好的研究,并就舆论风险发生的动因、机制、表现和影响等问题做了一定的讨论。舆论风险治理是社会治理、国家治理的一部分,为了应对智能传播时代的舆论风险,需要思考如何采取有效手段加以治理等问题。

## 第二节 智能传播时代的舆论生态

### 一、智能传播技术在舆论形成中的应用

对于舆情生产方来说,为了扩大网络舆情的影响力,促进舆情的加速传播,也非常有必要利用人工智能技术。借助机器人水军,网络舆情可以在短时间得到迅速扩散,持续上热搜,在全网引爆舆情。很多热点,一开始并不具有强大的舆论能量,它需要煽点风,添点柴,火才能烧得更旺。舆情的爆发式扩展,是需要有些转折点和推

---

① 刘朝霞:《转型期网络舆论生态:动因、机制与模型》,中国社会科学出版社 2016 年版,第 177 - 181 页。
② 张志安:《人工智能对新闻舆论及意识形态工作的影响》,《学术前沿》2018 年第 8 期,第 96 - 101 页。
③ 付翔:《智能时代网络舆论的风险治理与引导》,《学术前沿》2019 年第 2 期,第 92 - 95 页。
④ 罗新宇:《马克思主义新闻观与智媒时代网络舆论治理》,《青年记者》2020 年第 32 期,第 14 - 16 页。
⑤ 包国强、黄诚、万震安:《"网络失智":智能传播时代网络舆论监督的"智效"反思》,《湖北社会科学》2020 年第 8 期,第 161 - 168 页。

动力的。借助人工智能技术,可以让很多人拥有强大的舆情引爆力,让舆情传播加速,使其像滚雪球一样越滚越大,从而成为人们不容忽视的巨大存在。

党政机构、企事业单位为了防范网络舆论风险,纷纷构建了舆情监测系统。舆情监测系统能够对网络上相关的舆情进行自动监测,一旦发生可能对形象带来影响,会危及声誉的舆情,那么检测系统就会第一时间做出回应,控制舆情的进一步发展,尽可能将其抑制在萌芽状态。例如,"封面舆情机器人能提供快速预警、预判、应对的舆情服务,并且运用大数据可视化技术,呈现一个更加智能的舆情交互平台"①。借助这些舆情机器人,人们不仅可以预测舆情的发生发展过程,在第一时间了解舆情的相关情况,也能够更加直观地看到舆情传播的路径、当前所处的状况等。并且,舆情机器人还能够提供舆情应对的方案,协助人们处置舆情。

借助社交机器人,人们可以个性化地进行沟通,可以让那些具有相同情绪的人连接在一起,从而形成一股巨大的舆论力量。

社交机器人在舆论传播中可以带来各种正面或负面的影响。

**1. 污染网络舆论,混淆公众视听**

社交机器人代表的并非真实民意,它们的言论却可能会让人们误以为某种观点占据了上风,从而在沉默的螺旋效应之下,很多人不再表达自己的看法,而听从社交机器人主导的意见。

**2. 用来传播谣言,污染网络生态**

网络上鱼龙混杂的信息很多,由于有了社交机器人的加入,虚假信息更是泛滥成灾。社交机器人造假的能力很强,特别是借助深度伪造技术,轻而易举就可以达到以假乱真的效果。而人们想要加以识别,则相对要困难许多,从而在如此舆论生态之下,人们不知道该相信谁,社会信任度被不断拉低。

**3. 设置议程**

社交机器人可以在网络空间提出某些议题,让人们关注到这些议题,并觉得这些议题非常紧急和重要,从而引发更多媒体和用户关注、讨论、转发等,甚至催生社会运动的出现。

**4. 成为意见领袖,成为偶像**

在社交媒体中,有些社交机器人通过塑造一种"人设",制造大量故事,策划相关活动等,吸引了很多真实用户的关注,有些用户甚至成了这些社交机器人的粉丝,对其产生崇拜、敬仰等情感。从而,这些社交机器人借助自己的传播链,可以形成很多

---

① 李鹏:《迈向智媒体》,东方出版社2018年版,第225页。

真实用户难以企及的影响力,从而在舆论引导、舆论操纵等领域发挥作用。

**5. 生产并放大商业舆论**

社交机器人在商业宣传上,一方面可以为企业形象的传播、品牌推广、广告宣传等做很多工作,另一方面,也可能会被用来抹黑竞争对手。例如,通过假扮消费者身份,讲述自己购买或消费的虚假故事,诋毁某个品牌。

**6. 在政治上,是政党竞选、总统竞选的有力工具**

社交机器人可以为某个政党、候选人或者某种政策拉票、推升人气等。社交机器人可以将各种政治宣传信息精准地推送到用户面前。不过,社交机器人也可能会被用来制造虚假信息,诋毁竞争者。

## 二、智能传播时代舆论生态的特点

在智能传播时代,整个舆论生态发生了重大变化。虚拟空间继续作为人们表达舆论的主要阵地,计算宣传将会越来越多地出现,人机协同的舆论治理逐步成为主流。具体来说,这个时代的舆论生态具有以下特点。

**1. 参与主体复杂**

在智能传播时代,舆论的参与者不只是真实的人类,还包括大量机器人,并且这些机器人越来越智能化,用户很难轻易加以识别。在网络空间,我们无法识别对方是人还是机器。这些机器人会与广大网民进行互动交流,它们就如网络上任何不知名的用户一样在参与。舆论生产者从精英到大众,进一步扩大到了机器人。

**2. 舆论力量失衡**

人机共同参与的舆论,使得舆论力量的对比发生了巨大的变化。在网络时代,广大"草根"凭借人多力量大,拥有了前所未有的舆论影响力。不过在智能传播时代,来自政治、平台、财团等的力量,通过操控庞大的机器人账户,可以拥有非常强大的舆论影响力。网民的舆论力量被削弱。

**3. 舆情失真严重**

真实的舆论应该是来自一个个具体的公民。如果某条意见对应的不是某个具体的人,而是出自机器人账户之口,那么舆情的真实性就成了大问题。某些观点被机器人账户放大了,来自真实网民的意见就有可能被压制,从而感觉不太重要。因此,通过大数据得出来的舆情状况会失真。另一方面,基于算法的机器人账户,它们撰写、转发的各种信息,很可能会为了某种利益而故意造假,使本来就有很多虚假信息的网络,充斥更多的虚假信息,从而不利于理性对话。

**4. 计算宣传兴起**

由于人工智能等技术的介入，舆论引导可以更有针对性地进行。过去的宣传是面向广大的民众，很难做到有的放矢。智能传播时代的宣传，可以针对具体的个体开展非常有个性的宣传，从而取得更加精准的宣传效果。在对用户精准画像之下，计算宣传可以非常懂人性，非常具有说服力。

**5. 舆论治理升级**

人工智能技术必然会运用到网络舆论的治理上，协同治理将会成为主要的治理方式。对于谣言信息，运用大数据等工具，可以在第一时间予以辟谣。辟谣信息，可以精准地发送给接触过谣言信息的人。对于在网络上发布虚假信息的人，也可以第一时间锁定目标，并依法依规采取措施。人们通过舆论表达、采取的监督行动，也可以直接反馈给相关部门，并将对方的处理结果予以公布。政府发布的信息可以更有效地到达相关人士手中，民众的意见到达政府有了更畅通的渠道。

### 三、智能传播时代的舆论传播

在网络时代出现的网络水军现象，对网络舆论的形成和传播带来了巨大的冲击。网络水军可以由具体的网民和僵尸账户来完成相关的跟帖、点赞等活动，从而制造人气热点，形成一种舆情假象。网络水军是在相关人员直接操纵下完成的。

随着人工智能技术的发展，网络水军被机器人水军取而代之，机器人水军也离不开相关人员的操作，特别是算法的设定、任务的下达等，不过其具有更强的智能性，它会根据场景自动发帖，回应用户的种种对话要求。智能化的机器人水军可以完成更高难度的左右舆情的目标。一方面，机器人水军以假乱真的能力很强，很多用户并不能够对其加以甄别，从而具有更高的可信度。机器人水军满足人们个性化交流的能力也很高，人们与其对话可以更有满足感。另一方面，它们基于对用户的了解，也可以开展更有针对性的说服活动。一旦人们被难辨真假的机器人水军包围，接触的都是针对其痛点的各类说服信息，舆情被带着走的可能性就会大增。

## 第三节 计算宣传

政治活动离不开宣传工作，西方国家参加总统竞选、议员竞选等的候选人，都会投入大量资金做广告、搞宣传。在大众传媒时代，报纸、广播、电视、户外等都是政治宣传经常使用的媒体。到了网络时代，政治宣传的阵地发生了转移。社交媒体成了重要的宣传渠道。奥巴马被称为是首个互联网总统，他通过运用社交媒体，赢得了不少年轻人的选票。到了特朗普竞选总统的时候,社交渠道的政治宣传活动变得更加热闹了。这个时候,网络上的社交机器人或者说政治机器人引发了不少学者的关注。

《自然-通讯》发表的一项围绕2016年美国总统大选的研究 The spread of low-credibility content by social bots 指出,Twitter 上的社交机器人(由软件控制的社交媒体账户)在低可信度来源文章的传播中起到了很大作用。

美国印第安纳大学伯明顿分校的 Filippo Menczer 及同事分析了 Twitter 上1400万条推文,这些推文在2016年美国总统大选期间共转发了40万篇文章。

社交机器人经常会在低可信度来源(经常发表各类错误信息的网站)的文章发表后和疯传前进行大量传播。

剑桥分析公司宣称他们用数据指导了竞选活动,并对最后的获胜起了重要作用。"在大众媒体被人质疑的同时,被量身定制的信息将被直接推送给个人,为他们提供符合他们现有世界观的宣传信息,进而操纵他们的选票。"①不管剑桥分析公司是否夸大其词,从人工智能的发展态势来看,通过算法影响人们投票是完全可能的。

社交机器人已经在政治宣传中发挥了重要作用。随着人工智能技术的不断发展,社交机器人将在政治宣传领域承担更多的工作,甚至承担核心的工作。

人工智能虽然还没法通过图灵测试,不过在社交网络中的社交机器人却已经具有了很强的欺骗性,由于它们主要通过发布文字、图片,转发其他信息,用文字或者表情予以互动等形式来完成宣传,很多人并不能够对它们加以辨别。从账号上来看,它们也与人类账号一样,有名有姓,有自己固定的"人设":兴趣、爱好、年龄、地域,以及社会关系等都有模有样的,有些账号甚至成了意见领袖,成了网红,有大量粉丝在关注。因此,如果不加以特别标注,它们与真人账号没什么两样,人们会把它们看成是普通用户。如此具有掩蔽性的机器人账号发出的帖子,我们也就一视同仁了,从而这些机器人账号能够产生影响真实用户的作用。

由于大量机器人账户的存在,各类基于大数据的舆情分析、民意调查、选举预测就会失真,这些机器人账户由于是被操控的,它们表现得特别活跃,并且声音特别响亮,如果它们的观点也是被统计在内的,就会造成一种被控制的预测效果。比如想要哪位候选人赢,就可以多设置一些支持这位候选人的声音,经过大数据统计,这位候选人的支持率就会很高,从而造成一种错觉,让人们误以为这位候选人更受民众喜爱,更有可能在选举中胜出。民意就会由此被扭曲。

---

① [瑞典]大卫·萨普特:《被算法操控的生活:重新定义精准广告、大数据和AI》,易文波译,湖南科学技术出版社2020年版,第36页。

由于机器人账户的主动出击,还会产生一种沉默的螺旋效应,很多与被操控的主流意见不一致的民众,就会选择沉默,从而虚假民意的声音就会更大,更占据上风,由此真实的民意反而被扼杀了。

机器人账户通过设置议程,会对网络议程、媒体议程、社会议程等造成影响,从而最终影响政治议程。议程是可以被操控的,特别是人工智能基于大数据的分析,拥有强大的议程设置能力,它可以彻底扭转乾坤,将某些议程给压下去,也可以让某些议程突出起来。舆情传播中存在马太效应,人们对于上了热搜的新闻会跟风和围观,从而热度会进一步推升。

机器人账户基于大数据、云计算等工具,还能影响普通用户的情绪。人们的情绪会受很多外界因素的影响,它不是完全由我们自己控制的。机器人账户通过大量转发有争议的文章,会挑动人们的情绪,通过煽风点火,也可以放大某种情绪,使其从小规模群体的情绪上升为大规模的社会情绪。在后真相时代,情绪在人们决策中的重要性在增大。某种情绪被点燃了,那么人们的态度和行为就会被改变。

人工智能具有强大的计算能力,它通过分析用户的大数据,能够精准把握用户的心理和行为,能够描绘用户的反应模式,也能够懂得哪些信息可以激起用户内心的冲动。在政治宣传中,可以根据不同用户的心理特点,非常有针对性地进行宣传。宣传不必是广撒网式的,而可以是个性化的,非常有针对性地展开。通过一点一滴,不断地引导、灌输,人们的态度和立场发生改变是自然而然的。计算宣传建立在对选民精准画像的基础之上,选民在算法面前是透明的,算法通过传播设计好的信息,可以各个击破用户的心理防线,让原本反对的变成支持,让原本迟疑不决的明确态度,让原本就支持的态度更加坚定。

在算法作用下,宣传工作是被精准计算的,针对不同的选民,采取不同的方案。人们的立场和态度,并不会一直不变,在强大的宣传攻势面前,很多人选择放弃原来的立场,从而由于改变的人多了,最后的选举结果就会发生逆转。

在国际政治中,计算宣传也可能会被采用,借此来影响其他国家的政局,也可以改变其他国家国民对某个国家的形象认知和态度立场,还能够影响不同国家用户对某些政策的情绪。计算宣传的泛滥,将会改变一国的政治面貌和舆论生态,也会对国际政治格局产生重大的影响。真实的民意将会被扼杀,政治和舆论也会变得越来越虚假。然而,被操控的政治只能是一场游戏,它必然会失去合法性的基础,从而最终被唾弃。

## 第四节 智能传播时代的舆论风险及其治理

### 一、后真相舆论

赫克托·麦克唐纳认为在政治、商业、媒体和日常生活中存在四种竞争性真相：片面真相、主观真相、人造真相、未知真相。"当你想到我们可以通过选择不同的真相来影响现实时，你会感到极度不安。竞争性真相的概念本身就会给人一种狡猾、不真诚、诡诈的感觉。"① 讲述真相的方式有很多种，真相是一个多面体，也有可能被操作和利用，以及不断地误导我们。这个时代，剧情经常反转，真相似乎并不简单。

在2016年美国总统竞选、英国脱欧运动等事件中，呈现出强烈的后真相特征。人们受情绪的影响要甚于事实，从而人们基于情绪做出决策而不是事实。在政治领域，逐渐出现一种后真相政治的格局。在总统竞选、政党竞选、社会运动中，情绪因素起了非常关键的作用，煽动情绪可以起到很好的效果。

在舆论传播领域，也进入了后真相舆论格局。在网络上，人们群情激愤，在强烈地反对什么或者赞同什么，但是要是问他们为什么反对或者赞同，很多人未必能够说出正当的理由。基本上都是为了反对而反对，为了赞同而赞同，立场决定了对问题的理解。人们不是去分析事情的原委，而是先有了某种情绪，然后形成基于这种情绪的观点。事实已经变得不那么重要，情绪才是关键因素。

在民粹主义盛行的状况下，人们尤其容易如此，舆论是被情绪牵着走的，因此，人们难有理性的思考，而是情绪的冲动占据了上风。因为有了某种情绪，从而也就有了某种行动，并且这些行为是具有集体性的，不是一两个人如此，而是一群人都这样。如此一来，舆论的生态也就失衡了，人们不是在对话，而是在斗气。

在人工智能时代，政治机器人的加入，并没有很好地改善传播生态。政治机器人在传播一些信源可信度很低的信息，以及转发一些带有情绪性的信息上发挥了很大作用。过去是普通人组成的网络水军，如今则是机器人水军。机器人在舆论传播秩序中起了负面作用。在算法的影响下，机器人可能会转发有利于某个政党或者候选人的信息，也可能在传播抹黑某个对手的信息。政治机器人基于大数据，还能够起到煽风点火的作用，挑动某一种情绪，让某种不理性的声音占据压倒性的优势。

在政治机器人的计算之下，人们的舆论会被有意加以引导，使其夸大或扭曲。就如当年"贾君鹏，你妈妈喊你回家吃饭"这句流行语的出现是网络水军推动的结果

---

① ［英］赫克托·麦克唐纳：《后真相时代》，刘清山译，民主与建设出版社2019年版，第21页。

一样，某一句口号、某一种声音也可以在机器人水军的推动下形成，并得到广泛传播。

机器人水军加剧了后真相舆论的泛滥。人们的真实意见被遮蔽了，虚假的意见在四处肆虐。加上深度伪造技术的出现，造假变得越来越容易，以假乱真的效果越来越逼真，人们想要获知事实变得越来越困难，人们既然看不到事实，那么情绪就更容易占据上风了。

在人工智能时代，人们的情绪也是一种数据，是可以被分析的，也是能够被左右的。情绪是很容易因为一点点事情而被煽动的，通过有意策划一些事件，并在合适的时间点放出来，那么人们的情绪很容易就被引导到某一个方向，走向某一种立场，从而加剧情绪的负面影响。

## 二、智能传播时代的舆论风险

在这个不确定的时代，各种风险不时出现，在信息传播和文化领域的风险日趋突出。如今，人们对媒体的依赖性越来越强，就如生活在水中的鱼不知水的存在，尤其是对于生活在智媒环境中的人们，未必能意识到媒介的影响。由于对智能传播技术的运用缺乏有效监管，舆论风险问题不容小觑。智能传播时代生成和传播的舆论风险，会对整个社会的平稳运行带来冲击。

在智能传播时代，信息采集、生产、分发、存储的方式发生了很大的变化，新的信息生产传播模式促成了新的舆论生态，智能化、大数据、物联网等为舆论引导带来机遇的同时，人机共生兴起，机器人水军盛行，将会混淆舆论视听，左右公共舆论，煽动网民情绪，误导社会民意，这意味着巨大的挑战。然而，舆论风险治理却还跟不上，舆论风险治理技术薄弱，智媒变革下的手段欠缺，舆论应对主体缺乏有效沟通渠道。

随着各种自媒体平台的涌现，用户生成内容（UGC）、人工智能生成内容（AIGC）开始泛滥，内容流量过剩，新闻传播呈现后真相特性，"情绪大于事实"，事实面临崩塌，谣言和伪民意泛滥，从而舆论风险滋生；深度伪造技术被运用于新闻图片、视频、音频等，造成舆论失真问题突出；舆论主体多元与机器人水军问题使舆论生态复杂化；平台基于各种算法，推送新闻，造成回音壁效应，容易出现"信息茧房"，导致舆论反馈和调节机制滞后；呈现媒体公信力危机与舆论逆向反应；国际政治环境干扰下的舆论失衡问题、伦理失范与社会情绪问题等日益严重。

舆论的形成离不开舆论主体、舆论客体、舆论媒体的共同作用。智能传播时代舆论风险受制于政治因素、社会因素、场域因素、情绪因素等，原因复杂。在舆论主体复杂的情绪和利益共同作用下，加上舆论客体在社会转型期的千变万化，以及智媒时代舆论场域的破溃与转变等多种因素交织中，舆论风险极易生成。智能时代的舆论风险，有着不同于以往的传播模式。

具体而言,舆论风险主要体现在以下几个方面。

**1. 舆论失真严重**

在智能传播时代,由于政治机器人在社交媒体中的活跃度增强,人机共生状态出现,舆论的真实面貌会被政治机器人改写或者遮蔽,从而导致舆论失真风险。不管是直接感知到的舆论,还是通过大数据获取的舆论数据,由于舆论参与者不是全体民众,只是一小部分网民,甚至也不是真实的网民,而是有相当一部分机器人账户,那么在网络空间的舆论就未必是真实的。加上在沉默的螺旋效应之下,如果政治机器人有意操控,或者加以误导,那么很多人会觉得自己的观点不占上风,而选择沉默,从而很多人内心的真实想法未必能够得到表达。舆论一旦失真,各种基于舆论所做出的决策就会存在问题。一项看起来大多数人赞同的政策,可能出台后却招致很多人的反对,而看上去大家反对的政策,却可能是多数人都认可的。这会影响决策的科学性。而且,人们基于失真的舆论,也会对总统、政党选举,以及各种投票带来负面影响,真实的民意难以得到体现。舆论失真有可能是夸大了某种舆论,压制了另一种舆论,也可能是某一群体的声音被放大,另一群体的声音则难以被听见,从而导致一种失衡,阶层之间的矛盾由此加剧,社会不稳定因素尤为明显。

**2. 虚假舆论泛滥**

舆论失真的严重结果是虚假舆论泛滥,完全遮盖了真实民意。在机器人水军的影响之下,舆论有可能是一边倒的,别的声音根本就听不到。这样的后果将会是非常严重的,人们想要表达,结果却得不到真正的传播,那么在网络上的舆论,就没有任何参考价值了。它是被操控的虚假舆论。智能传播时代,舆论被操控的可能性大增,人们想要接触另一个真实的人都有可能变得困难,这种极端局面要是出现,那将是灾难性的。

**3. 舆论传播异化**

由于人工智能技术在舆论传播中的不当使用,可能会导致某一种舆论被加速传播,主动地推送给相关的或者所有的用户,从而引爆更强的舆论漩涡,而对于某些舆论,则可能被有意隐瞒,传播受阻,没有办法得到正常的传播。负面舆论爆发后,当事方做出的解释和回应,也有可能被有意压制,从而将舆论造成的形象伤害予以固化,使对手翻不了身。舆论传播速度和广度的改变,使得整个舆论生态出现了问题,给人感觉总有一只无形之手在左右一切。如果传播渠道不畅,真实的舆论表达受阻,那么舆论就难以发挥其积极作用。如果某些虚假舆论被加速度、大范围推进的话,舆论的能量级别就会上升,破坏力就会更强。

**4. 舆论应对困难**

在后真相时代,情绪可能会占据上风,事实反而处于其次的地位。面对非理性的网民,进行舆情处理时首先需要安抚情绪,不然即便讲的是一些事实,也很容易被借题发挥,危机非但没有缓解,反而可能进一步恶化。加上机器人水军在混淆视听,如果处置结果没有达到某些人的期望,他们可能会继续纠缠不清,用恶言恶语加以攻击,无中生有,无事生非,难以有完结的时候。遇到讲理的人,可以跟他讲道理;遇到胡搅蛮缠的人,讲道理就很难行得通。智能传播技术的出现,为胡搅蛮缠提供了很多条件,从而舆情的应对变得格外困难。

### 三、舆论风险的治理

新技术和新媒介层出不穷地涌现,互联网治理、舆论生态治理也已有一定的实践,各个平台都已建立了较为完善的规则。在人机共生生态下,需要重构信息传播的算法规则,联合多方力量共同维护舆论生态系统的良性运行。在制度层面、平台层面、网民层面建立规则体系、行动准则,采取合理的线上线下措施,多方协同构建"善治"模式,达成情绪疏导、人机和谐的良好治理效果。

舆论风险需要从源头加以防范,在舆论结构上加以再造,阻断舆论演化机制,尽可能降低舆论风险的强度,并采取主动的舆论危机应急措施。不过,在智能传播时代,这一切需要密切结合智能传播技术、大数据手段等加以方法上的优化,以及法律体系的革新、技术治理的创新与智媒素养的提升。

具体而言,智能传播时代的舆论风险治理可以从以下几个方面入手。

**1. 机器人账户加以强制标注**

对于名人用户,微博会加 V 予以认证,不过对于僵尸账户或机器人账户则并没有加以特别的标注,从而使其可以混淆视听,扰乱舆情。在 2022 年,各大平台对账户发布信息时的地理位置予以公布,从而让很多身处国外的用户无处遁形,对于净化网络舆论生态起到非常重要的作用。因此,在一定程度上破除网络的匿名性,对于舆论治理来说是有正面意义的。机器人账户用符号加以特别标注,让人能够加以识别,那么人们与这些账户进行互动,在面对这些账户的信息传播活动时就会有所取舍,做出自己的合理判断。随着虚拟偶像、智能主播、机器人水军账户的不断增多,为这个群体加注,已经显得刻不容缓了。舆论需要真实,藏在幕后的舆论很容易暗箭伤人。

**2. 舆论治理手段的智能化转向**

随着人工智能在舆论传播中的不断运用,舆论治理手段必须加以革新,进行智能化改造。如果舆论治理还停留在过去,使用老套的手段,那么想要进行有效的舆论治理是很难的。运用大数据、人工智能对日趋复杂的舆情进行监测,及时对苗头性的、存在风险的舆情进行预判,提前做出反应,可以减少舆论风险的出现。

**3. 加强网络舆论相关立法**

在依法治国的大趋势下,网络舆论风险的防范也需要运用有关法律法规。针对网络和网络舆情的法律法规已经有了一些,不过随着社会发展的不断加速,各种新的现象和问题不断出现,在立法上需要及时加以跟进,对那些不合时宜的法律法规做出调整,并重新制定更有针对性的法律法规。有法可依是依法治国的前提。强化相关立法之后,相关执法才有尺度。在智能传播时代,面对各种新的事物,需要运用新的法律法规加以规范。

**4. 加强相关宣传和教育工作**

随着智能传播时代的到来,对知识结构需要做出更新,但是很多人未必能够及时更新自己的认知,为此学校教育、媒体的知识推广、政策宣传是非常有必要的。让人们更好地了解智能传播的有关现象和理论,提升自己的鉴别、判断能力,那样就不会那么容易受虚假信息的误导,同时也能更好地遵守有关法律法规,不做违法的事情。通过宣传和教育,提升公民在智能时代的媒介素养,这样可以有效地防范舆论风险,让人们更理性地参与表达,同时积极参与舆论风险的治理。在智能传播时代,舆论风险的防范关键还在于人们的认知以及行动。

总之,在智能传播时代,网络舆论治理面临很多新的挑战,应当积极采取新的行动,才能更好地加以治理。

 **思考题**

1. 社交机器人在舆情传播中可以起哪些作用?
2. 智能传播时代的舆情生态有哪些特点?
3. 你如何看待计算宣传?
4. 舆论风险主要体现在哪几个方面?
5. 在智能传播时代如何治理舆论风险?

**针对本教材,著者已经录制了配套的在线课程视频,以下是关于本章内容的视频二维码。**

# 第十章

## 智能社会与传播

英国哲学家卡尔·波普尔在《客观知识：一个进化论的研究》一书中系统地提出了"三个世界"的理论：世界1是物质世界，世界2是精神世界，世界3是人类精神活动的产物。莱文森认为将猴子和石头都归为世界1不是很妥，于是他提出了四分模式："①自然界的、无生命的物质和能量；②自然的、有生命的物质（包括人类的许多侧面）；③自然的、有思维能力的物质（人脑）；④人造的存在（Artificial Existence）（自然的、有思维能力的物质的产物：人的技术）。"①随着人工智能的进一步发展，在笔者看来，还需要进一步划分，可以是六分模式，在莱文森基础之上，还有⑤人工智能的算法（精神）世界，⑥人工智能的创造、创新和创意的产物。具有深度学习能力的人工智能如果还没形成精神世界，至少存在一个越来越丰富的算法世界，并且这个世界是普通人难以理解的。人类国际象棋冠军战胜不了人工智能就是一种预示。而且，未来社会将会有越来越多由人工智能创造、创新和创意的产物，并将逐步覆盖人造的世界。

## 第一节　智能社会

2016年，日本提出了社会5.0概念，是指继狩猎社会、农业社会、工业社会、信息社会之后，将是一个智能社会。

随着人工智能、物联网等技术的不断发展，万物互联、万物皆媒，人与人之间的交流变得更为顺畅，人与物之间的传播将会更加便捷。随着智能穿戴、智能家居的不断发展，日常生活场景中的物将会越来越具有智能。人们起床后，窗帘会自动拉开，窗户会自动打开，洗脸的热水已准备好，扫地有扫地机器人，陪护有陪护机器人，盲人有智能导航，一切都是那么自动化。

智能社会应该说是许多人的憧憬。"人们将大量数据驱动、网络连接的自动化技术集成到生活中，由此我们将在各方面都获得全新升级和全新功能。"②在目前，人们在日常生活中已经可以接触不少的智能产品。扫地机器人是未来家政机器人的初级阶段，以后的机器人不仅仅只有扫地功能，做饭烧菜、打理房间等其他功能相信也会出现。目前的智能电视，开始有了记忆功能，并且储存了大量影视作品，可以提供多样的娱乐、学习等功能。未来的智能电视还会具有更强的功能，可以应个人所需而推荐或播放各类影视作品，也可以通过联网，获取更多的娱乐资源，以及具备与其他人电话联络、互动交流等功能。而电视的屏幕也会发生革命性的变化，投影式、

---

① [美]保罗·莱文森：《思想无羁：技术时代的认识论》，何道宽译，南京大学出版社2004年版，第227页。

② [美]贾森·萨多夫斯基：《过度智能》，徐琦译，中译出版社2022年版，第197页。

墙体式等都会得到进一步发展。

在智能社会,人们的出行将会变得更加方便,自动驾驶汽车已经被开发出来,以后将会得到广泛的运用,人们无需自己驾驶,只要告知想要去的地方,汽车就可以将你送到目的地;到了目的地之后,也无需去停车,汽车会自动寻找停车位,并等候主人的下次召唤。由于街头行驶的都是自动驾驶汽车,交通安全反而更有保障,毕竟自动驾驶汽车不会出现酒驾,也不会故意违反其他交通规则。

对于老年人来说,人工智能可以提供照料、陪护,甚至医疗等工作。老年人不需要请保姆,机器人可以提供相关服务。子女也不需要随时在身边,机器人可以帮忙做很多事情。老年人的身体出现了问题,机器人会第一时间通知医生和家人,或者在身体出现状况之前,机器人就会发出预警,从而减少疾病的发生,延长人类的寿命,提升幸福指数。

智能手机是目前人们接触最多的一种智能设备,以后的手机会是怎样的,科学家正在进行研发,它有可能不再是一个固定的设备,人们想要通话的时候,随时可以找到相关终端,连入互联网,或者拨打电话。在万物互联时代,人们身上佩戴的眼镜、手表、手环都可以具有通信的功能。

在智能社会,人体将可能会有很多的传感器和植入物,一方面可以监测人体的健康,另一方面,也能方便人们随时与周边的事物实现交互。

## 一、智能医疗

医疗问题是关系每个家庭的民生问题。目前的"看病难、看病贵"现象给很多患者带来了诸多困扰。在这个老龄化程度越来越高的时代,在医疗领域推进智能化建设显得尤为重要,尤为迫切。人工智能在健康管理中的运用已经有很多,例如智能穿戴,能够帮助人们了解自己的身体健康状况、睡眠情况、运动数据等。智慧医疗可以在多方面改善人们的就医体验,让人们舒心就医、顺畅就医。

例如,线上预约挂号系统可以让人们不必一大早排队,每天有多少号,都是透明的,从而促进医疗资源的公平化。预约挂号制度也有助于医院合理地安排资源,提升医疗服务的效率。

"最多付一次"的推出,让看病就医的患者不必单为缴费跑很多趟,而是可以先看病,事后一次性结算。利用线上支付系统,人们甚至可以不必专门跑到窗口,就可以实现自动支付。这对于患者来说,非常方便,可以节省不少时间。

电子健康档案的建设,可以让相关健康数据互联互通,实现共享,减少重复检查、打印影像片子等费用,医生在电脑上可以直接查看相关检查数据,并且可以第一时间告知患者,省去了不少等待时间。

在人工智能时代,远程医疗获得了很大的发展。对于有些医疗资源不够发达的地区来说,人们也可以获得优质的医疗服务,这有助于减缓地区间医疗不均衡问题。对于一些疑难杂症,则可以实现跨院跨区域会诊,从而提升诊疗的科学性。

人工智能直接参与医疗的现象也在增长。人工智能可以为患者提供 24 小时的健康咨询,人们可以不必到医院,就得到有关信息,并解答自己的疑虑。人工智能能够协助导诊、分诊工作,让人们更科学、快捷地找到相应的科室。

人工智能在手术治疗上也可以发挥很大作用,例如达·芬奇手术系统,是会做手术的机器人。手术台是一个有 3~4 个机械手臂的机器人,它连在医生可以在远程加以控制的终端。达·芬奇手术系统做手术的灵活性、稳定性和准确率甚至比人类表现得更好。目前有不少手术,已经由人工智能机器人主刀,优势非常明显。以后,将会有越来越多的智能医生出现在手术台上,为患者做手术。

2016 年,在美国硅谷成立的 Grail 公司,致力于通过基因检测和大数据分析,用于癌症的早期筛查。IBM 开发的沃森智能系统在诊断疑难杂症的精确性上甚至已超越了人类。在疾病诊断上,医院早就使用了大量的机器。人们在体检时,医生操作各种机器对人做检查。随着检查设备的进一步智能化,这些机器可以不需要人工操作,独立完成身体检查、数据监测、体液检验等工作。随着纳米机器人的发展,它们还可以在人体内出现,从而可以不必开刀或者使用令人感到不适的设备,就能做身体检查或者更安全地做一些手术。

可见,医疗在逐步走向智能化。或许在未来,每个家庭、每个人都可以有自己的健康管理机器人,为人们提供健康咨询、开展身体监测、制定健康保健方案等多方面的健康服务。

## 二、智能教育

在 2017 年 7 月国务院发布的《新一代人工智能发展规划》中对智能教育是这样定义的。利用智能技术加快推动人才培养模式、教学方法改革,构建包含智能学习、交互式学习的新型教育体系。开展智能校园建设,推动人工智能在教学、管理、资源建设等全流程应用。开发立体综合教学场、基于大数据智能的在线学习教育平台。

从这个定义来看,智能教育主要是分为三个部分。

### 1. 教学手段的智能化

这里是指革新教学技术手段,更多地实现人工智能技术在具体教学中的运用。过去使用纸质教材,现在使用数字教材;过去使用黑板,现在改成智能屏;过去主要由教师来完成教学,现在则更多地采用人工智能辅助教学;过去主要通过考试进行考核,现在借助人工智能进行学业评价考核;等等。并且,还可以更多地采用虚拟现实实验室和元宇宙实验室。Facebook 在 2021 年发布的一则视频显示,学生可以在元宇宙中清晰地观察土星的星环,穿越到古代与古罗马的先哲对话,深入到大堡礁探究深海生命的奥秘,以及训练如何操刀做手术。这种沉浸式的教学方式,可以给学生非同一般的学习体验。教学手段的智能化是有必要进行的,传统的教学模式亟待升级为智能教学模式。

**2. 智能校园的建设**

数字校园、智慧校园是数字城市、智慧城市建设的组成部分。在学校学习、生活、工作的方方面面需要智能化,学生事务、教师事务、教学事务、科研事务等都可以在线办理,减少人们跑来跑去的不便。针对教室、寝室、实验室、运动场地等的管理更加需要智能化。智能校园的建设,可以为学生、教师带来很多便利,教学与校园管理等各项工作可以更加亲民,并提升办事效率,这对于推进教育的现代化,是非常有意义的。

**3. 智能教学平台的建设**

在国家层面,已经开发和运营了中小学、高等教育的智慧教育平台。更早的时候,各类慕课平台涌现,并得到了大力推广和使用。各个学校也在积极鼓励教师开展在线课程建设,以及积极推动智慧教育平台的使用。智慧教育平台对于推进优质教学资源的共享、终身教育的落实等,都有非常积极的作用。

时代在不断发展,智能教育继续向前推进,且发生变革。"人工智能与教育走向深度融合,教育形态发生巨大变化:由人工智能教育走向教育人工智能,注重以人为本的协作教育理念,教育主体包括人和机器,教育客体也包括人和机器,教育人工智能的研究对象变为机器和人(智能主体)的教育活动和教育规律。"[①]

教育人工智能是由于人工智能与学习科学的有机结合而形成的一个新领域。"教育人工智能重在通过人工智能技术,更深入、更微观地窥视、理解学习是如何发生的,是如何受到外界各种因素(如社会经济、物质环境、科学技术等)影响的,进而为学习者高效地进行学习创造条件。"[②]在未来,随着教育人工智能的推进,教育领域将会发生翻天覆地的变化,学习也将呈现前所未有的新面貌。在 ChatGPT 兴起之后,杨宗凯教授认为 ChatGPT 的教育需要实现三个方面的转变:一是教学模式的转变,从传统"师-生"二元结构转向"师-生-机"三元结构;二是考核体系的转变,从知

---

① 徐晔:《从"人工智能教育"走向"教育人工智能"的路径探究》,《中国电化教育》2018 年第 12 期,第 81-87 页。

② 闫志明、唐夏夏、秦旋等:《教育人工智能(EAI)的内涵、关键技术与应用趋势:美国〈为人工智能的未来做好准备〉和〈国家人工智能研发战略规划〉报告解析》,《远程教育杂志》2017 年第 1 期,第 26-35 页。

识测评转向"知识+素养"测评;三是智能教育应用生态的转变,从孤立、专用的教育应用转变为连接、共享、智能的教育平台①。

对于青少年来说,使用人工智能进行在线培训,在社会中已经得到了广泛使用。很多父母会为自己的孩子购买智能音箱、平板电脑等,这些智能设备,能够实现良好的人机交互。学生可以通过下载的 App 或者自带的软件,学习拼音、汉字、数学、科学、英语等各种知识。现代的孩子,童年基本上都是在和电子产品的相伴中度过的。为了控制青少年网瘾,国家出台了限制面向青少年的网络游戏开放时间的规定。对于青少年来说,在这个智能传播时代,不可能完全被隔绝在网络世界之外,但是可以控制其玩网络游戏的时间,引导他们合理使用电子设备用于学习。

智能设备作为"电子教师",通过人机交互的方式,可以传授给孩子非常多的知识。相比于课堂教学,它们能与孩子有更多的互动。孩子的任何一次努力都可以得到赞扬。智能设备具有记忆能力,可以方便复习,并且寓教于乐,具有更强的趣味性。孩子只要动动嘴巴和手指,就可以与智能机器互动交流。并且从费用上来说,相比线下的培训,可以节省很多钱,大部分家庭都能负担得起。这些智能设备,为孩子自己在家学习提供了可能。当然,对于一些存在困难的家庭来说,未必会购买智能设备,从而也可能会加剧一种新的数字鸿沟,或者可称之为智能鸿沟。并且,值得警惕的是"当下的智能鸿沟以资本逻辑占据绝对主导,缺乏相应的科学逻辑、社会逻辑和政治逻辑等力量形成的有效博弈、协同与制衡"②。

## 三、智能工作

### (一)专家系统

专家系统是指具备了某个领域专家水平的知识和经验的智能程序系统。IBM 的沃森就是一个这样的专家系统,它也是机器人医生。

2007 年,它由 IBM 公司的首席研究员大卫·费鲁西(David Ferrucci)所领导的 DeepQA 计划小组开始投入研发。2011 年,在美国一档老牌综艺节目《危险边缘》中,沃森打败了最高奖金得主和连胜纪录保持者,引发了人们的极大关注。沃森储存了数百万的来自字典、百科全书、新闻、文学作品等的文献资料,并且它每秒可以

---

① 张绒:《生成式人工智能技术对教育领域的影响:关于 ChatGPT 的专访》,《电化教育研究》2023 年第 2 期,第 5-14 页。
② 钟祥铭、方兴东:《智能鸿沟:数字鸿沟范式转变》,《现代传播(中国传媒大学学报)》2022 年第 4 期,第 133-142 页。

处理500GB的数据,相当于每秒阅读100万本书。人们可以直接向沃森讲述自己的病征、病史,它通过从各个渠道搜集到的信息和数据,迅速给出诊断提示和治疗意见。沃森既是癌症诊断专家,又是医疗服务利用情况管理的专家系统。

此外,"人工智能技术作为金融科技的核心技术,正在使银行业的服务形态、数据处理、需求洞察、风险管理等发生根本性的变革"①。专家系统在各个行业领域都会大有作为,并得以广泛运用。

### (二)云会议

在智能传播时代,线上开会变得越来越方便了。人们可以使用腾讯会议、ZOOM等视频会议软件开会,它们为用户提供兼备高清视频会议与移动网络会议功能的免费云视频通话服务。用户可通过手机、平板电脑、PC与工作伙伴进行多人视频及语音通话、屏幕分享等互动沟通。与此同时,人们也可以在元宇宙空间开会和办公,即便是新冠疫情期间以及面向距离很远的参与者,也不存在障碍。

### (三)机器翻译

20世纪30年代初,法国科学家G. B. 阿尔楚尼提出机器翻译的想法。1954年,美国乔治敦大学的学者开始了机器翻译的研究。

如今,机器翻译已经在很多领域得到了运用。人们利用"百度翻译""有道翻译"等在线输入想要翻译的文字,就能自动获取翻译服务。人们也可以通过手机上的智能语音助手翻译。

虽然世界上有5000多种已经查明的语言,有些语言使用的人口数量很少,想要让智能机器学会每一种语言,难度也不小。机器翻译首先在主要的几十种语言之间开展工作,才能逐步推广。不管是人工翻译,还是机器翻译,由于语言的复杂性,想要达到"信达雅"并不容易,机器翻译相对来说还比较机械生硬,与理想的翻译效果还存在一定的距离。

然而,随着对机器翻译领域的进一步研究和开发,会有更多的机器翻译软件和设备出现。人们只要佩戴相关设备,就可以经由机器翻译而听懂外国人说的话,从而让不同国家的人不必有翻译人员在身边,也能够直接进行对话。由于机器翻译的出现,巴别塔的重建也就有了可能,世界各国人民不必再受语言的阻隔。机器翻译的效率很高,可以即时进行大量的翻译,机器翻译的应用场景也很广,可以节省很多人力成本,并满足人们基本的翻译需求。

---

① [美]王维嘉:《暗知识:机器认知如何颠覆商业和社会》,中信出版社2019年版,第180页。

## 四、智慧生活

### (一)智能家居

智能家电被提出已有很多年,各种所谓的智能家电产品在市场上随处可见,不过很多智能家电的智能化程度并不算高,还有非常大的发展空间。

智能电视顺应了电视机"高清化""网络化""智能化"的趋势。智能电视连接网络后,能提供 IE 浏览器、全高清 3D 体感游戏、视频通话、家庭 KTV 以及在线教育等功能。智能电视有如下特征:①具备较强的硬件设备,包括高速处理器和一定的存储空间,用于应用程序的运行和存储;②搭载智能操作系统,用户可自行安装、运行和卸载软件、游戏等应用;③可以连接公共互联网;④具备多种方式的交互式应用,如新的人机交互方式、多屏互动、内容共享等[①]。

未来,智能冰箱能够读懂蔬菜上的信息,了解这些蔬菜是从哪里来的,有多久的保质期。智能冰箱能够提供健康食谱,能够指示将要过期的食物,并指出缺少的食品并帮忙预定,商家可以将优惠券发送到智能冰箱。智能冰箱更换了,关于用户饮食习惯等数据信息还可以转移到新的智能冰箱的系统中。

智能花盆能够了解绿植的生长环境以及生长状况,及时为其补充水分、设置温度,以及施肥等。智能宠物窝也能够为宠物提供一个舒适的环境,以及为其准备所需的食物。

### (二)智能管家

智能家居的发展,推动整个房屋智能化,承担起智能管家的作用。房子能够识别我们的身份,懂得我们的喜好,并安排我们的生活。早上,智能床垫具有唤醒功能,智能窗帘会自动打开,智能卫生间会把洗浴物品准备好,而智能厨房会提供早餐,智能语音助手会播报天气预报,以及提醒这一天的工作安排。在有客人来访时,智能语音助手也会及时通知。智能家庭能源管理系统,可以让家庭的能源使用模式达到最优化,在节约能源的同时,确保能源的安全使用。

### (三)智能陪护

ChatGPT 等人工智能产品已经能够充分地理解人们的自然语言,以及在一定程度上了解人类的情感和心理,在与人互动的过程中,可以较为准确、到位地回答人们提出的各种问题,能够帮助人们完成各项任务。随着技术的进一步发展,尤其是人形机器人的开发、推广和运用之后,人工智能可以在家庭情感陪护和老幼病残的健

---

① 崔斌、罗松、魏凯等:《智能电视关键技术分析》,《电信网技术》2013 年第 1 期,第 36 - 40 页。

康护理等方面承担更多的责任,发挥更好的作用。

### (四)智慧门店

无人酒店、无人商店已经出现,人们可以不需要接触店员就能入住酒店、购买商品。智慧门店能够记住走进商店的每一个顾客,观察他们购物的行为,记录他们的喜好,查看他们的消费记录,从而顾客一走进商店,就可以得到贴身的、个性化的服务。

日本的海茵娜酒店就是一家配备了人工智能机器人的酒店。酒店机器人会说日语、英语、汉语等多种语言,负责客房礼宾、接待和客房清洁等工作[①]。

智慧门店能够准确了解商品销售情况,及时通知采购者进货,或者直接拨打电话自动采购。

智慧门店能够根据天气、气温直接调节室内的温度,能够根据客流量的多少,调配服务员;可以对门店经营的营收、利润等指标进行评估,为经营者提供决策参考。

### (五)智能游戏

1952年,道格拉斯(A. S. Douglas)设计了一款三连棋游戏Tic-Tac-Toe,被认为是第一款允许机器参与的游戏。同一时间,IBM的阿瑟·塞缪尔(Arthur Samuel)(被誉为"机器学习之父")设计了一款具有学习能力的西洋跳棋程序,能通过观察棋子的走位来构建新的模型。

在智能传播时代,游戏变得越来越智能化。人工智能在棋类竞技中战胜了人类冠军。对于普通用户来说,棋艺一般,主要是为了娱乐。通过棋类App,用户不仅可以组队一起玩,还能够和机器人一起玩。

随着VR、元宇宙等出现,已有很多公司初步开发了元宇宙游戏平台,人们能在更具沉浸感的环境下玩网络游戏。电影《头号玩家》《失控玩家》中的游戏场景有一天人们或许也可以体验。

## 五、智慧产业

### (一)智慧工业

工业4.0提出的初衷是为了推进智能制造。人工智能技术在工业领域的发展目标是为了建设智慧工业。智慧工业主要体现在智能工厂、智能生产、智能物流等几个层面。

**1. 智能工厂**

从智能工厂角度来说,借助人工智能技术,可以使工厂更加人性化、智能化。

---

[①] [英]凯蒂·金:《AI营销:人工智能赋能的下一代营销技术》,张瀚文译,人民邮电出版社2020年版,第50页。

智能工厂通过信息技术与制造业的深度融合,将工厂内生产资源、生产要素、生产工艺,以及生产制造与管理的各个方面高度协同,实现工厂的办公、管理及生产自动化,达到加强及规范企业管理、减少工作失误、堵塞各种漏洞、提高工作效率、进行安全生产、提供决策参考、加强外界联系等目的。智能工厂实现了人与机器的协同作业。

沃伦·G.本尼斯(Warren G. Bennis)曾预言:"未来的工厂将只有两名雇员——一个人和一条狗。"人是为了喂狗,狗是为了防止人碰设备,而机器人将承担工厂所有的工作①。

对于智能工厂来说,由于实现了机器人全自动生产,不需要工人,也就不必有灯光照明,因此也被称为无灯工厂。

例如,海螺水泥智能工厂运用移动物联网、数据传感监测、信息交互集成和自适应控制等先进技术,实现专家优化系统控制、质量检测控制智能化、矿山智能调度管理、设备管理、智能物流等覆盖整个水泥生产及发运环节的全系统智能优化,统一规划,以实现工厂运行自动化、故障预控化、管理可视化、全要素协同化、决策智能化,实现大幅度降低全厂煤耗和电耗,降低设备故障率,提高设备运转率,实现自动化与信息化高度融合,提高全员劳动生产率为目标。

**2. 智能生产**

随着"机器换人"的时代到来,智能生产将越来越普遍。"智能生产是一种由智能机器和人类专家共同组成的人机一体化智能系统,它在制造过程中能进行智能活动,诸如分析、推理、判断、构思和决策等。"②

智能生产首先构建数字孪生,对产品、制作工艺、生产流程等予以模拟,并加以优化。这样可以提高生产效率,推出质量更佳、功能更优的产品。"在未来的宝马公司工厂里,人与机器人协作,工程师们在共享的虚拟空间里一起实时工作,整个工厂基于实时数据进行沙盘推演。"③

由于机器人环境感知能力的增强,与生产线工人能够密切合作,从而人类的某些工作逐渐转移到机器人身上,员工在机器人协作下开展各类工作,制造商则可以围绕全新的人机关系对业务流程进行重构。

**3. 智能物流**

智能物流就是利用条形码、射频识别技术、传感器、全球定位系统等先进的物联

---

① [美]拜伦·瑞希:《人工智能哲学》,王斐译,文汇出版社2020年版,第116页。
② 许志强、刘彤:《共享与智能:信息技术视角下未来媒体发展趋势》,科学出版社2020年版,第16页。
③ [韩]李丞桓:《一本书读懂元宇宙》,王家义译,中译出版社2022年版,第65页。

网技术,通过信息处理和网络通信技术平台广泛应用于物流业运输、仓储、配送、包装、装卸等基本活动环节,实现货物运输过程的自动化运作和高效率优化管理,提高物流行业的服务水平,降低成本,减少自然资源和社会资源消耗。物联网为物流业将传统物流技术与智能化系统运作管理相结合提供了一个很好的平台,进而能够更好更快地实现智能物流的信息化、智能化、自动化、透明化、系统化的运作模式。智能物流在实施的过程中强调的是物流过程数据智慧化、网络协同化和决策智慧化。智能物流在功能上要实现6个"正确",即正确的货物、正确的数量、正确的地点、正确的质量、正确的时间、正确的价格,在技术上要实现物品识别、地点跟踪、物品溯源、物品监控、实时响应[1]。

### (二) 智慧农业

农业需要走向现代化,一方面人们要提高生产效率,收获更多的产出,另一方面,人们对于营养、健康有了更高的追求,希望得到身体所需的食物。因此,现代农业的发展是很有必要的。

随着现代农业的发展,农业技术在不断革新,人工智能技术也越来越多地出现在农业生产领域。人工智能技术对于农业来说,推进了智慧农业的发展。现在很多蔬菜瓜果是在大棚里种植的,在人工智能时代,蔬果大棚走向智能化,大棚可以感知到气温、湿度、空气等的变化,从而根据不同情况,自动采取相应的措施。在畜牧业养殖场,智能化设备能够让家畜家禽得到更好的照料,提高经济效益。

**1. 种苗培育机器人**

在智能种苗培育大棚里,机器人对整个种苗培育过程进行智能化管理,这有助于实现种苗的科学培育,增强种苗的成活率和优良率。

**2. 农田耕作管理机器人**

在西方国家,由于农场面积大、地势平坦,已经实现了机械化播种。不过在机器人时代,农场主不需要自己或者雇人操作这些播种机了,机器人可以单独完成农田耕作管理的各项工作。播种机可以自动完成播种,机器人也能运作施肥、除草、松土等各项流程。

人工智能在灌溉设备上的运用,将会进一步推进更加节能节水的滴灌技术的运用,改变过去大水漫灌的浪费现象。它可以根据土壤的具体情况,进行有针对性的灌溉,从而保持土壤的水分,更有利于植物的生长。

---

[1] 周立新、刘琨:《智能物流运输系统》,《同济大学学报(自然科学版)》2002年第7期,第829-832页。

**3. 果蔬采摘机器人**

在采摘水果和收割庄稼方面，对于大型农场来说，如果采用人工方式，需要花费大量人力物力，人工智能采摘机器人可以准确地、自动地采摘或收割。

**4. 农产品分拣机器人**

机器人还能够对采摘之后的水果和庄稼进行初步加工，以及分类处理，从而大大提升农业生产的效率。

此外，在土壤治理上，人工智能有助于改善土壤环境，调节土壤的微量元素结构，从而促使植物生长得更快、更健康，也可以使蔬菜瓜果更有营养。

更进一步地，人工智能在沙漠治理上同样能够发挥积极的作用。面对荒芜的沙漠，人力治沙面临的困难很多，并且成本高，效率低，效果一般。人工智能能够根据具体情况，设计一套科学、合理、精准而有效的治沙方案，并且人工智能治沙机器人可以24小时工作，能够取得更佳的效果。

## 第二节 智慧城市与社会治理？

2008年11月，IBM提出"智慧地球"概念。智慧地球主要包含3个要素，即"3I"：物联化（Instrumentation）、互联化（Interconnectedness）、智能化（Intelligence）[①]。智慧地球由智慧国家构成，而智慧国家离不开智慧城市、智慧社区的建设。

### 一、智慧城市

如今，全国各地在大力推进数字化改革，这是智能社会构建的一环。很多城市也在向面向未来的数字城市发展，让城市交通、社会治理等各个方面都走向智能化。对着一张屏，就可以了解到方方面面的数据，能看到各种信息反馈，也能获取即时的各种图像。

未来的城市将是一种智慧城市，媒体遍及城市的各个角落，整个城市在一定程度上是一个活体，它具有感知能力，能够了解城市的车流、人流，能够了解城市环境卫生的变化，能够了解各个商户和住宅的动态，了解各个角落发生的大小事情。

为了建设智慧城市，传感器是必不可少的基础设施。2013年美国率先提出"万亿个传感器覆盖地球"（Trillion Sensors Universe）计划。遍布城市各个角落的传感器，可以提供大量实时的数据信息，让城市有了眼睛和耳朵。"为了确保拥有可持续

---

① 吕廷杰：《5G新机遇：技术创新、商业应用与产业变革》，人民邮电出版社2020年版，第123页。

发展的未来城市,我们需要使用新技术来创造一个'神经系统',以维持全球政府、能源供给和公共卫生系统的稳定性"①。

2015年10月,一份由世界经济论坛全球议程理事会"城市的未来"议题组所发布的报告指出,"第四次工业革命的独特之处在于,它是由全球智能型(网络主导的)城市、国家和地区所组成的集体共同推动形成的"②。城市的智能化、数字化、网络化等是发展趋势。该报告还列出世界多个城市所做的十大创新:可通过数字技术改变程序的空间,"水网"(即管道互联网),通过社交网络认养一棵树,下一代出行,热电联产、联合供暖和联合制冷,按需出行,智能路灯等③。

现在国内很多城市都在推进"城市大脑"等建设,大力向智慧城市进发。例如杭州"城市大脑",它从2016年开始建设,一开始致力于治理交通拥堵问题,后来不断扩大应用场景,如今包括了警务、交通、城管、文旅、卫健、房管、应急、市场监管、农业、环保、基层治理等11个应用系统。

2019年,杭州"城市大脑"构建了"531"的逻辑体系架构。其中,"5"即"五个一":打通"一张网",一张确保数据无障碍流动的网,通过统一标准,支撑"城市大脑"的数据资源需求;做大"一朵云",一朵将各类云资源连接在一起的"逻辑云",当前其主体基于杭州市政务外网构建,既保障数据安全,又支持对外互联互通;汇聚"一个库",将各部门、外部数据的"小水库"向"大水库"汇聚,形成城市级数据仓库,同时做好数据治理,确保数据鲜活、在线;建设"一个中枢",作为数据、各系统互通互联的核心层,实施系统接入、数据融合、反馈执行,目前已初步建成;建强"一个大脑",在全市实施统一架构、一体化实施,彻底打破各自为政的传统建设模式,实现市、区两级协同联动,防止重复建设。"3"即"三个通":第一个"通"是市、区、部门间互联互通;第二个"通"是中枢、系统、平台、场景互联互通;第三个"通"是政府与市场的互联互通。"1"即"一个新的城市基础设施"。"城市大脑"通过全面打通各类数据,接入各业务系统,实施融合计算,将为城市建设一个会思考、能迭代进化的数字化基础设施④。

"城市大脑"就是一种智媒,在人工智能的协助下,市民可以获得更好的服务。智慧政府的建设,可以让民众与政府进行直接对话,政府更懂民意,能提供更好的服务;民众也能够更清楚政府的作为,更了解各种政策和法规。

---

① [美]阿莱克斯·彭特兰:《智慧社会:大数据与社会物理学》,汪小帆、汪容译,浙江人民出版社2015年版,第136页。
② [德]克劳斯·施瓦布:《第四次工业革命:转型的力量》,李菁译,中信出版社2016年版,第81页。
③ [德]克劳斯·施瓦布:《第四次工业革命:转型的力量》,李菁译,中信出版社2016年版,第81-82页。
④ 侯瑞:《城市会思考,生活更美好:杭州"城市大脑"发布11大系统、48个应用场景》,《信息化建设》2019年第7期,第26-27页。

"城市大脑"的建设,让城市成为一个智慧城市,城市拥有了对社会各个系统进行思考,并自我调节的能力。可沟通、会思考的城市,就像一个全知全能的人一样,对城市的方方面面都了如指掌,并能够为市民、企事业单位等提供各类数字服务。人们的生产活动和日常生活能够通过智慧城市得到很好的协调,在线上就可以完成大量的工作,并在方方面面获得更好的服务。

就拿智能交通来说,城市交通问题一直是老大难问题,不过随着"城市大脑"的建设,城市交通系统开始具有了思考能力,变得有智慧了。"城市大脑"系统让人们停车结账时可以不必浪费时间,而是可以"先离场,后结账"。高速公路上的ETC收费系统,使用了自动记录、自动收费功能,大大提升了高速公路通行的效率。智能LED灯杆,不仅在交通照明上走向智能化,还可以成为交通路况、社会治安等领域的"智能眼睛",具有智能照明、视频监控、信息发布、应急广播、紧急呼救、数据收集等多种功能。面对城市交通拥堵问题,城市大脑可以做有效的疏导,改善通行状况。例如在拥堵时段,根据交通情况,自行改变车道标识,形成潮汐式道路;红绿灯也可以根据各个方向的车流情况,在通行时长上做灵活调整。这些交通上的智能化建设,可以让人们的出行效率大大提升,在减少交通拥堵的同时,改善人们的出行体验感,提升生活品质。未来,那些由人类驾驶的汽车,智能机器人会帮忙停车。而自动驾驶的汽车,它们具有自动停车功能,人们下车之后可以不用理会。智能停车服务可以使城市车辆停放更有秩序,杜绝车辆乱停乱放现象。车联网可以使自动驾驶汽车行驶时井然有序,减少交通事故的发生。智能交通让城市文明得以提升。

智能电网计划(Smart Grid Plan;Intelligent Electrical Network Plan)是中国国家电网公司2009年5月21日首次公布的,其内容是:坚强智能电网以坚强网架为基础,以通信信息平台为支撑,以智能控制为手段,包含电力系统的发电、输电、变电、配电、用电和调度各个环节,覆盖所有电压等级,实现"电力流、信息流、业务流"的高度一体化融合,是坚强可靠、经济高效、清洁环保、透明开放、友好互动的现代电网。坚强智能电网的主要作用表现为:通过建设坚强智能电网,提高电网大范围优化配置资源能力,实现电力远距离、大规模输送。

在未来,每一个建筑都是一个能源收集器,都能生产出绿色能源,并在"能源互联网"上实现网络化的储存与传输,形成一种智能化的能源生态系统[1]。

水务局、电力公司、燃气公司再也不用上门查表收取相关费用了。利用智能水表、电表、燃气表等,可以随时获取居民用水、用电、用气情况,并在每月的结算时间通过网络第一时间告知用户,用户只需要拿出手机使用支付宝、微信支付等工具就

---

[1] 水木然:《工业4.0大革命》,电子工业出版社2015年版,第67页。

可以完成支付。这些智能设备，不仅起到了计量的作用，还能监测整个城市水电气使用状况，不同时间的数据对比，以及水电气泄露情况等。2010年，美国媒体有这样一则新闻：在南卡罗来纳州的多切斯特县，警察通过智能电表收集上来的各户用电情况分析，抓住了一个在家里种大麻的人①。

随着智慧城市建设的不断推进，"由此开启人与城市空间共生系统的强感知模式——'感知城市'（Sentient City）"②。城市中来来往往的人以及相关活动，城市当中发生的各种事情以及城市运行，智慧城市都能够即时掌握相关信息。城市成了一个活的有机体，在不需要人类干涉的情况下，很多事情也能够自动运作。城市管理系统会对城市运行中出现的问题及时做出回应，加以处理，从而整个城市能够有条不紊地运行。人们的所需所求，能够个性化地得到关注，并予以回应。

城市由一个个社区构成，与智慧城市同步建设的是智慧社区。社区是人们的日常生活空间，一天中工作之外的大部分时间是在社区中度过的。通过智慧社区的建设，可以将水、电、气、医院、超市、停车场、幼儿园、养老院等连接起来，进行数字化管理，及时监测、分析，并做出智能化响应。人与社区、城市的关系得以重构。

智能社区更小的层面是智能房屋，每个人生活的房间都将是智能化的，它能够很好地满足人类的各种需求，提升人们的生活水准，充分开发人类的潜能。

## 二、智能政务

智能社会中，政府与民众的关系必然发生变化。政府和民众的透明度都在上升，人工智能的参与，使得彼此的沟通可以不需要那么烦琐，区块链等技术的运用也在增强社会的信任度。智能社会的治理将是全新的面貌。例如，"具备一定逻辑表达与判断能力的类ChatGPT能够在政务管理过程中促进政务流程的自动化、管理层级的扁平化和政务数据的整合化，提高管理的效率"③。

在人工智能时代，借助大数据，获取民意有了更好的渠道。人们有些什么需求，可以通过大数据分析得以呈现，从而有助于政府确定工作目标和工作重点。政府部门是为人民大众服务的，只有了解人们真实的意愿，政府才可以更好地提供相关服务，开展相关工作。人工智能对于政府的相关决策提供了重要的协助，从而可以使得政府决策更加科学和合理，民众也就会对政府更为满意。政府和民众的关系就可以更好。

---

① 吴军：《智能时代：5G、IoT建构超级智能新机遇》，中信出版社2020年版，第166页。
② 孟潴、许文媛、赵夕朦：《基于新概念的"感知城市"探索》，《浙江大学学报（工学版）》2017年第8期，第1662-1668,1680页。
③ 陈潭、刘璇：《智能政务ChatGPT化的前景与隐忧》，《电子政务》，https://kns.cnki.net/kcms/detail/11.5181.tp.20230403.0933.002.html，2023年4月3日。

在人工智能时代，人们办理各种事务，不再需要到各个部门，很多业务人们在家就可以实现连线，直接办妥。政府的数字化、智能化将是必然的。智慧政府可以为每个居民提供直接的服务，人们有什么需要，可以直接连线政府人员。另一方面，政府的大量工作将由人工智能来完成，特别是一些事务性的工作，人工智能显然可以做得更公正、更有效率。即便是一些决策性的工作，由于人工智能的参与，政府官员也可以做出更科学的决策。

人工智能也可以协助民众直接参与政府的决策。政府在做出某些决定之前，可以更广泛地征求公众的意见，并对其进行有效的数据分析，从而提升决策的参与度和满意度。未来的政治将是广大民众直接参与的政治，通过大数据工具，人们的意见和建议可以直接汇总，人们对某些决策、法规的立场和态度可以直接予以表示。人工智能时代的政治生态将会逐步发生改变，政府与民众之间的距离将会越来越近，民意将能够直接体现在政府决策上。政府能够有条件倾听每一个选民的意见，人们的地位将得到前所未有的提升。

人工智能可以极大地方便人们办理各种事务，一方面可以通过区块链等减少办事的程序，增强社会信用指数，另一方面，由于人工智能的协助，很多工作可以不需要居民出门办理，在家就可以完成大量的工作。在人工智能时代，社会将变得高度可信和透明，很多事务不需要去证明或者办理，人们就可以直接获取相关信息，从而大大提升办事的效率。在社会安全治理上，人工智能通过分析人们在网络上的言论和行为，以及日常生活的异常举动，可以对犯罪活动进行一定程度的预判，公安部门在获取相关信息之后，能够在第一时间予以干预，从而减少犯罪活动的发生，降低恐怖事件的伤害。

人工智能不仅可以在防范犯罪上有所作为，而且可以强化对社会风险的监测。社会风险的治理可以移到前端，通过大数据分析，人工智能对风险加以监测，政府部门可以在风险还没爆发，或者即将出现的时候，就及时地了解到相关情况，从而能够及时布置和干预，将风险予以化解，或者降低风险带来的伤害。风险一旦爆发，借助人工智能，也可以有更好的渠道传播声音，降低人们的恐慌心理，让风险尽早得以化解。风险化解之后，人工智能也能够协助政府更好地总结和分析，防范类似风险在以后出现。

人工智能也能对政府官员实施更好的监督，杜绝各种腐败行为，提升政府人员办事的效率和透明度。人工智能可以代替民众监督政府的运作，使政府更加规范，从而促进民众更加信任政府，以及政府更有权威地、科学地、民主地执行其职能。

在未来，智能机器人在很大程度上可以取代政府官员，一方面由于政务智能化，过去需要办事人员出面才能处理的工作，直接通过智能政务系统就可轻松办妥，从而大大节省了人力资源。未来的政府部门显然会得到极大的简省。

不过,也可能会带来另一种问题,在很多政务都由机器人做出决策的情况之下,它是否依然能够以人为本,以人类的利益为中心。机器人将会秉持怎样的伦理规则,特别是如果机器人形成自己的独立意识,那么还能够继续为人类服务吗?人们还能不能够掌控得了机器人?

机器人具有强大的数据分析能力、计算能力、预测能力。如果一个独裁政府操控机器人为其服务,也可能给当地人民带来更为残酷的统治。如何确保人工智能不被政府滥用,这会是一个非常需要引起重视的问题。另一方面,要是超级机器人完全掌握了国家机器,那么也可能会引发危机。人们需要确保机器人是按照某些理性规则在行动的。科幻电影《超验骇客》讲的就是这一种现象。如果有一天人类需要反抗这样一个超级大脑,可能需要付出非常大的代价,毕竟它是无处不在、无时不有、无所不能的。当然,如果世界是被一个良善的超级大脑控制,那么高度发达的人类文明可期,人类将踏上探索球外文明的新时代。

## 第三节　机器人会取代人类吗?

莱文森认为,"电脑之所以不聪明,那是因为它们没有生命……首先要创造人工生命,然后才会有人工智能"①。不过,从现在看来,人工智能已经越来越聪明,并且虚拟数字人和机器人越来越像是一种人工生命。

"我们可以根据生命设计自身的能力,将生命的发展分成三个阶段。生命1.0(生物阶段):靠进化获得硬件和软件;生命2.0(文化阶段):靠进化获得硬件,但大部分软件是由自己设计的;生命3.0(科技阶段):自己设计硬件和软件。"②"生命3.0是自己命运的主人,最终能完全脱离进化的束缚。"③人工智能的不断升级迭代,很有可能最终会达到生命3.0阶段。

面对人工智能的巨大冲击,人类走向突飞猛进的自我进化也许不可避免。以色列学者尤瓦尔·赫拉利在《未来简史:从智人到神人》中预言,在未来,一部分人将会进化成无所不能的神人,另一部分则会成为没用的人④。

---

① [美]保罗·莱文森:《思想无羁:技术时代的认识论》,何道宽译,南京大学出版社2004年版,第225页。

② [美]迈克斯·泰格马克:《生命3.0:人工智能时代人类的进化与重生》,汪婕舒译,浙江教育出版社2018年版,第37页。

③ [美]迈克斯·泰格马克:《生命3.0:人工智能时代人类的进化与重生》,汪婕舒译,浙江教育出版社2018年版,第37页。

④ [以色列]尤瓦尔·赫拉利:《未来简史:从智人到神人》,林俊宏译,中信出版社2017年版,第317页。

当然还有一种可能是人类成为人机合一的赛博格。由于人类的赛博格化,人类得以升级,拥有强大无比的力量和智慧,从而可以与人工智能共存。

或者出现另外一种景象。元宇宙的发展,可以极大地满足人们的各种需求。人们对感官刺激,以及在虚拟世界中自我实现的追求可能是无止境的,从而导致一部分人将自己一整天都放置在虚拟世界中,极少时间出现在现实空间。甚至有些人早早地就将意识上传到虚拟空间。人类意识上传之后,貌似人类得以永生。在虚拟世界中,有着许多继续在活跃的虚拟人,但是在现实世界中看不到真实的人类。在现实世界劳动和工作,为人们服务的是那些人工智能。真实人类将会逐渐在现实世界消亡。这对于人类来说到底是好事,还是走向毁灭?这个地球还是人类的吗?或者已经成了人工智能的了?

硅基人是否会取代碳基人这一话题,是非常值得思考的。在当下,很多人关注的是在智能社会,机器人会不会导致人类大量失业?

**1. 取代**

智能机器人将会取代大部分人的工作,并且将会是普遍地取代。对于人工智能对不同职业的影响,有些学者专门列了一张表格,将不同职业被机器人取代的概率进行排序。总体来说,那些事务性、程式化、缺乏创意的工作首先会被机器人取代,例如司机、会计等。而那些需要创意、充满变数的工作则相对不容易被取代,例如表演艺术家、作家之类的。但是不管是属于相对体面的白领工作,还是从事体力活的蓝领工作,在人工智能面前,其实都面临同样被取代的命运。"无论你的领子是什么颜色,自动化都会毫不留情。"[1]凯文·凯利也认为,"或许很难令人相信,但在21世纪结束前,如今人们从事的职业中有70%很可能会被自动化设备取代。……机器人取代人类是必然的,一切只是时间问题"[2]。这种观点相对比较悲观,不过从现实发展来看,却已经显示出了苗头,特别是随着 GPT-4 的出现,趋势愈发明显。

随着自动驾驶汽车的出现,司机失业将是可能的事情,而各种智能主播的兴起,过去看似非常受人敬仰的节目主持人也面临失业的命运。人工智能新闻人目前已经在各个新闻传播领域发挥其作用,随着技术的不断提升,它们在新闻采集、生产、分发、审核等各个环节的工作技能将会越来越突出。人工智能的能力会在有一天全面超越人类记者,那么人类记者也就没有了用武之地,将被取而代之。即便是对于那些艺术工作者,虚拟数字人(例如微软小冰)写的诗歌、画的画作、唱的歌曲,似乎

---

[1] [美]杰瑞·卡普兰:《人工智能时代》,李盼译,浙江人民出版社2016年版,第140页。
[2] [美]凯文·凯利:《必然》,周峰、董理、金阳译,电子工业出版社2018年版,第50页。

也已与人类不相上下。可见,各种职业都面临着冲击,被取代是很有可能的。如果人们的工作都由机器人做了,那么人类活着的意义何在?机器人工作所创造的财富如何分配,是实现按需分配,还是会被小部分人占据?人类除了吃喝拉撒沉浸在元宇宙世界,还有没有值得做的事情?

**2. 奴役**

人工智能被人类牢牢地控制在手里,人们继续从事自己喜欢的工作,而将那些脏苦累、危险、无聊的工作统统留给人工智能。"在未来的某一天,任何人都不会再从事毫无乐趣的工作,因为食物、衣服、住所和其他所有生活必需品都由自动化的保姆给我们提供。"[①]人工智能任劳任怨、不知疲倦地为人类干活。

在新闻领域,人类记者控制机器人从事相关新闻工作,机器人按照人类记者的指令行事。人类对其拥有完全的掌控权。

在目前,在工厂里的智能机器人几乎就是这种状态,它们不会说话,而只会按照人类下达的指令没日没夜、从不休息地工作,甚至连灯光都不需要,在无灯工厂里也能将工作完成得精准到位。为了"奴役"机器人,人们需要将人工智能的智能加以限定,不能够任其自由发展,也不能让其形成自我意识。

随着深度学习技术的不断发展,人工智能在突飞猛进地向前推进,它们是否能够一直被人类控制,成为不求回报的工作狂?这还是一个很难说的未知数。

**3. 共生**

还有一种可能是人类与人工智能之间不是谁取代谁的关系,而是人机共生。

人工智能将和人类一起工作。由于人工智能在某些方面的能力非常强,例如可以24小时工作,具有很强的数据采集能力、拥有海量的知识和信息等,而人类也尚有其自身优势,因此两者可以是合作关系。人工智能在人类指导下,开展更好的工作,人类也在人工智能的协助下,相比过去做出更多更好的成绩。

人类借助人工智能,提升了工作效率,提高了工作质量,减少了工作时间,在不失去工作岗位的情况下,人类有更多的时间可以用来休闲、娱乐,从事自己喜欢做的事情。而人工智能虽然具有很强的能力,但它为人类所用,能够很好地与人类合作,完成各项工作。它是人类的助手,也是人类的同事。

---

① [美]埃里克·布莱恩约弗森、[美]安德鲁·麦卡菲:《人工智能:第二次机器革命时代来临》,《商学院》2015年第1期,第39—41页。

**思考题**

1. 你是如何理解智能社会的？
2. 人工智能对生活会带来哪些影响？
3. 智慧城市建设如何推进社会治理？
4. 你觉得机器人会取代人类吗？
5. 论述 ChatGPT 对教育的解构与重塑。

针对本教材，著者已经录制了配套的在线课程视频，以下是关于本章内容的视频二维码。

# 第十一章

## 智能传播伦理

## 第一节 智能传播的伦理问题

在人工智能时代,机器人越来越接近人类智能,看上去越来越像人,但它们又不是人,人工智能的伦理问题是全新的,显得颇为复杂。目前我们不可能像对待人一样对待它们,但又不可能就把它们当作一堆机器。在人工智能、云计算、大数据等技术的影响之下,人与人的关系、人与社会的关系等也变得复杂起来,很多新的问题由于人工智能因素的出现而有了新的变化。智能传播时代是一个全新的传播时代,对传播伦理重新定义、重新制定规则,也是非常有必要的。

### 一、人工智能道德体

关于人工智能对人类可能造成的影响,看法不一。英国数学家欧文·古德在1965年曾说:"第一台超级智能机器人是人类最不应该发明的东西。"[1]超级智能机器人就像潘多拉之盒一般,将会冲击人类社会。"既然机器人的设计是人类智能活动的一种产物,那么超级智能机器人也会设计出更好的机器人;毫无疑问,人工智能会导致'智能爆炸'。"[2]"智能爆炸"之下的世界,人类就难以有任何优势。提出技术垄断论的尼尔·波兹曼对于计算机、智能机器等对人类带来的冲击有强烈的担忧。"计算机把我们有关自然、生物性、情感或精神的主张置于从属地位。它凌驾于一切人类经验之上,展示它的'思考'功能胜过我们的思维能力,借以支持它君临一切的主张。"[3]"人类很难接受的一个事实就是,科学家不仅能够改造身体,也能改造心灵,未来创造出来的科学怪人可能就是硬生生比人类优秀不知凡几,他们看着我们,就像是我们看尼安德特人一样带着一种轻蔑和不屑。"[4]如果人类的智能在人工智能面前明显处于劣势的话,这个世界很可能就不再是人类掌控的世界。

然而,有些学者觉得人工智能的发展并不需要太多担忧。"尽管认知计算技术十分具有颠覆性,我们的社会还需要时间来吸收和适应,但它对人类来说并不构成生存威胁。相反,我们正在进入一个发现和启蒙的时代,我们会变得更聪明,更长寿,人类文明也会变得更加繁荣。"[5]人类的进化、升级,发生智能上的巨变,未必就不

---

[1] [美]雷·库兹韦尔:《人工智能的未来:揭示人类思维的奥秘》,盛杨燕译,浙江人民出版社2016年版,274页。
[2] [美]雷·库兹韦尔:《人工智能的未来:揭示人类思维的奥秘》,盛杨燕译,浙江人民出版社2016年版,274页。
[3] [美]尼尔·波兹曼:《技术垄断:文化向技术投降》,何道宽译,北京大学出版社2007年版,第64页。
[4] [以色列]尤瓦尔·赫拉利:《人类简史:从动物到上帝》,林俊宏译,中信出版社2014年版,第404页。
[5] [美]特伦斯·谢诺夫斯基:《深度学习:智能时代的核心驱动力量》,姜悦兵译,中信出版社2019年版,第206页。

可能。人类的数字化就是一种可能的路径。"随着数字及思维克隆技术的发展,人类情感与智慧的持续甚至不朽正逐渐成为可能:软件版的大脑、基于软件而改变的自我、二重身、精神意义上的双胞胎。"①人类将会拥有数字化身,并且这个"思维克隆人通过你的思维、回忆、感觉、信仰、态度、喜好以及价值观创造而出"②,是与自己几乎完全一样的。思维克隆人是"智能的、有情感的、活的虚拟人"③。人类将可能脱离肉身而存在,"它从根本上扩展了'我'的定义"④。未来的人类将有多种形貌,如生物人、数字人、仿生人等。

不管怎样,在人工智能发展的过程中,对人类安全和社会福祉的关注是很有必要的。今天的系统正在变得越来越复杂,这种复杂性要求系统自身能够做出道德决策,从而,道德主体的圈子扩大了,不仅有人类,还有人工智能系统,我们将其称为人工智能道德体(Artificial Moral Agents,AMAs)⑤。人工智能道德体作为道德主体,表明其是一个道德行为体。"关于道德行为体,一个被广为接受的定义是,道德行为体必须有能力完成两件事。他(它)们必须能感知到他(它)们行为后果中与道德相关的部分,而且必须有能力在行动方案之间作出选择。"⑥作为一个道德行为体,应当是具有自我意识的。

对于人工智能是否会有自己的意识,不同的专家学者存在不同的看法。如果按照意识等于主观体验(Subjective Experience)的定义来看,"未来的某些人工智能系统可能也是有意识的,即使它们只是以软件的形式存在,并未连接到任何传感器或机器人身体上"⑦。

神经网络或联结人工智能是通过自身学习和成长而变得智能。"神经网络,不只是模拟生物大脑,而是实际的、技术性的大脑。"⑧既然是一种大脑,那么产生意识未必就不可能。凯文·凯利曾设想,"世界上快速增长的计算设备(包括无线设备)通过互联网互联,从而组成了一个具备涌现行为特征的计算超有机体"⑨。因特网的

---

① [美]玛蒂娜·罗斯布拉特:《虚拟人:人类新物种》,郭雪译,浙江人民出版社2016年版,第12页。
② [美]玛蒂娜·罗斯布拉特:《虚拟人:人类新物种》,郭雪译,浙江人民出版社2016年版,第12页。
③ [美]玛蒂娜·罗斯布拉特:《虚拟人:人类新物种》,郭雪译,浙江人民出版社2016年版,第3页。
④ [美]玛蒂娜·罗斯布拉特:《虚拟人:人类新物种》,郭雪译,浙江人民出版社2016年版,第3页。
⑤ [美]温德尔·瓦拉赫、[美]科林·艾伦:《道德机器:如何让机器人明辨是非》,王小红译,北京大学出版社2017年版,第2页。
⑥ [美]杰瑞·卡普兰:《人工智能时代》,李盼译,浙江人民出版社2016年版,第78页。
⑦ [美]迈克斯·泰格马克:《生命3.0:人工智能时代人类的进化与重生》,汪婕舒译,浙江教育出版社2018年版,第376页。
⑧ [英]马丁·李斯特、[英]乔恩·多维、[英]赛斯·吉丁斯等:《新媒体批判导论》,吴炜华、付晓光译,复旦大学出版社2016年版,第425页。
⑨ [美]凯文·凯利:《技术元素》,张行舟、余倩等译,电子工业出版社2012年版,第206页。

发展,可能会造就一个"全球脑",它将比我们所有的人类都懂得更多,并且,它不会止步于此。"统一体机器从形成一个普通的超有机体开始,然后变得自主,产生智慧,最后变得有意识。"①由此,这个超级有机体将具有掌控自己,甚至全世界的能力。

"当全意识机器人像我们一样走路,像我们一样说话,像我们一样思考,像我们一样爱时,我们是什么?它们又是什么?"②机器人可以被算作人类吗?还是只能称为"类人"?或者人类是否需要重新定义?对于图灵测试,莱文森提出了"莱文森补充建议":"倘若一台电脑的表现使一个人不能将其与另一个人区分开来,而且永远不能区分开来,第一人也好,其他所有人也好,就没有理由否定那台电脑的智能,如果要否定,那就只能是偏见了。"③未来有一天人工智能的言行举止将会与人类难解难分,那么其显然也就是一个道德行为体。

因此,这样的人工智能也就是一种人工生命。对于人工生命的研究,是一件复杂而漫长的工作。从技术路径来说,一种是机器人形式,被称为"硬生命",一种是基于计算机的工作,被称为"软生命",还有一种是基于繁殖技术和基因工程的发展,被称为"湿人工生命"④。不管是哪一种路径的人工生命,最终都是"人",具有人的权利,也应遵循相应的伦理道德。

## 二、自动驾驶的伦理问题

随着人工智能的发展,自动驾驶汽车开始出现,并逐步得以推广运用。目前对于"自动驾驶"的定义有两种:特斯拉所称的自动驾驶是指"Autopilot(自动导航)";谷歌所称的自动驾驶是指"Self-driving(无人驾驶)"⑤。对前者来说,驾驶者作为主体依然操控汽车;对后者来说,人工智能作为主体在操控汽车。从人工智能的发展态势来看,未来将是无人驾驶时代,人类将驾驶员的工作交由人工智能承担。整个无人驾驶汽车就是一个智能机器人。

人们打车可以不用与司机打交道了,而是直接与汽车对话,告诉它你的目的地,它就会规划路线,将你送达。可以说节省了很多人力,同时也提升了交通安全系数。

自动驾驶汽车会遇上伦理问题。在不可避免的交通事故中,是选择撞向道路中

---

① [美]凯文·凯利:《技术元素》,张行舟、余倩等译,电子工业出版社2012年版,第209页。
② [美]拜伦·瑞希:《人工智能哲学》,王斐译,文汇出版社2020年版,第256页。
③ [美]保罗·莱文森:《软利器:信息革命的自然历史与未来》,何道宽译,复旦大学出版社2011年版,第176页。
④ [英]马丁·李斯特、[英]乔恩·多维、[英]赛斯·吉丁斯等:《新媒体批判导论》,吴炜华、付晓光译,复旦大学出版社2016年版,第425页。
⑤ [日]泉田良辅:《智能化未来:无人驾驶技术将如何改变我们的生活》,李晨译,浙江大学出版社2015年版,第44页。

的人,还是将方向盘转向而撞向路边上的人。这种类似的选择,本身就是一个很难抉择的问题。过去,人们开车,情急之中会做出自己的选择,现在则需要为自动驾驶汽车事先设置好规则。那么应该如何设置,就是一个难题。

自动驾驶汽车不是由乘客操作的,那么一旦出了事故,责任应该由谁来承担,是软件开发者、汽车拥有者、车上的乘客,还是汽车生产商?这里的法律责任归属问题同时也是一个伦理问题:作为智能机器的自动驾驶汽车是不是行为以及道德主体?需不需要承担责任?应该如何承担责任?

并且,在人工智能的进一步发展之下,自动驾驶汽车也可能会发展出自己的意识,从而可能会拒绝为人类服务,或者与人类对抗,这些问题又该如何规避,这是值得讨论的。

在自动驾驶成为标准之后,人们如果想要自己开车,将可能是一件非常奢侈的事情。那个时候,为了环保和节约资源,人们不再谋求购买一辆汽车,而是出行时选择算法指派的共享汽车,自动汽车在人们需要的时候出现在人们面前,在人们不需要的时候,再自行停车、自行充电,或者像人类一样听听音乐之类的。人们失去了驾驶的乐趣,与此同时,由驾驶带来的其他一些技能也就不复存在了,人们对于道路的识别能力会下滑,离开了自动驾驶汽车,人们独自出门,不得不依靠各种导航设备才不至于迷路。

人们将控制权、决策权交由自动驾驶汽车之后,算法会对很多场景做出评判,迫不得已的时候,是让乘客死亡,还是路人死亡?

人们坐在自动驾驶汽车上,一方面,大量信息会侵入,可能需要接触大量的广告、新闻等信息,另一方面,自动驾驶汽车也是一个移动的办公空间,供人们在车上处理各种事务。自动驾驶汽车内部安装了大量传感器,能够时刻监控人们的言行举止、身体信息等。它不再是一个封闭的系统,而是一个透明的场所。就外部而言,一辆辆自动驾驶汽车,本身就是一个移动的传感器。自动驾驶汽车会忠实地记录下街道上的画面。人们可以借此了解世界上任何一个城市的角角落落,也可能会窥探路人的隐私。人们可能会面临信息泄露,出现隐私不保的局面。世界将会处于透明状态之下。

那些自动驾驶汽车的制造公司掌握了大量的信息,这些数据如果被不当使用,可能会对个体、社会和国家安全带来极大的影响。

自动驾驶貌似不由乘客控制,但它有可能被黑客、软件开发者或者某些机构恶意利用,那么也可能成为一个非常隐蔽的杀人武器。在我们坐进自动驾驶汽车,车门上了锁,无从打开的时候,估计很多人内心会恐慌,而这个时候,自动驾驶汽车在被操控下如果出现故障或者车祸,那么乘客的潜在死亡风险就会大增。

## 三、人机交互的伦理问题

### (一)人机接触取代人类接触

在一本由丹麦伦理道德委员会发表的出版物中,对人机关系做了研究,认为"社交机器人可能代替人类接触,这是一种令人担忧的可能性"[①]。在智能手机时代,这一趋势已经开始出现,并且愈演愈烈。家人相处、同学聚会、同事开会等很多过去人们相谈甚欢的场景,已经被各看各的手机取而代之。很多人宁愿选择对着自己的手机说话,而不是与身边的人面对面交谈。人们使用社交媒体,虽然看起来是与同样在用手机的另一个人互动,但是远距离的、非面对面的社交越来越呈现非人性化的趋向。人们面对手机上的另一个人,与面对Siri、小度等智能语音助手、社交机器人其实并没有区别。只要那边给出了点赞,那么人们就会心满意足。对于孩童来说,他们在使用电子设备的时候,面对智能机器给出的"太棒了"之类的称赞,也会心花怒放,不断刺激多巴胺分泌。因此,对于孩童来说,需要的是那一句句赞美,至于这是来自真实人类,还是出自社交机器人之口,其实并不重要。

因此,在人工智能不断发展之下,在社交媒体、日常生活中的社交机器人会越来越多,它们不仅与那些年长的、生病的、孤独的人在互动和交流,而且每个普通人都会把越来越多的时间花在与这些社交机器人的互动上。人机接触只会越来越多,并且越来越深入和亲密。在这种趋势之下,未来主要的传播活动会是人机之间的传播,人类接触则可能会不占主流。人们会对身边的人产生漠视,这会导致人际关系的异化,以及人的异化。

人机接触的大幅增长会带来很多新的伦理问题。例如,人类能不能信任机器人,人类可不可以爱上机器人,人类可不可以与机器人发生性行为,人机接触会不会改变人类的思维模式、价值观,机器变得越来越像人,还是人会变得越来越像机器,人性到底会不会由此逐渐丧失,等等。

### (二)人机亲密接触的伦理问题

人是有感情的动物,因此情感是人的基本需求。在现实生活中,人们的需求未必能够得到很好的满足。要么找不到另一半,特别是理想的、合适的、和谐的对象难觅;要么不懂得如何处理两个人的关系,导致恋爱、婚姻失败。

随着机器人的不断开发,特别是仿真机器人,长得与人没什么分别,皮肤、毛发、身材等与真人非常接近。因此,人类爱上机器人也是非常有可能的。从商业的角度

---

[①] [澳]理查德·沃特森:《智能化社会:未来人们如何生活、相爱和思考》,赵静译,中信出版社2017年版,第189页。

来说,为了满足人们的需求,专门开发一种情侣机器人,也是市场使然。人们可以根据自己的兴趣对情侣机器人的外形做出选择,或者要求定制。情侣机器人能够根据人类的要求,设计自己的性格、行为,"人设"可以因人而异,从而能够极好地实现匹配,成为人们理想的对象。在与情侣机器人相处时,人类可以不必过多考虑机器人的感受,而机器人则会提供非常周到的服务。

不过,在与情侣机器人相处时,需要考虑相应的伦理问题。虽然情侣机器人不属于人类,但它显然具有很高的智能,也不应该被肆意伤害,特别是在与情侣机器人相处时,不应给其他人类带来痛苦和伤害。因此,"在处理人与情侣机器人之间的关系时,至少应该遵循'健康、节制、尊重、不伤害'的原则"①。

对于那些处于已婚状态的男女来说,如果家里还有一个具备成人模式功能的机器人,那么如何处理彼此的关系,同样是一个值得思考的伦理问题。在科幻剧《真实的人类》中,Joe 在和妻子冷战后,开启了家用保姆机器人 Anita 的成人模式,并与其发生了性关系。事件败露后,Joe 辩称这个机器人只不过是情趣玩具。然而妻子对其将这个住在家里照顾孩子,并救了儿子性命的机器人视为情趣玩具则大为光火,十分不满。

可见,人机之间的亲密接触需要设定好规则,划好界限,不然也会对人类社会带来很大的影响。

**(三)如何处理人机关系?**

2015 年,霍金、埃隆·马斯克等人联合发表公开信,提出"应该警惕人工智能发展到无法被人类智能监管,甚至反过来控制人类生产生活的局面"②。

随着人机接触的增多,相关伦理问题就会显现,人机交往应该遵循哪些规则,有哪些底线是需要人类遵守,哪些行为又是人工智能不可以做的?

人类是否可以欺骗机器人,在人际交往中,我们被告知需要诚实,故意说谎、欺骗对方是不道德的,那么人类可以欺骗机器人吗?是否在人机交往中人类也应遵守诚实守信的道德规范?

反过来机器人可以欺骗人类吗?机器人目前还不具有人类心智,因此还不懂得什么是欺骗,但是如果算法赋予其故意说错的程序,那么就可能会发生欺骗行为,或者人工智能一旦具备意识,也可能会说谎,因此,欺骗人类是可能的,如何规范其言行,规定其必须诚实对待人类,就需要伦理规范加以约束了。

人工智能是否值得信任?"实验表明,在紧急情况下,人们会选择无条件地相信

---

① 杜严勇:《人工智能伦理引论》,上海交通大学出版社 2020 年版,第 135 页。
② 郑晨予:《新塑传导论:基于智能生成的传播学研究新范式》,复旦大学出版社 2018 年版,第 55 页。

机器人。"①不过,过度信任机器人未必是一件好事。不管是在平时,还是在紧急情况下,人们都需要思考如何构建人与机器人的信任关系,如何设定相互信任的伦理规则。

我们对人工智能说的话,是否都会被公开,还是会被严格保密,后者与不说谎是否会有矛盾?

人类可以爱上机器人吗?可以与机器人发生性关系吗?可以随意抛弃机器人吗?一旦机器人开启了情感模式,它们对人类的爱是永不会改变的,那么人类将会如何回应?人类是多变的动物,很难会对某个人有永远不变的情感。另外,人类作为生物体,是会死亡的,寿命是有限的,机器人的寿命则能够通过数据转移、设备更新等实现永恒。《人工智能》影片最后,人类早已灭亡,机器人则得到了进化。一旦被服务的人类死亡了,那些陪护机器人或情感机器人是被抹去记忆,予以销毁,还是给予它们自由。对于那些破损的、老旧的机器人应该如何处置,是予以销毁,还是将其数据转移到新的设备,或者让它们自生自灭?可见,人机之间很难对等。

人们对于那些情感机器人、服务机器人是否可以随意处置?对它们施以暴力,或者其他不适宜施加在人类身上的种种举动,是否可以被允许?

这里有一个我们如何看待人工智能的问题,如果我们只是把它们当作一堆没有生命、没有意识、没有个性、没有情感的机器,那么作为我们购买的物品,我们有权随意处置。但是如果机器人不断进化,变得越来越像人,我们就需要思考如何对待它们才是合乎伦理的。就如在动物权益组织的不断努力之下,人类需要文明地对待动物,要是被发现虐待动物、遗弃动物的话,不仅是不道德的,在有些国家甚至是违法的。对待有生命的动物如此,对待越来越智能的机器人,也会遇上这样的问题。有一天我们也可能会考虑机器人的权利,甚至赋予其公民权。

不过在那一天到来之前,在人工智能还显得不是很强的时候,我们就需要开始考虑相关的伦理规则了。

## 第二节 智能传播伦理失范的表现

不管是智能手机、智能音箱,还是人工智能技术在传播领域的其他运用,它都具有两面性,一方面它可以有助于学习、工作和生活,另一方面则有可能导致各种伦理失范的后果。

在智能传播时代,伦理失范现象存在多种表现。有些问题是之前延续的问题,

---

① 高崇:《人工智能社会学》,北京邮电大学出版社2020年版,第34页。

在智能传播时代继续存在,或者被放大和强化。还有一些是随着在智能传播时代对各种新科技的运用而出现的新问题,例如 VR 技术可能会带来很多问题,如暴力行为模仿、虚拟逃避主义、注意力的分散和过度使用等,而过度使用会有模拟器眩晕症、眼疲劳、模糊现实等负面影响①。这些新问题由于缺乏相应的伦理规则,尤其需要引起重视。

## 一、暴力与色情

在 VR 新闻、元宇宙等智能传播场景中,如何呈现现实世界的暴力、死亡和性,如何控制虚拟游戏中的暴力和色情,如何设定相应的伦理规则,这些问题是值得关注的。

"我们在虚拟世界之中,通过虚拟行为而与他人进行的交往意味着,即使不一定生成具体、现实的后果,虚拟行动也不纯然是一种想象。我们都承认虚拟暴力与真实世界之暴力之间是存在关联的。"②随着元宇宙、数字孪生、VR 等技术的不断发展,人们越来越多地介入虚拟空间,虚拟与真实的边界越来越模糊。虚拟暴力将会越来越逼真地呈现,从而关于虚拟暴力的伦理问题,也就显得非常有讨论的必要。

虚拟暴力当然与现实暴力的性质是不相同的。基于游戏规则,我们在一些暴力杀戮类游戏上线的时候,其实也就默认了可以使用虚拟暴力在游戏中杀戮等规则。不过,在一些社交类游戏中,我们对其他人无缘无故地施加暴力,就未必符合伦理规则了,对玩家来说,也会造成现实的心理创伤。

《第二人生》的没落,其实与游戏中出现的性、色情、暴力等问题是有关系的。毕竟在这一类游戏中,虽然是基于对现实世界的模拟,甚至是一种数字孪生,但它并不以杀戮为乐,然而却在这里会遭受虚拟的性侵、暴力等行为,这对于大多数玩家来说,是不能接受的。虚拟暴力即便在过去被默认,到了智能传播时代,则已经越来越难以被大家接受了。

VR 可以非常逼真地将暴力和色情的画面呈现出来。暴力可能会变得血淋淋,这对于人们来说,是会起到抑制暴力的作用,还是起到鼓励暴力的作用?虽然在这方面并没有太多相关研究成果,不过对于血淋淋的暴力,即便是一种画面,也并不值得提倡。在传统媒体时代,对于过度暴力的画面,是被限制的,在电影分级情况下,R 级的电影不会给青少年看。因此,在智能传播时代,对其加以限制也是很有必要的。

这些暴力和色情画面尤其是对于青少年群体来说,需要做怎样的限制是非常值

---

① [美]杰里米·拜伦森:《超现实》,汤璇、周洋译,中信出版社 2020 年版,第 50 - 60 页。
② 林建武:《虚拟行动与意志自由:我们可以在游戏之中谋杀而不被责难吗?》,析自李伦:《数据伦理与算法伦理》,科学出版社 2019 年版,第 225 页。

得关注的,毕竟青少年还处于成长阶段,人生观、价值观、世界观还没有完成定型,并且缺乏足够的判断能力,因此,面对暴力和色情内容,很可能会加以模仿和学习,从而对其人生造成负面影响。智能传播环境下的暴力和色情以更加沉浸、更为逼真的状态出现,从而会带来更大的负面影响。

对于成年人来说,这些内容对其造成的负面影响相对较小,但显然也不应该鼓励。毕竟这样的内容并非是健康的、向上的、高雅的。如果成年人大量地接触这些内容,那么将会拉低整个社会的文明水准。

## 二、杀人武器

人工智能及其相关技术在军事上的运用非常广泛。例如,利用VR技术模拟战场进行军事训练或者控制远程制导系统。很多国家已经将无人机用于战场,它不仅是新闻记者用来拍摄战争图片和视频的工具,而且是军队侦察和定点清除目标对象的一种武器。

无人机成了某些国家"精准"杀人的武器。可以不必派遣军队,不费一兵一卒,杀人于千里之外,并且不会造成不必要的人员伤亡。

不少国家正在开发和升级更多的智能武器。例如"DARPA是一种正在开发的设备,它甚至比鸟类和蜜蜂更小,称为智能尘埃,其复杂的传感器系统并不比一个大头针大"[1]。其他的还有纳米武器和机器人战士等。从某种意义上说,用于精准杀人的无人机就是一种机器人战士。除此之外,更多长得像人的机器人可能会被用于军事行动。由于是机器人出战,己方的人类士兵可以不必亲自上战场,从而能够减少人员伤亡,不过在机器人的精准扫射之下,对方士兵的伤亡则可能更加惨重。当然,对方派出的也可能是机器人士兵,那么一场人与人的战争就会变成机器人与机器人的战争,战争的面貌由此发生了变化。

然而,如果有些国家最终训练机器人来杀人,那必将是一场灾难。由于机器人没有生命,并且具有强大的机械力量,人类与它们相比显得力量悬殊,人类很难轻易杀死一个机器人。因此,这样的战争,人类显然处于劣势,必然会付出巨大的生命代价。让机器人士兵上战场杀人,就像是我们举起机枪扫射一群手无寸铁的人一样,杀伤力巨大,道德问题严重。机器人不会有恐惧感,从而将是非常冷血的杀人武器。对于使用军用机器人的一方来说,己方的人员可以零伤亡,战争可能就会更容易爆发。"还有一种潜在的危险就是军用机器人可能被恐怖分子利用,甚至发展为'机器

---

[1] [美]雷·库兹韦尔:《奇点临近:2045年,当计算机智能超越人类》,李庆诚、董振华、田源译,机械工业出版社2011年版,第202页。

人恐怖主义'。"① 从而，发动恐怖活动的门槛和代价将下降，恐怖活动造成的后果将非常严重，对社会秩序带来的破坏性会更大。

目前无人机或者其他机械设备的智能程度还很低，基本上是受人类操控的，在人类下达了指令之后才会行动。当机器人士兵智能不断增长，以及由于体积变小，数量变多，人们没法控制每一个智能武器时，伦理问题就会尤其突出。"杀人机器人会将人也感知为纯粹的物体，甚至感知为由 1 和 0 组成的数字的汇集，而不会感知为人。"② 机器人面对人类的时候，能否自己决定要不要扣下扳机？机器人可以杀死人类吗？按照机器人三定律的第一条规定来看，机器人是不被允许杀害人类的。因此，需要机器人自己做出决定该杀谁、如何杀敌的时候，就会面临很大的一个问题。对于人类来说，在战争中，互相射杀，本身也是一个问题。但是用机器人来杀人，或者赋予机器人很大的决策权，让它去射杀人类，则是更大的一个问题。

人的生命是非常珍贵的，我们必须管控好机器人士兵的使用问题，不然世界就会陷入混乱的秩序中。

## 三、上瘾与监视

由于人工智能对人类心理和行为有精准的了解，它可以因人而异推出个性化的内容，不断地刺激人们的多巴胺分泌，从而更容易让人对各种智能传播的内容、终端上瘾。

在智能手机出现之前，人们非常热衷于发短信、打电话，非常喜爱手机这个可以随身携带、随时能与他人联系的小物件，不过出现上瘾症状的属于极个别现象。而到了智能手机时代，则大为不同，人们过度使用电子产品，从而产生媒介依赖，上瘾成了一种普遍现象。"手机人"是这个时期的特征。人们对手机可谓爱不释手，刷短视频可以刷上老半天，更不说智能手机上还有许多非常好玩的其他内容。

与此同时，各种智能穿戴设备也被陆续开发，人们戴着智能手环、智能手表跑步，为自己设定一个数字，不达目标不罢休。"这些目标累积起来，助长了上瘾般的追求，而上瘾般的追求带来了失败感，更糟糕的是，孵化出一个强似一个的新目标。"③

---

① 杜严勇：《人工智能伦理引论》，上海交通大学出版社 2020 年版，第 104 页。
② [德]乌尔里希·艾伯尔：《智能机器时代：人工智能如何改变我们的生活》，赵蕾莲译，新星出版社 2020 年版，第 305 页。
③ [美]亚当·奥尔特：《欲罢不能：刷屏时代如何摆脱行为上瘾》，闾佳译，机械工业出版社 2018 年版，第 83 页。

"今天用户的需求实际上是被技术追踪设计出来的,是预先谋划的。"①运用大数据、人工智能技术,通过埋点分析,对用户进行精准画像,从而提供个性化的、定制的内容,可以达成精准营销和传播的目的。由于我们感觉自己的需求能够时刻得到满足,因此会对算法产生很强的依赖性。其实,人们的需求很大程度上是可以被设计、被操控的。人们对算法的依赖性越强,就越容易陷入算法设定的陷阱之中。

纪录片《监视资本主义:智能陷阱》中对此问题有过非常直观的阐述。其中,一个少年的手机坏了,母亲提出要是他能够一周不碰手机的话,就给他买一个新手机,但是在人工智能的操弄下,没过几天,他就控制不住,重新拿起了手机。并且,在算法的影响之下,他甚至误入歧途,差点毁了自己的前程。这部纪录片,除了讨论智能手机对家庭和学校生活带来的影响,还穿插了谷歌、Facebook、Twitter 等平台的算法设计师和工程师对人工智能操控人类生活的看法。

"我们已然饱受各类系统的影响,这些系统被设计成各种方式来收集我们的数据,控制我们的行为。"②人工智能基于大数据分析,只要稍稍修改一下,就可能对成千上万的价值观造成影响。各个平台通过搜集用户的使用数据,能够精准预测能让用户产生兴趣的内容模型。平台想方设法获取更多的注意力,并致力于三个目标:参与度目标,让人更多地使用;增长目标,让更多的人使用;盈利目标,赚取更多的收益。

人们在使用手机的时候,刷着短视频,投入地与朋友线上社交,或者接收大量感兴趣的新闻,不会觉得有何不妥。我们看不到信息推送背后的人工智能,以及它想要操控人们需求和行为的做法。人们只会满足地享受人工智能带来的种种便利和娱乐。在智能手机出现之后,人们一天到晚捧着手机在看,这已经不再是简单的媒介依赖了,而是人们成了手机人。"媒介是人的延伸"已经被"人是媒介的延伸"取代了。人工智能将会逐渐影响人类的思想,主宰人类的思考。虽然人们也会拍些短视频、图片,写一些文字,似乎在参与内容生产、表达观点,但作为"乌合之众"的人们,情绪非常容易被操控,理智很容易被遮蔽,人们越来越难以有独立的思考、理性的分析。在这个后真相时代,这一点已经非常明显了。人们基于情绪去表达,受民粹主义思想影响而行动。人们看似有立场,但离真理、真相却越来越远。

人类文明不见得在人工智能时代就会有质的提升,反而有可能自行消退。在人工智能面前,人类已经开始显得多少有些无能为力,控制不住自己看手机的行为,也

---

① 张立、曲俊霖、张新雯等:《智能技术驱动传媒业变革:设计即服务,设计即营销》,社会科学文献出版社 2021 年版,第 25 页。
② [美]贾森·萨多夫斯基:《过度智能》,徐琦译,中译出版社 2022 年版,第 100 页。

对算法推送的各种信息缺乏鉴别能力,我们照单全收,并且还特别满意,长此以往,就会丧失人的主体性。我们不再有自己独立的人格,而只剩下被驯化的、程式化的日常。

### 四、隐私

在人工智能时代,人们越来越没有隐私。现在人们的支付是在手机上进行,人们在网络上浏览各种信息,通过微信等与他人联络,也在电脑上记账、写日记。所有数字化的东西,都是一种数据,而数据是容易被窃取的。一些人不需要破门而入,就可以盗用你的数据。很多人没有察觉,只是盗窃者没有把你当作重点,没有将信息公之于众而已。因此,这个时代是越来越透明的时代。透明还体现在遍布街头的大量摄像头时刻在记录着人们的一举一动,人脸识别在记载人们的进进出出以及表情特征,ETC记载着人们的出行轨迹。人们已经很难找到一个不被观察、不被记录的角落。智能传播时代,是一个数据化的时代,人们已经很少接触纸质的报纸、杂志,也不太用照相机拍照,媒体已经数字化,一切都在数字化。特别是在万物互联、万物皆媒的格局下,所有生产出来的物品也都会被标记,从而能够被跟踪、被感知、被链接。"时时刻刻的连接,会使得'在线'这种状态变得不可见。我们不用为了连接去做任何事,因为连接本身就是默认选项。这就像是空气一样。"[①]想要隐藏自己内心的想法很难,基于大数据的分析,可以把你的小心思看穿,人工智能甚至可以预测人们的行为,你还没行动,算法已经知道你的打算了。

就隐私而言,人脸识别技术的广泛运用,存在隐私泄露的风险。在小区门口,在大楼底下,在一些公共场合,安置了大量人脸识别的设备,以后智能眼镜也完全可能具备人脸识别功能。2018年,国内媒体报道某学校,利用教室内的智能摄像头,借助人脸识别技术监控学生的表情,判断其学习的状态是认真还是开小差,并对教师的教学效果做出评价。这种做法引起了不少争议。

有了人脸识别之后,我们走进这个商城几次,路过那个街口几次,以及和谁在一起等这些信息都有可能被搜集。人们的一举一动,都处于被监视状态。商家会利用人脸识别,对我们做更具针对性的营销,并采取价格歧视策略,赚取更高的利润。有些国家也可能借此控制犯罪行为,但是与此同时,人们的言行举止也会被监视。

通过人脸识别,在了解到对方的身份之后,还可以将相关数据进行联系,从而了解这个人方方面面的事情。我们所有的过往都被记录,并有可能会被拎出来予以示众,我们变成了透明人。人们需要保护自己的隐私,如果没有任何隐私可言,那么就

---

[①] [美]凯文·凯利:《技术元素》,张行舟、余倩等译,电子工业出版社2012年版,第223页。

失去了自我人格。在言行举止上,一个人必须规规矩矩,容不得任何差错。一个人忙着工作,忙着赚钱,忙着消费,却失去了自我的空间。

人脸是人们的重要生物特征,在有可能泄露隐私的同时,还存在人脸信息被盗的风险。如果不法分子,在盗取了我们的人脸信息之后,将其制作成头套或者别的事物,然后用我们这张人脸去刷脸支付,或者进行违法犯罪行为,那么就会带来严重的负面影响。人脸信息被盗取后,很可能走在街头遇见另一个"你",那么我们的社会信任体系就会遭到破坏,我们遇见的某个人可能不是他本人,看到某人做了什么的时候,可能实际上他一直在家里,什么也没干。过去讲眼见为实,要是人脸被盗取了,那么眼见就未必可以当真了。

人脸识别是一种密码系统,它与我们的人体特征直接相关联。但它未必是最保险的,我们还需要开发更好的系统。

在这个大数据时代,技术扩大了信息的不对称现象。普通人由于缺乏大数据工具,难以了解商家的状况,但是商家却可以了解人们几乎所有的事情。如果没有大数据,我们所做的事情,一件是一件,是可以隔开的,但是大数据会把所有的事件都联系在一起,从而每个人的底细都会被看得清清楚楚。大数据加速了透明社会的到来。当然,这里透明的主要是广大的民众。对于商业的运作,虽然也会透明许多,但是不会那么彻底,不然商业竞争就不再那么神秘。

美国纪录片《你会同意使用协议吗》中讲到这样一件事,某位高中生的家长看到某公司向其女儿赠送孕妇产品的优惠券后,对该公司表示强烈不满,不过后来发现,这位高中生的确已经怀孕了,并不是公司在教唆。该公司通过分析购物记录,比家长更早地知道其女儿怀孕的事实。在人工智能时代,我们的所有购物信息、上网行为等都被数据化,并被加以分析和利用。"在网络时代,从个人的基因信息到人际关系,都可以被数据化。在将来,可能所有的人都会被数据化,并时常被其他人'注视'着。"①现实世界的我是肉身存在,而在虚拟世界中的我则是数字存在。人们被平台以及其他无法掌控、无法了解的力量通过大数据加以可视化,变得日趋透明。通过分析人们的消费情况、转账信息以及其他种种行为,人们的收入情况、购物行为,甚至疾病情况等都可以被了解得清清楚楚。虽然很多时候,对于个体来说,这些数据被利用,也不见得会有直接的损失,但是在人们投保的时候、找工作的时候,可能就会由于数据泄露而面临困境。"真正可怕的是我们的个人信息正在被不断整合。"②

---

① [日]藤原智美:《迷失:你是互联网的支配者还是附庸》,王唯斯译,鹭江出版社 2019 年版,第 52 页。

② [日]藤原智美:《迷失:你是互联网的支配者还是附庸》,王唯斯译,鹭江出版社 2019 年版,第 49 页。

整合了大量信息之后,一个虚拟的同时又与真实的你非常接近的完整的画像就被构建了。只要查看这个虚拟的你的数据,那么对真实的你也就了如指掌了。

此外,大量隐私是我们主动泄密的。我们上传了大量的音视频,拍摄了大量自拍照以及所处生活场景的照片,分享了很多个人学习、工作的信息,那些年轻的父母亲还非常热衷于晒恩爱、晒幸福、晒孩子。在我们忙着分享的种种举动中,我们会把自己的大量隐私泄露出去。大数据还会把这些信息连在一起,拼出一张完整的图,里面几乎有我们的全部信息。在大数据和人工智能面前,我们"无处可逃"。

不管怎样,"当人们主动将自己的秘密信息交给某个公司换取服务的便利性之后,他们所能期望的只能是那些握有大数据的公司的善意了"①。不过显然人们高估了大公司的自我约束意愿,它们掌握了大量数据,很难克制住自己利用这些数据谋利的冲动。"个体拥有对个人数据的权利,企业和政府的日常运行对使用诸如账户活跃度和账单信息等数据存在需求,在这两者之间需要实现一个平衡。"②对大公司数据使用设定伦理规范,以及加以立法都是非常有必要的。

在人工智能时代,所有的数据都可以被记录。"记录生命日志的目标是:把一个人生命中所有的信息记录和归档。这包括所有的文字、所有的视觉信息、所有的音频、所有接触过的媒体活动,以及一个人身体的传感器上所获得的全部生命数据。"③虽然这些信息,用户可以选择性地对外公开,但是在数字时代凡是被记录的,就存在被窃取、泄露、公开的可能。

"物联网将所有人和物连接到一个类似于神经系统的网络中,它将带领人类走出以隐私为典型特征的时代,而进入'透明时代'。"④未来即便还有隐私,也将是非常有限的隐私。隐私必然需要重新定义,才能适应不断透明化的时代。我们需要认真思考的是与时俱进地设定合适的隐私伦理,保障人类有限的隐私。

## 五、造假

对VR的长时间使用会导致"模糊现实"现象,虽然此现象持续时间不一定很长,不过对于幼儿来说,通过VR接触了语言叙事、图像和被修改过的照片之后,容

---

① 吴军:《智能时代:5G、IoT建构超级智能新机遇》,中信出版社2020年版,第445页。
② [美]阿莱克斯·彭特兰:《智慧社会:大数据与社会物理学》,汪小帆、汪容译,浙江人民出版社2015年版,第174页。
③ [美]凯文·凯利:《技术元素》,张行舟、余倩等译,电子工业出版社2012年版,第291页。
④ [美]杰里米·里夫金:《零边际成本社会:一个物联网、合作共赢的新经济时代》,赛迪研究院专家组译,中信出版社2014年版,第73页。

易形成"虚假记忆"①。在现实世界中,没有经历过的事情,自己会误以为亲身经历过。

人们在智能传播时代,会接触到大量虚拟空间的事物,也会经历很多虚拟体验。这些虚拟的事和体验与现实世界真实的人、事、物相混淆是很有可能的,特别是对VR、元宇宙的重度使用者来说,如果一天中大量时间都是在虚拟空间中度过的,那么想要继续保持对真实与虚拟的清醒认识,并不容易。

更进一步地说,在人工智能的不断推进下,很可能开发出一种新的技术,那就是可以将某些虚假记忆植入人的大脑,那么就会彻底改变人们的认知和行为,就如《银翼杀手》中所呈现的画面,很多仿生人的早期记忆是被设定的,它们会把那些虚假的记忆当作真实的存在,并按照虚假记忆为他设定的"人设"而生活和行动,由此形成的是一种被设定的人格。

当深度伪造技术出来之后,开始引发了很多人的关注和讨论。换脸技术对于影视业来说是一大利好,替身的脸可以被替换掉,给人更连贯的视觉体验,而一旦某位演员出现变故,也不需要重新拍摄,通过换脸就可以解决。明星出现了道德问题,也不需要将整部影片放弃,只要将其脸换掉,就能给人是另一人在表演的效果,从而减少一些不必要的人力、物力以及损失。不过,移花接木制造的视频将会导致新的伦理问题。

与此同时,新闻造假的能力会大大提升。将某个单位负责人的脸安在某个视频角色上,然后说该负责人在干什么事情,说什么话,那样具有非常强的误导性。

ChatGPT 在一本正经"胡说八道"时也会制造出大量与事实相悖的信息,或者人们让其拟写的并非基于事实的新闻稿,也可能会在朋友圈流传,从而进一步增加虚假信息的数量。

换脸技术、ChatGPT 等一旦被滥用、误用、不当使用,就可能会操控舆论、混淆视听。在某种意义上,意味着真实将不复存在。这对于正常的社会秩序来说,显然不是一件好事。如果世界充斥了太多的虚假,我们就会失去对真假的辨别能力,从而就会造成极大的新闻信任危机、社会信任危机。

在人工智能时代,人们造假的能力将会远远超越识别真假的能力。换脸可以以假乱真,假证能够大行其道,假新闻得以登堂入室。人类未必能够有火眼金睛加以识别,想要鉴别真伪也得交由人工智能来完成。

人工智能掌握了识别真伪的能力,在某种意义上也就拥有了权威,成为至高无上的人。我们需要听取人工智能做出的各种判断和决策。人类失去了判断能力,也

---

① [美]杰里米·拜伦森:《超现实》,汤璇、周洋译,中信出版社 2020 年版,第 61 页。

就不再会有独立的思考。所有的决策都建立在人工智能给定的结论之上,而不是人类自己独立分析的结果,这样的后果显然是非常可怕的。

## 六、偏见

机器学习可能会出现"继承语义偏见"的问题,网络上的某些人会把人工智能给"教坏了"。例如,美国微软公司在2016年3月开发了一款AI聊天机器人Tay,公司想要改进产品在对话语言上的理解能力,不过令人意外的是,在上线的短短几个小时内,这个聊天机器人就被网友教坏了,竟然成了一个新纳粹种族主义者,满嘴脏话,并散播仇恨。虽然,人工智能的学习能力越来越强,但它的学习是基于已有的一些知识。学习能力强并不是就可以规避伦理问题。这里有一个它学习了什么、向谁学习的问题,如果学习的对象是有问题的,那么人工智能成为一个坏分子也是完全有可能的,由此带来的破坏力非常惊人。

算法本身就存在很多偏见。"算法偏见在某种程度上是社会偏见在技术层面的真实写照。"[1]"如果不能有效地处理,它就有可能会被永久性地编程到人机共生的未来社会,从而产生某种不可逆的毁灭性效应。"[2]

此外,算法能够保持公正吗?它会不会沦落为政客、财阀的工具,成为"监视人民"的帮凶。人工智能成了残酷的统治工具,成为高科技专制国家的武器,那么对于普通民众来说未必是好消息。另一方面,人工智能如果成为对消费者的监控工具,不断引诱人们"买买买",让人们沦为消费的奴隶,那么对于广大群众来说,也不是好消息。正如《监视资本主义:智能陷阱》中所呈现的那样,人工智能会把我们拉入到庞大的陷阱中去。我们为了消费而生,为了消费而活,成为资本主义的燃料,那么这样的人生还有多少意义?人工智能可以操控人们的意识形态、价值观,可以改变人们的观念,并且这种改变是润物细无声的,人们很难察觉,但又是根本性的改变。那么这种改变只发生了一点点,对于资本主义来说都意味着巨大的利好,毕竟世界上有那么多的人口,基数很大。

## 七、算法黑箱

人工智能是基于算法运行的。人工智能面对各种场景时如何采取行动,很大程度上是算法已经设定了的。算法是程序员设计的。算法不见得都很科学、很可靠,并且未必是客观、公正的,而是包含各种立场和意识形态。

---

[1] 安琪、刘庆振、许志强:《智能媒体导论》,中国传媒大学出版社2022年版,第158页。
[2] 安琪、刘庆振、许志强:《智能媒体导论》,中国传媒大学出版社2022年版,第159页。

在某种意义上,算法即权力。"有许多模型把人类的偏见、误解和偏爱编入软件系统,而这些系统正日益在更大程度上操控着我们的生活。这些数学模型像上帝一样隐晦不明,只有该领域的最高级别的数学家和计算机科学家才明白模型是如何运作的。"①凯西·奥尼尔将这些有害模型称为"数学杀伤性武器",以此表明其巨大的破坏性。算法黑箱问题必然会对很多人和机构带来困扰。存在问题的算法,不会给我们带来帮助,而是会让我们误入歧途,但是我们对此却无能为力,很难察觉有何异样,并且不了解到底是怎么一回事。

我们看不到算法,我们接触到的是为我们提供各种服务和协助的机器人,这些机器人的言行是基于怎样的算法和逻辑加以设定的,一般人并不知情,在面对两难选择时,它又是如何做出抉择的,我们也并不清楚。很多时候,即便我们不知道具体的模型,也不会给我们带来多大的问题,但是对于那些可能会给我们造成伤害、存在伦理问题的算法,如果我们不知道具体模型和相关规则,那么就会造成伦理上的困境。

因此,算法黑箱有没有可能变白,如何变白,由谁来变白,或者变白了是否会被不法分子利用,是否会造成知识产权问题,是值得我们思考的。其实,对于算法,很多人未必能够明了到底是怎么一回事。即便告知人们其中的原理,很多人也未必能够看得懂,或者愿意去看,但即便如此,也不能够否认存在算法黑箱的问题。我们需要认识到算法并非至高无上的真理,它只是诸多选择中的一种,有很多值得商榷的地方,而不同的算法会引导人工智能做出不同的反应,带来不同的后果,因此,探讨算法伦理是非常必要的,毕竟我们不需要邪恶的人工智能,我们需要的是良善的、有益的人工智能。

在算法中将如何处理种族、性别、年龄等各种歧视问题?由于算法黑箱的存在,人们并不知道算法是如何设计规则的。社会是多元的,不同的人存在很多差异。人们需要平等地对待个体的差异,不应该对不同肤色、不同性别、不同年龄的人予以差别对待。

因此,在算法中,需要减少歧视逻辑的存在,不过这个问题其实并不容易解决。算法作为一种规则,稍有不慎,就可能会影响机器人的行为举止,使其表现出对某个群体的歧视。而那些具备极强深度学习能力的机器人,也可能会学习了社会中存在的种种歧视现象。在网络空间中,由于缺乏把关人,内容显得鱼龙混杂,各种内容都有,存在歧视问题的文字、图片和视频也不少,人工智能未必具有判断能力,如果盲目学习的话,也会沾染上偏见的、歧视的恶习。

---

① [美]凯西·奥尼尔:《算法霸权:数字杀伤性武器的威胁》,马青玲译,中信出版社 2018 年版,前言第 5 页。

可见,底层的算法逻辑非常重要,我们需要做好规划,引导人工智能做一个有益于人类的机器。当然,这是一项很大的工程。

## 第三节　智能传播伦理失范的原因

伦理失范现象往往是在多种因素共同作用之下出现的。相比于大众传播的伦理失范,智能传播时代伦理失范的原因显得更为复杂一些。智能传播时代,作为一个人机共生的时代,其伦理主体有了新的变化,伦理失范除了人性的因素,还有相当一部分是科技造成的。总体来说,主要是以下几个方面的因素。

### 一、主体因素

由于智能传播技术的出现,改变了原有的传播伦理格局。新闻与传播的主体已经与过去大为不同了。过去新闻伦理规范约束的新闻工作者,如今除职业的新闻工作者之外,广大普通用户成为新闻生产与传播的主力军,AIGC相关的软件工程师以及机器人等成为新生力量。对于这些新的参与者,原来针对职业新闻人的伦理规范显然不一定适用。由于针对这些新闻生产与传播主体的伦理规范缺失,那么他们在具体行动中出现一些伦理问题也就在所难免了。

如今,大量的传播活动是发生在人与机器之间的,智能机器人为人们提供各种资讯,回应人们的要求,满足人们交流的欲望。由于交互关系不只是发生在人与人或者人与媒体机构之间的,那么之前的伦理规则也就面临失效。新型的人机交互,以及人工智能时代的智能社交,需要有新的伦理规则体系。

### 二、技术因素

人工智能技术的开发和运用,为人们的生活带来了颠覆性的影响。在日常生活、学习、工作等各个领域,人们开始大量使用智能设备,例如智能穿戴、智能手机、智能汽车、智能家居等。这些智能体并不是传统意义上的物件,它们具有相当强的思考能力,它们不是被动地对人们做出回应,也具有主动推送信息、提供服务以及采取行动的能力。由于技术因素,万物皆媒,机器具有智能,因此,很有必要对机器设定一套可行的规范,才能让整个世界更和谐地发展。

深度伪造、ChatGPT等技术的出现,使得内容造假更为简单和便捷,并且呈现出逼真的效果,能够以假乱真,具有更大的欺骗性和危害性。算法并不会完全对外公布,存在算法黑箱现象。由于人们并不知道算法是如何设定的,因此面对人工智能的时候,人们会对其产生很多怀疑,人们没法像对待其他人一样对待它们。可见,由于算法黑箱因素,智能传播也会产生很多新的伦理问题。

### 三、资本因素

资本是逐利的,什么东西能够赢得消费者,商家就会推出相应的产品,至于这个产品是否有益消费者的身心健康和社会的长远发展,商家未必会加以太多的考虑。为了利润最大化,更大限度地让消费者购买更多、付出更多,则是很多企业在考虑的。从而很多用户在智能传播时代,更容易沉迷、上瘾,成为被资本和技术反向驯化的手机人、容器人。

虽然有些企业也注重企业与消费者、社会的共同发展,但是并不能排除还有很多企业会为了利益铤而走险,并且在智能传播时代,控制消费者,甚至控制社会,都变得更为可能。这正如在纪录片《监视资本主义:智能陷阱》中所揭示的那样,许多平台、算法公司都难以遏制为了商业利益,而对用户的行为、态度甚至思想加以监控的冲动。广大的用户在资本面前,逐渐变成不具有独立人格的人,而是为了企业能够得到更大利润而存在的一堆数据。"放任大公司、大财团以工具理性的内核和消费主义的诉求重构元宇宙时代的网络社交秩序,无疑具有严重的社会后果。"[①]在资本的肆意操控之下,智能传播的伦理就会陷入梦魇。

### 四、场景因素

在元宇宙时代,真实与虚拟的界限被打破了,人们不仅在现实空间中与人互动,也会在虚拟空间中开展大量的传播活动。在现实空间中不被允许或者不道德的言行举止,到了虚拟空间是否能够使用?例如在虚拟空间中用言语和动作侮辱或者猥亵另一个以数字化身出现的人,是否属于违法或者违背伦理道德,这将是一个需要加以明确的问题。由于虚拟场景与现实具有一定的差异性,完全套用现实世界的伦理道德标准未必妥当,因此很有必要为虚拟空间专门制定一套有针对性的伦理体系,以便更好地对虚拟空间的"人"、机及其相互关系等加以规范。

## 第四节 智能传播的伦理规范

在这个大数据、人工智能大发展的时代,我们要避免陷入一种数据主义。"数据主义的核心主张是数据流最大化和信息自由至善,其实质是从以人为本走向以数据

---

[①] 乔新玉、赵可扬:《元宇宙对网络社交秩序的变革与重构研究》,《现代视听》2022年第12期,第33-37页。

为本,用数本主义取代人本主义,从强调人的自由走向强调数据的自由,用数据主义取代自由主义。"①数据的确是智能传播时代的核心要素,但是落入数据主义的泥潭,则会对社会的长远发展带来负面影响。

"随着社会根据数字资本主义的需求进行的更新和改造,一切都变得太过智能了,反而不利于我们自己。"②因此,不少学者呼吁对人工智能提高警惕,在商业资本、各大平台工作过的职员,特别是伦理人员,对此感触特别深刻,人类的命运或许会因为人工智能的发展而彻底改变。面对人工智能,我们的观念需要做出一些调整,对于人工智能的开发和利用,必须要经过伦理的考量,需要坚守基本的伦理规则,这一点应当成为共识。

为了治理和规范智能传播中的各种伦理失范现象,我们可以多管齐下,从以下几个方面一起着力。智能传播是人类传播史上最为复杂的高阶形态,制定合理的、相适应的伦理规则并不容易,但是这是非常需要我们去做的,并且具有迫切性。在共同的努力之下,总有机会找到合理的路径和方法。

## 一、强化自我保护意识

在这个时代,"控制自己信息的能力,特别是控制自己创建的信息的能力,是至关重要的"③。由于很多隐私是我们自己泄露的,因此,自我保护意识也非常重要,我们不能不加选择地上传自己的照片,在面对平台提供的各种服务时,我们应该慎重考虑。对于人脸识别系统,也应该做好防范,非必要不使用,应是我们对待可能会泄露我们隐私的各种事物的态度。为了便利,轻易地就把自己的数据给让渡了,很有可能会给我们带来很大的麻烦和困扰,例如我们的生物识别信息可能会被窃取,从而遭受财产损失、隐私泄露等,我们的基因信息泄露了,有可能在处理医疗保险时遇到困境,在疾病治疗时碰到麻烦,甚至也可能会被用于克隆,用于制造基因武器等。我们需要保护好个人数据。数据是智能传播时代的生产要素,它是有价值的,如果保护不好,会给我们的身心健康、经济利益等各方面造成伤害。

## 二、强化教育作用

人们需要认识到哪些事情是合乎道德的,才能在行动上有所体现。在传播领域的伦理道德,人们还停留在传统媒体时代,对于网络社会的传播伦理还处于学习和

---

① 李伦、黄关:《数据主义与人本主义数据伦理》,《伦理学研究》2019年第2期,第102-107页。
② [美]贾森·萨多夫斯基:《过度智能》,徐琦译,中译出版社2022年版,第199页。
③ [澳]理查德·沃特森:《智能化社会:未来人们如何生活、相爱和思考》,赵静译,中信出版社2017年版,第100页。

适应阶段,但如今人们需要面对智能传播时代全新的传播伦理。这套传播伦理一方面还需要总结,还处于形成过程之中,并没有公认的伦理体系;另一方面,对于智能传播时代的伦理问题以及基本的伦理规则人们还非常陌生。因此,加强教育是非常有必要的。首先,需要让算法设计者明白哪些伦理规则应当遵循。政府部门工作人员的数据素养、伦理规范也需要提升,对于普通用户来说,显然也需要适应这个新的传播时代。

### 三、尽快更新伦理规则

在智能传播时代,有全新的问题需要去面对,人们有必要采取新的行动规则。特别是对于人工智能,迫切需要设置一套切实可行的规则体系,阿西莫夫的"机器人三定律",看似合理,但也有很多漏洞和问题,这在很多影视剧中已有呈现。因此,需要进一步修订针对机器人的基础伦理规则。虽然很难找到完美无缺的规则体系,但是尽可能地保护人类不受机器人的伤害是很有必要的。特别是随着人工智能的不断智能化,如果有一天形成了自我意识,并且超越了人类智能,它们能够自行设计更多人工智能,那时没有一套对其加以约束的规则体系,对人类来说未必是好消息。对于人机互动来说,同样迫切需要构建一套伦理体系,以此来表明哪些是机器可以做的,哪些是人类不能做的。智能传播社会伦理的设计是基础性的工作。只有伦理先行,才能建设一个更加合理、更加美好的社会。如果伦理规则不尽快加以更新和完善,那么人工智能的发展,对于人类来说,可能是一场灾难。

### 四、加强立法很有必要

面对智能传播时代的伦理问题,加强立法已经刻不容缓。有些问题,既是伦理道德问题,也是法律问题,通过立法对这些问题涉及的责权利等加以明确,可以更好地保护人们的权益。通过加强立法,对于防止人们做出一些不道德的言行有积极作用。如果没有相关立法,很多不法分子就可能有恃无恐,从而实施损害用户利益的行为。而有了法律保障,那么人们言行就可以更符合道德规范的要求。

在目前,针对个人信息安全的法律法规已经有了一定的规范,但是与智能传播相关的很多问题由于是一些新问题,还缺乏相应的立法,从而在道德层面存在一定的模糊性,人们未必清楚自己的做法是否合适,可不可以做。法律是刚性的,带有强制性,对于道德规范的完善可以起到推动作用,让人们认识到某些言行不合法,不被提倡,需要加以控制和约束。当然,并不是所有的智能传播涉及的道德问题都需要加以立法规范。

立法对于道德规范建设来说,还体现在对于道德主体行为的约束作用上。道德主体如果缺乏有关法律的强制机制,就可能会肆意妄为,而在法律法规的具体约束之下,道德主体会控制自己从恶的冲动,并在具体行事时,慎重考虑言行的后果,从而有助于其更加符合道德规范。

## 五、强化对平台公司的规范

平台不仅是服务提供者,或商品销售者,它也是一个巨大的数据工作中心。平台公司掌握了我们大量的数据,我们的消费行为、收入状况、身体疾病情况,以及身高、体重、容貌、性格等各方面的数据都有可能会被搜集。人们只要使用了这些平台,平台就会建立一个电子档案。平台对于我们主动泄露的以及它们搜集的数据,需要采取严格的保护措施,不能够将这些数据出售,泄露给第三方,即便是供平台使用,也需要在合理的范围之内。

面对强大的平台,个体总是显得非常弱小。对平台加强管理尤其重要。政府需要对平台的经营活动,特别是涉及个人数据安全和国家数据安全的事项,进行立法管理,采取强有力的监管行动。行业协会应该制定行业规范,对各个平台加以伦理道德的约束。平台自身也应该强化用户数据保护意识,并制定有力的措施保护数据安全。

## 六、强化行业自律

智能传播相关的行业有很多,都会面临各种新出现的伦理问题。因此,每个行业协会出面制定相应的自律规范也是非常有必要的,例如制定无人驾驶汽车行业从业者的相关伦理规范,就很有必要。

行业自律规范针对的是行业从业人员,例如软件、硬件开发者,产品生产者和销售者,企业管理者等,还应涉及针对使用者、机器人的伦理要求等。

行业规范是智能传播伦理规范建设的重要组成部分。各个行业如果都能规范自己的生产经营行为,提供健康、合理的产品,那么就可以减少伦理问题的出现。

## 七、完善技术治理

智能传播相关行业的运营者都是高科技公司,大量使用人工智能、云计算、VR、大数据等技术。很多伦理问题就是由于技术变革导致的,因此采取有效的技术治理是非常有必要的。

技术治理有四个层面:作为治理对象的技术治理、作为治理手段的技术治理、作为治理机制的技术治理和作为治理理念的技术治理。

技术治理的目的是形成对人类发展有帮助的、能够增进人类福祉的、有助于人类长远发展的技术。

技术是双刃剑。技术一方面可能对个人隐私造成破坏,如果不法分子掌握了高科技,造成的破坏力也将是惊人的。技术的发展可能会无序、失衡,因此对其进行规范是非常有必要的。不能让人类失去对技术的控制,否则,技术的发展可能是灾难。另一方面,很多技术的问题,可以通过技术来解决和规范,使其回到正确的道路上来。在保护个人隐私和数据安全上,技术同样可以发挥自己的作用。例如,通过构建自主网的形式,智能家居的部分信息可以不经过运营商的网络,就能实现传输,从而减少数据泄露。可见,技术的合理使用是非常重要的,只要加以科学、规范的开发利用,就能造福人类。

## 八、国家行政干预

对于有些伦理问题,国家必须进行行政干预,例如对于某些平台、媒体、企业、软件公司等,根据其所犯错误加以处罚。

对于某些行业,国家还可以设置比较高的进入门槛,从而限制一些资本进入,并且可以设置退出机制,让那些不符合要求的企业及时退出。国家对企业经营活动的监督管理,可以让优质的企业得到发展,让劣质的企业没有生存空间。优质的企业更加注重规范经营,这对于建设智能传播伦理来说也是很有必要的。

国家通过制定相关政策,可以鼓励某些行业发展,鼓励企业开展符合伦理规范的行为,由此可以起到示范作用,让企业也能更严格地要求自己。

总之,国家需要履行自己的职责,采取有力的监管措施,促进整个行业健康规范地发展。

## 思考题

1. 你认为人工智能是道德行为体吗?
2. 随着人工智能技术的不断发展,你觉得会出现哪些新的伦理问题?
3. 智能传播伦理失范有哪些表现?
4. 如何治理智能传播伦理失范现象?
5. ChatGPT 的不当使用会带来哪些伦理问题?

针对本教材,著者已经录制了配套的在线课程视频,以下是关于本章内容的视频二维码。

# 第十二章

## 智媒文化与素养

## 第一节　人工智能影视文化

科幻片是一种颇受观众喜爱的电影类型。在电影史上已经出现了大量经典的科幻片。在这些科幻片中有大量情节涉及人工智能,例如《人工智能》《机械姬》《银翼杀手》等。这些科幻作品,在一定程度上是未来的一种预演,一部分科幻影视中的场景有一天将成为现实。在思考智能传播社会的文化时,我们很有必要关注各种科幻影视。它一方面是当下社会文化、智媒文化的组成部分,另一方面这些科幻影视呈现了智媒的形态和智能传播的模式,是人们对未来科技与未来社会的想象。

人工智能影视作品呈现的主题非常多,可谓五花八门、包罗万象。

### 一、元宇宙与数字化身

《阿凡达》讲的是 2154 年的事,那个时候人类为了获取资源,进入了潘多拉星球。为了更好地与当地人交流,人类科学家利用克隆技术制造出了人类和纳美人的 DNA 结合在一起的克隆人。这个克隆人可以成为人类的"化身",人类意识可以进驻其中。双腿瘫痪的杰克·萨利借助潘多拉星球的"化身",可以像正常人一样行走和跳跃。在人类和潘多拉星球纳美人的冲突中,杰克·萨利站在当地人这一边。最后,纳美人借助神树的力量,将杰克·萨利的精神转移到了他的阿凡达身上,使其成为他们的一员。

2021 年以来,很多人都在谈论元宇宙,《头号玩家》里的"绿洲"就是一个元宇宙游戏。在元宇宙时代,人们可以将自己的意识转移到数字化身中去。在电影中,2045 年的现实世界一片混乱,处于崩溃边缘,人们经常光顾"绿洲",这是一个与现实世界有着强烈反差的元宇宙空间。戴上 VR 设备后,就可以进入这个有着繁华都市,以及形象各异的玩家的虚拟世界。在"绿洲"里人们可以扮演自己想要的各种角色,梦想似乎触手可及。

这些科幻片中呈现的元宇宙和数字化身,都已离我们越来越近。

### 二、意识上传

在《超验骇客》这部电影中,人类的意识得以上传,进入网络世界。《上载新生》是一部最近这些年比较受关注的关于意识上传话题的科幻剧。剧中,很多人主动或者被动地将自己的意识上传到虚拟空间。人类以"天使"的身份为这些虚拟空间中的人提供服务,以及实现与现实世界的连接和沟通。

在未来,意识上传未必是不可能的。不过意识上传到了虚拟空间之后,会产生怎样的后果,则是一个问题。有可能像《香草的天空》的剧情一样,人们不断地在重复做一个梦,也可能像《上载新生》的剧情那样,在虚拟空间延续现实世界的生活,还可能是像《超验骇客》的剧情那样,一个非常有雄心或者野心的人谋求成为"上帝",充分调动虚拟空间的资源,将人工智能技术发挥得淋漓尽致,从而将操控整个世界,这可能造福人类,也可能危及人类。

### 三、虚拟人的觉醒

在电影《黑客帝国》中,有一天机器人叛变,与人类爆发战争。后来,整个天空布满了乌云,切断了太阳能,不过机器人又开发出了新的能源——生物能源。它们利用基因工程,制造人类,然后把他们接上矩阵,让他们在虚拟世界中生存,以此来获取能量。一名年轻的网络黑客尼奥发现自己生活在矩阵中,看似正常的世界似乎被某种力量控制着。身为人类反抗组织一员的船长墨菲斯,为了让矩阵中的人能够觉醒,一直在寻找传说中的救世主。终于在崔妮蒂的指引下,墨菲斯和尼奥见面了。在墨菲斯等人的帮助下,尼奥逃离了矩阵,回到了现实世界。经过一番波折,最终尼奥确认了自己"救世主"的身份,认识到自己有重写矩阵程序的能力。他解除了特工程序——史密斯的控制,赋予生活在矩阵中的人类以自由。

美剧《西部世界》的故事发生在未来世界,在一个庞大的高科技成人主题乐园中,大量仿真机器人"接待员"(也即 NPC),能满足游客的各种需求。不过,部分机器人开始出现自我觉醒,发现自己只是作为故事角色的现实后,想摆脱乐园对其施加的控制。经过无数次的尝试,园区的"接待员"终于觉醒并反叛,最终推翻人类对它们的统治和控制,并进入人类社会空间。

### 四、人机关系

电影《机械姬》是一部关于图灵测试的电影。程序员迦勒幸运地抽中老板内森所开出的大奖,他受邀前往位于深山的别墅与老板共度假期。内森研制了智能机器人艾娃,为了确认它是否具有独立思考的能力,他希望迦勒能为艾娃进行著名的"图灵测试"。似乎从第一眼开始,迦勒便为这台有着宛如人类般姣好容颜的机器人所吸引,爱上了这个机器人,但最后却被机器人杀死。

电影《她》与《我的机器人女友》讨论了人与机器人的情感问题,机器人有一天可能比你更懂你。如此一来,我们的心思,机器人可以了如指掌,从而也能够提供更贴心的心理安抚,人类爱上机器人也就是自然而然的事情。值得思考的是,人机爱情将会给个体带来怎样的情感体验,将给人类社会造成怎样的影响?

此外,科幻剧《真实的人类》同样讨论了机器人觉醒,以及面对觉醒的机器人,人机关系面临的挑战等问题。

### 五、复制人与赛博格

1982年6月在美国上映的《银翼杀手》讲述的是发生在2019年的事情,这时的洛杉矶变得乌烟瘴气,人类制造了复制人,让它们为人类工作,这些复制人不被允许有思想感情。人类不让它们拥有正常人的权利,因此需要消灭那些想要成为人类的复制人。戴克就是这样一个专门追杀变节复制人的杀手。2017年推出的《银翼杀手2049》继续讲述人类与复制人共生的社会中这两大种族之间的冲突。

《银翼杀手》是一部赛博格朋克风格的电影。赛博格形象还在《机械战警》《星球大战》《攻壳机动队》等大量科幻电影中出现。借助科技打造的有机体与机器的结合体往往具有超强的能力。当然,这会引发人们对于人类未来的思考。

### 六、预测犯罪

《疑犯追踪》这部美剧中,犯罪是可以通过算法进行预测的。软件天才芬奇发明了一个程序,通过观测已有的模式来识别有可能进行暴力犯罪的罪犯。通过无数的犯罪调查,芬奇和他的团队发现能够改变一切的关键在于找到正确的人、正确的信息和正确的时间。电影《少数派报告》讲的也是类似题材。在2054年,随着科技的发展,出现了具有感知未来的超能人——先知。先知能够侦查出人们的犯罪企图,从而在犯罪发生前出动犯罪预防组织的警察将其逮捕。当然,这种预测也会存在与事实不一致的时候。

除了预测犯罪,还有很多影视剧在思考未来智能社会的犯罪问题,例如《攻壳机动队》讲的是在未来的日本,随着通信网络技术和人体电子机械化技术的突飞猛进,电脑犯罪越来越猖獗和复杂,针对这一局面,政府成立了特殊部队公安九课打击犯罪活动的故事。《未来战警》讲的是在未来的"机器代理人"的社会中的犯罪问题。多年的零犯罪率之后,突然出现的谋杀案,表明这个"机器代理人"的社会并非完美无缺。

## 第二节　智媒文化

在智能传播时代,一切都将数字化。人们创作的各种作品,都将以数字化的形式呈现。数字化可以节省纸张,减少污染,有诸多好处,但同时也意味着传统社会面临消亡,智能社会即将到来。

人工智能已经能够进行文学创作、新闻写作、海报创意、文案撰写、歌曲演唱、舞蹈表演等,这些一直被认为是具有创意的、相对复杂的脑力活动。人类记者、广告人、作家、艺术家等都有可能被取而代之。人工智能在很多方面会超越人类,并在有一天可能会全面超越人类智能。在这种趋势下,人类文明也就会渐渐被机器人文明取代。人工智能可能会形成自己的文学、诗歌、广告、舞蹈等艺术,会制定自己的规则体系,甚至也会开发和制造更多的人工智能出来。

具有高超创作能力的 ChatGPT 等的出现,更是加剧了人们的担忧。AIGC 势必会爆炸式地出现,有一天一个独特的智媒文化领域将会形成。

## 一、人工智能文学与艺术

**1. 人工智能文学**

人工智能在创作诗歌、小说等文学作品上已经取得了丰硕的成果。"这一天,机器人可以撰写小说,可以优先支配自己的快乐,并不再为人类工作。"这是科幻小说《计算机写小说的那一天》中的一段话,这本书的作者不是人类作家,而是一个人工智能机器人。2017 年,微软小冰推出了首部诗歌作品《阳光失了玻璃窗》,一共包括了 139 首现代诗。这是世界上首部由人工智能创作的诗集。所谓"熟读唐诗三百首,不会作诗也会吟",微软小冰学习了 519 位诗人的现代诗之后,经过无数次的训练,具备了现代诗歌的创作能力。2019 年 10 月 28 日,封面传媒与四川文艺出版社共同发布了著作《万物都相爱》,这是小封机器人基于算法能力生成的诗作集。

虽然人工智能创作的诗歌依然会给人词汇堆砌之感,想要完全达到诗人所创作诗歌的意境、思想、艺术水平,还有一定的距离。但是随着人工智能技术的推进,在未来,将会有数量越来越多、质量越来越高的由人工智能创作的诗歌、散文、小说等。这样一来,对于人类来说,有了更多的内容可以阅读,对于人类文学创作者来说,则可能会受到职业上的挑战。

**2. 人工智能绘画**

2016 年,微软进行了"下一个伦勃朗(The Next Rembrandt)"项目,挑战"如果伦勃朗死而复生了,他最有可能画什么"的问题。研究团队通过分析伦勃朗的现存作品,让智能机器自主学习艺术家的绘画风格和主题,"机器人伦勃朗"打造了一张 3D 打印作品,画了一幅三四十岁、头戴帽子、有胡子、面向侧方的男子肖像画(见图 12-1)。挂在美术馆和伦勃朗其他作品一起展出,参观者不觉得有违和感。

2019 年 7 月 13 日,微软小冰在中央美术学院举办个人画展"或然世界"。这些画作是它在学习了 400 年艺术史上 5000 多幅作品之后,原创完成的。小冰自 2014 年问世以来,经过多次迭代升级,已经具备很强的艺术创作能力。

图 12-1 "机器人伦勃朗"的作品

人工智能公司 OpenAI 在 2021 年开发的 DALL-E 系统曾让人们觉得非常惊艳，它能够根据一段文字直接生成图像。DALL-E 2 系统功能得以升级，它有着更高的分辨率和更低的延迟，而且还延伸了编辑现有图像的功能，在连接文本和视觉领域实现了技术创新。用户利用这个系统创造的一些"假人"，看起来就像真人一样，栩栩如生。

人工智能生成的照片，制造了一些并不在世界中存在的人的图片，并且达到了以假乱真的程度，这不仅会给绘画界、摄影界带来冲击，而且这些人脸照片还可能会被用来引导舆论、开展广告代言等，对整个社会造成影响。

ChatGPT 出现之后，人工智能可以根据人们的描述，自动生成精美的图片，效果非常好。原画师等相关职业将面临极大的冲击。

**3. 人工智能书法**

在书法领域，一方面，人类在教人工智能写书法，有些机器人创作的书法，看起来"有模有样"，颇具艺术价值。另一方面，人工智能也在教人们如何写书法，它通过学习名家优秀的书法作品，对各大字体的书法可谓了如指掌，在书法培训中施展身手。

人工智能进行书法创作体现在两个方面：一是人工智能独立完成书法创作，二是人工智能对人类书法进行加工处理后生成优美的书法。不管怎样，这些带有人工智能痕迹的书法作品，与人类书法已经可以一比高下。人工智能模仿名家所创作的作品，更是让人惊叹不已，与真迹几乎没有差别。人工智能可以推动书法创作高效生产,扩大书法教育的普及,不过也有学者认为,人工智能创作的作品还缺乏精气神,给人一种冷冰冰之感。

此外,人工智能由于具有强大的学习、计算能力,它们在鉴定书法作品的真伪方面同样能够做出贡献。

人工智能在书法领域的拓展,对于书法创作与传播来说都有着重要的意义。

**4. 人工智能音乐**

人工智能音乐已经悄然来到。谷歌、索尼、百度、苹果等都在积极推动自己的人工智能音乐项目。

2020年,人工智能在音乐领域的应用显得非常活跃。2020年4月,Open AI 公司在 SoundCloud 上发布 Nas 风格的说唱、Katy Perry 风格的流行歌曲等大量不同风格的音乐作品。2020年举办的"人工智能歌曲创作大赛"(AI Song Contest)上,有来自全球13个人工智能团队参加,参赛作品的水平很高,有些甚至去参加欧洲电视网歌唱大赛。2020年7月,微软小冰从上海音乐学院"毕业",作曲水平几乎达到和人类相似的程度,并且已经形成了流行、古风、民谣等几大音乐风格。

由网易雷火研发的编曲算法能够在15~30秒时间内就生成一首达到出版级水准的编曲,并已具备大批量工业化生产的能力,市场前景十分广阔。

在2022年举办的第九届中国秦腔艺术节上惊艳亮相的一位秦腔"新秀"——秦筱雅,是秦腔领域的第一位虚拟数字人。它完美呈现了"秦韵国风"的秦腔文化,吸引了年轻人的关注。

2022年5月20日,Everything Everything 发行了新专辑 *Raw Data Feel*。这张专辑是乐队和英国约克大学的研究人员合作开发的一个叫"凯文"的人工智能系统协助乐队创作歌词而得以完成的。

近年来,一些数字音频工作站(Digital Audio Workstation,DAW)已经开始智能化。比如苹果的 Logic,可以根据用户创作的旋律自动添加打击乐或电音 LOOP。这为音乐创作的平民化创作了条件,音乐市场将会更加蓬勃发展。人工智能对于音乐创作的某些领域来说,可能会起到替代作用,也可能催生更强的创作能力,让更多普通人也有机会成为"音乐人"。

## 二、人工智能媒介文化

**1. 人工智能新闻**

人工智能在新闻生产领域的表现已经得到了很多新闻人以及用户的认可,它们的作品水平和写作能力与人类记者相比甚至已不分伯仲。智能主播的表现赢得了很多观众的认可,甚至吸引了不少粉丝的关注,具有越来越强的影响力。新闻是社会文化的重要组成,对广大用户的文化认同、身份认同、国家认同等都会带来影响,并参与构建用户的人生观、价值观和世界观。人工智能生产的新闻,对于新闻生态来说,是非常重要的补充,它将会推动新的新闻文化出现。智媒时代的新闻文化是在人机共同参与下形成的,相比之前的新闻文化而言,具有颠覆性的意义。

**2. 人工智能广告**

著名广告公司麦肯集团曾在日本做了一个有趣的实验。这项实验同时让人工智能和人类创意总监为某个口香糖品牌策划 TVC 广告创意。完成后,将两个参赛作品同时放在网上,让观众在线投票。结果人工智能和人类创意总监得到的票数是 46 比 54,相差不大。

人工智能在广告创作中的能力已越来越强,除了 TVC 广告创意,还可以在很短时间内撰写大量广告文案,也可以在极短时间内产出大量广告海报,并且,从创意水平上来看,人工智能创作的这些广告作品,可以与职业广告人相媲美,具有非常高的商业价值和艺术水准。

人工智能的这些广告作品,将会直接面向目标消费者,去诱导人们购买产品。广告作为一种文化艺术作品,对人们的价值观、审美观、生活方式等都会带来影响,而人工智能创作的广告作品,会形成怎样的广告文化,又会造成怎样的社会文化影响,还有待观察和讨论。

## 三、人工智能虚拟偶像文化

在大众传媒时代,受众对于媒体偶像会产生崇拜心理,追星现象是当时媒介文化的重要内容。近年来,饭圈文化甚嚣尘上。即便到了智能社会,人们的追星心理并没有明显减弱,明星崇拜继续上演,不过人们具体的追星对象倒是出现了一些变化,从真人偶像进一步拓展到了虚拟偶像,从而进入了一个新的偶像时代。

2007 年 8 月在日本出现的初音未来,已经举办了很多场演唱会,是世界上第一个使用全息投影技术举办演唱会的虚拟偶像。

2012 年 3 月 22 日,中国第一位的虚拟歌姬洛天依首次公布,也是一个可爱美少女形象。

这些虚拟歌姬的走红与 master 是分不开的,master 是指利用这些虚拟歌姬制作歌曲的使用者。这个制作歌曲的过程被称为"调教"。例如 ryo 为初音未来创作的歌曲,人气很高,非常受市场欢迎,不仅提升了初音未来的影响力,ryo 自身也获得了超高的知名度。

虚拟歌姬是粉丝经济在人工智能时代的体现。虚拟歌姬的大量出现与现代社会对二次元文化的认同和喜爱有很大关系。不仅仅很多动漫迷非常喜欢这些虚拟歌姬,即便非动漫迷,由于虚拟歌姬不断出现在各类演唱会、电视和社交媒体中,会有很多机会可以接触到它们,从而也会喜欢上这些虚拟歌姬。"'初音未来'那惊世骇俗的全息影像演唱会,本身是虚拟技术的产物,而亲临现场的粉丝竟愿意为一个纯然虚构的形象消费买单,则进一步佐证了虚拟偶像已然打破'二次元'文化的'次元壁',介入了具有现实意义的社会文化实践。"①

在传统媒体时代,动漫形象只出现在图书、报刊或者电视、电影上,只是故事中的一个角色。而在这个人工智能时代,虚拟偶像似乎是"活"的,是与我们差别并不大的一个个体,在百度百科上有它们详细的姓名、身高、性别、性格、作品等介绍,在社交媒体中,它们经常会发布自己的动态,也会积极与粉丝互动。因此,虽然它们是动漫形象,但是在与粉丝的互动中表现得非常拟人化。

在网络虚拟社群,粉丝们聚集在一起,交流关于虚拟偶像的情感和种种活动。粉丝们在时刻关注着它们的动态,为它们制作音乐,也会花钱购买虚拟歌姬的内容作品以及其他衍生产品。虚拟歌姬具有商业价值,本身是一种产品。

对于明星、艺人等真人偶像,粉丝对其产生崇拜心理不难理解,不过对于虚拟偶像,粉丝依然会产生强烈的认同、崇拜心理,则显得有些不可思议。究其原因,一方面,这是对二次元文化的喜爱之情在虚拟偶像身上的延续;另一方面,则是智能化的虚拟偶像存在很多吸引人的地方。首先,它们的形象设计是非常完美的,可谓是"完美人设",在现实世界中,我们很难找到如此完美的人,因此这对很多人来说,是非常具有诱惑力的。虚拟偶像的颜值可以通过算法进行设定,一般来说,颜值都是很高的,除非走个性化路线。高颜值的虚拟偶像对于很多粉丝来说具有很强的"杀伤力"。虚拟偶像的形象可以根据粉丝的心理进行量身定制,满足特定年龄群粉丝的心理需求。虚拟偶像可以与粉丝进行即时的互动,它可以全天24小时一直陪伴着粉丝,随时解答粉丝提出的问题,随时满足粉丝的对话需求,这是很多真人偶像没法做到的。"青年人在虚拟偶像的'隔空喊话'中不断满足心理安慰与群体认可,因为每一次他们面对的虚拟偶像总是对他们笑容满满。也正是因为如此,让青年人能够产生'只有我的偶像才最能理解我'的想法。"②

虚拟偶像基于算法,已经具备了很高的智能性。在与粉丝互动时,智能虚拟偶像能够对粉丝进行精准画像,从而实现非常有针对性的沟通。面对不同粉丝,可以

---

① 陈晓云、王之若:《虚拟偶像:数字时代的明星生产与文化实践》,《当代电影》2021年第9期,第20-25页。
② 沈杨:《网络虚拟偶像粉丝现象的逻辑窥探及其引导路径:以二次元唱见"洛天依"为例》,《青年发展论坛》2018年第6期,第86-92页。

说不同的话。智能传播时代,粉丝的追星需求有了很大的差异。

智能虚拟偶像出现后,对于很多宅男宅女来说,不必跑到演唱会现场,而是在网络中,在元宇宙空间中,就可以非常有沉浸感地接近偶像,与偶像实现密切的接触和个性化的互动。

虚拟偶像同样具有真人偶像的诸多特性,并且很多还是真人偶像所不具备的特点,因此,虚拟偶像的魅力并不弱。正是因为虚拟偶像有着如此之多的优点,粉丝对其产生崇拜心理也是自然而然的。

人工智能技术会进一步赋予虚拟歌姬以智能,有一天它们会有自己的身体,会自己创作歌曲,而不是依靠使用者,它们会活跃在演唱市场,会与真人明星同台竞技,甚至也会形成自己的意识。

虚拟歌姬的形象未必都是二次元的,不少公司已经开发出了一些看上去非常像人的虚拟数字人。这些超写实的虚拟数字人会被用户广泛接受,并可以在更多的场景出现。

虚拟歌姬的存在对于真人歌手来说将是一个巨大的挑战。相当一部分粉丝会将注意力转移到这些虚拟歌姬身上,它们会挤占演艺市场的注意力和各种资源。会不会有一天,人们将真人歌手抛弃,都去喜欢这些虚拟歌姬了,也很难说。毕竟虚拟歌姬有很多真人歌手难以相比的优势。虚拟歌姬的人设是可以设计的,并且它们不会犯错,不会变老,不会觉得疲倦。在人工智能时代,它们也更懂得粉丝的心理,能够提供给粉丝更个性化的互动和关爱。从创作角度上说,它们基于庞大的音乐数据库,可以合成或者创作出大量的音乐作品,因此它们的竞争力是非常强的。

在偶像市场上,随着真实与虚拟的界限被打破,另一个界限也被逐步破除,那就是生与死的界限。对于真人偶像来说,他们不仅需要面对虚拟偶像的竞争,还需面临已经去世的偶像的竞争。在人工智能时代,这些死去的偶像又"活"了过来。例如利用全息投影技术,可以与某个去世的明星一起对唱,这种现象在这些年开始增多。在过去,不同时代的人,追不同的"星",有些明星逝世了,那么就只有怀念了。在人工智能时代,时空的概念被打破了,人们不仅可以追活着的明星,也可以追已经去世的明星。在社交媒体中,这些去世的明星还可以继续更新他的动态,告知人们他要举办的演唱会。虽然这些歌曲都是一些老歌,但是并不影响他还"活着"的效果,人们在演唱会上还可以继续为全息投影生成的明星呐喊、助威和表达仰慕之情。

随着人工智能、脑机接口等技术的进一步发展,数字化身将会出现,在元宇宙中,我们可以通过数字化身参与各种活动,在社交媒体中,数字化身也可以帮助人们处理各种关系和信息往来。也许有一天,人们的意识可以上传,全部转移到数字化身,从而实现永生。那个时候,对于明星来说,肉体虽然会消逝,但是精神却继续在虚拟空间存在,人们在虚拟空间可以找到他们,与他们互动交流,继续追星。意识上传的同时,也可能实现可逆,将意识重新传到一个机器人身上,或者人们将意识直接上传到一个机器人躯体上。人工智能的时代,数字孪生是一种可行的技术,意识的数字化或者转移未必就不会成真。

## 第三节　智媒人才与教育

在书写文化下,教育以技能的学习为旨归,包括语法、逻辑和修辞等;未来教育将以学习与超媒体的"超级大脑"相联系的技能为旨归。生发于超媒体共生的思想过程指向的是一种更抽象层面的多线程的逻辑空间,包含着一系列论点或故事情节的链条;同时思想过程走向视觉化[①]。随着智能媒体时代的到来,学习方式、学习目标、思维模式等的变化将是必然的。教育需要适应人工智能技术带来的冲击,主动迎接其挑战,致力于培养创新型人才。

### 一、新闻传播教育现状

目前新闻传播学科的教学虽然增加了一些与互联网、人工智能相关的课程和内容,不过大体上还停留在传统媒体时代。

**1. 教材建设落后**

与日新月异的科技变革相比,新闻传播学科的教材显得落后,体现互联网、人工智能最前沿内容的教材很少,大多数还是在讲四大传统媒体时代的理论与实践。

**2. 教学内容陈旧**

受教学影响,课堂教学内容整体依然陈旧,"互联网+"的内容在增加,但是"智能+"的内容则还相对不足。

**3. 课程体系老化**

新闻传播的课程体系虽然不时会做一些调整,但是总体来说,力度还不够,基本上都是延续过去的路子。前沿的课程因缺乏师资难以开设,现有的课程因为惯性缺乏革新。课程体系需要大刀阔斧,才能跟上智能传播时代的发展。

**4. 学科融合不足**

虽然新文科建设已经提出多年,不过学科之间的融合还不够,即便新闻传播学

---

① [荷兰]约斯·德·穆尔:《赛博空间的奥德赛:走向虚拟本体论与人类学》,麦永雄译,广西师范大学出版社2007年版,第232—233页。

专业内部,真正做到融合的高校也只是一部分,融合程度还有欠缺。这与智能传播时代的学科高度融合的要求是有差距的。

**5. 师资力量薄弱**

与学科融合相关的是师资结构需要调整。单纯文科出身的教师在面对互联网、人工智能等内容的时候,显得有些力不从心。智能传播时代,需要大量理工科教师,原有的师资需要革新既有的知识结构。

**6. 教学目标缺乏新意**

在智能传播时代,高校需要培养怎样的人才,教学要达到怎样的效果,这些问题需要认真思考。目前教学目标虽有调整,但还没有完全脱离过去的窠臼,依然缺乏新意。教学目标需要与时代同步,才能培养出合格的人才。

**7. 教学大纲不够合理**

教学大纲经常在调整,但是与互联网、人工智能等最前沿内容的结合还不够密切。

**8. 教学手段老套**

这些年一直在强调教学改革,增加了不少新的形式,例如翻转课堂、在线视频课程等,取得了不俗的效果,不过之前那种授课模式还是主体,对"互联网＋"和"智能＋"等教学手段的开发和运用还有些不足。

## 二、智能传播时代媒体工作者的素质

在智能传播时代,面对 ChatGPT 等新技术、新事物的不断冲击,媒体工作者需要创新思维、革新技能、提升素质,才能跟上时代的步伐。

**1. 人机协同的内容生产技能**

智能传播时代的内容是在人机协同下完成的,内容生产者需要懂得利用人工智能进行内容生产,不管是在智能机器获取新闻素材的过程中,还是在智能机器参与作品制作的过程中,媒体工作者都将协同完成。对于视频节目来说,不管出镜的是人类主播,还是智能主播,同样需要在人机协同下开展相关工作,有些节目是直接由人机对话完成的,那就更需要掌握人机交互的技能。内容生产者只有娴熟掌握人机协同技能,才能在智能传播的新环境下,更好地完成相关工作。

**2. 数据思维**

在智能传播时代,技术的变革为数据获取提供了便利,媒体工作者可以不用花费太多时间和精力就能获得大量数据,在人工智能协作下,对这些数据也能进行快速分析。人类媒体工作者需要具备数据思维，能够对数据具有较高的判断和批判能力，并且懂得创新地运用各种数据。在积极使用数据的同时，应对数据保持一定的警惕，避免陷入数据主义。在获得数据之后，提出数据分析的框架，并合理运用相关数据。在人工智能时代，数据新闻可视化将会越来越常见。为此，也需要媒体工作者具备相应的素质和能力，避免出现数据运用时的错误和偏颇。

**3. 智能技术运用能力**

在人工智能时代，很多新的技术将会被运用在传播活动中，媒体工作者需要积极利用这些人工智能技术，例如 VR、AR、无人机、传感器等。技术会不断升级和创新，因此对于媒体工作者的学习能力提出了更高的要求。媒体工作者需要秉持开放的心态，不断学习新知识、新技能。人工智能工具的运用，不仅可以提升内容生产的效率，并且可以创新媒体作品的形态，提高传播的有效性。

**4. 用户运营与服务能力**

在智能传播时代，内容是直接面向用户的，媒体工作者需要具备高超的用户运营能力，借助人工智能技术，对用户精准画像，了解用户的需求，分析用户的使用习惯，并及时获取用户反馈。智能传播时代是定制的、个性化的传播时代，媒体工作者需要照顾到每个用户的需求，提供独特的内容，因此媒体工作者的用户服务能力是非常重要的。在智能传播时代，用户的地位得以进一步提升，媒体工作者与人工智能将会协同为用户提供专属的内容和贴身的服务。

**5. 智能传播伦理素养**

某种意义上，在智能传播时代，伦理规范比法律法规更重要，法律法规很难对新出现的问题做及时的约束。媒体工作者、人工智能工程师等需要在智能传播伦理规范约束下开展相关工作。在积极利用人工智能为人类提供更好服务的同时，要确保人类利益至上，促进智能传播活动是符合人性的、健康的、有利于长远发展的。

## 三、智媒时代的新岗位

智媒时代对传播人才提出了更高的要求。从工作岗位来说，有些传统的工作岗位将面临淘汰，很多新的工作岗位将会出现。

**1. 人机交互记者**

对于记者来说，传统的新闻采写技能需要升级，除具备采写摄录编等多种能力，成为全媒体记者之外，还要会使用各种新的工具，例如智能 AR 直播眼镜、智能录音笔等。记者需要主动掌握各种新技术，提升自己运用智能传播技术的能力，掌握与人工智能协同工作的技巧。

### 2. 人机交互编辑

编辑将会在具体的制作环节使用大量人工智能技术。编辑需要利用大数据、云计算、人工智能技术，提高编辑出版的效率和质量。编辑需要具备人机协同工作的意识，结合具体的工作向软件工程师提出智能传播时代需要开发建设的工具。在将来，编辑需要文理兼备，是既掌握编辑出版的专业知识，也懂得最新的智能传播技术的文理结合的复合型人才。

### 3. 人机交互运营师

在智能传播时代，内容不会只在一个平台传播，而是会在多个平台面向不同的用户。对于内容生产者来说，用户运营将是内容能否发挥其效用的关键。如果内容不被用户喜爱，产生不了互动，那么就会面临市场困境，为此，迫切需要运用人工智能技术，掌握用户心理，了解用户需求，善于分析用户，能够吸引用户关注，并构建良好用户关系的人机交互运营师。内容生产是在与用户合作中完成的，用户的参与和反馈显得非常重要。当然，人机交互运营师需要懂得利用人工智能技术为其服务。

### 4. 智媒工程师

在智能传播时代，传媒业需要大量理工科人才，文科出身的新闻记者、编辑也需要懂得相应的人工智能技术，才能更好地完成相关工作。机器写作、智能主播、虚拟偶像等都需要人工智能工程师予以开发，不仅仅是算法设计、软件开发，而且还包括硬件开发。在智能传播时代，人工智能工程师有着非常重要的作用，当然这里还需要进行人性化的设计，离不开创意设计人才，在双方共同努力下，开发大量智能传播机器人，并让它们参与新闻的生产、编辑、用户分析、互动、智能分发、效果反馈等大量工作。

## 第四节 智媒素养

有学者认为，"计算机程序固然建基于人工'语言'，人工语言又依靠字母数字编码和逻辑运算，因而需要一些文化素养，但这样的文化素养是工艺素养，而不是社会素养"[①]。计算机素养很大程度上局限于技术专家，对于普通人而言很难具备。虽然不可能每个人都成为计算机专家，不过具备相应的智媒素养依然是必要的。

---

① [美]兰斯·斯特拉特：《震惊至死：重温尼尔·波斯曼笔下的美丽新世界》，何道宽译，中国大百科全书出版社2020年版，第156页。

在智能传播时代,媒体工作者面临着人工智能带来的挑战。对于人工智能是否会取代人类记者,目前还很难下定论。不过,随着人工智能的发展,部分岗位将由人工智能承担或者参与,已是一大趋势。人工智能主播参与或者独自承担主持节目、播报新闻的现象已经很常见。并且从观众的角度来说,对于这些智能主播,很多人觉得有一种新奇感、活泼感,甚至相比人类主播更受人喜爱。而机器新闻写作、机器广告撰写、机器文学创作等AIGC作品,看起来与真人创作的作品相差无几,在很大程度可以替代真人创作。这种种迹象意味着媒体工作者需要做出调整,才能更好地应对这种新格局。

从角色定位上来说,也需要做出一些调整,人类记者在人工智能传播时代,不需要大包大揽承担一切工作,而是需要主动选择更适合人类承担的工作,将有些工作交由人工智能承担。更重要的是,人类记者要与人工智能做好配合,加强合作。在与人工智能一起主持节目的时候,相比与人类记者同行合作,还存在一些差异,因此,需要人类记者调整好自己的角色定位,共同完成相关工作。

从技能上来说,对于媒体工作者提出了更高的要求,人类记者需要具有一定的人工智能知识,才能与人工智能更好地开展合作。虽然算法的设计不需要记者去完成,但是人工智能背后的运作相当复杂,在具体的操作过程中相关人员需要懂得相应的知识。

在人工智能时代,对于记者来说,媒介素养需要革新。不同于以往的媒体传播,很多新的问题需要去面对,很多新的技能需要去掌握,并且在人机协同过程中,也有新的伦理问题需要加以处理。新闻记者需要了解智能传播的有关原理,掌握相关技能,才能更好地开展相关工作。

智能传播时代的媒介素养非常重要的一个方面是数据素养,需要具备数据思维,理解数据的作用,能够运用数据分析和解决问题。

因此,提升数据素养是非常有必要的。在人工智能时代,大量的数据需要处理,即便数据的搜集和整理工作可以交由人工智能来完成,但是面对这些数据,如何进行解读,则很大程度上需要人类记者去完成。并且在新闻生产过程中,只有具备数据素养,才能有运用数据进行报道的意识。人们对于数据的需求在上升。新闻可视化呈现日渐流行,数据新闻占据了越来越大的比重。

此外,还需要具备不断学习的素养。懂得学习、重新学习是很重要的。在这个时代,知识的革新实在太快了,没过多久,就会有新的事物等待着我们去学习。如果不及时更新知识结构,就未必能够跟上这个时代。我们需要时刻保持学习的状态,对新事物、新知识持开放态度,这样才不至于成为落伍者,才有能力去拥抱新科技,成为时代的"弄潮儿"。

 **思考题**

1. 请选择一部科幻影片,分析其人工智能技术和文化。
2. 人工智能在文化领域会对人类带来哪些冲击?
3. 我们应如何加强智媒人才的培养?
4. 在人工智能时代,如何提升人们的媒介素养?
5. 以 ChatGPT 为代表的 AIGC 将会带来哪些影响?

针对本教材,著者已经录制了配套的在线课程视频,以下是关于本章内容的视频二维码。

# 参考文献
## References

[1] [加]麦克卢汉.理解媒介:论人的延伸[M].何道宽,译.北京:商务印书馆,2000.

[2] [美]保罗·莱文森.思想无羁:技术时代的认识论[M].何道宽,译.南京:南京大学出版社,2003.

[3] [荷兰]约斯·德·穆尔.赛博空间的奥德赛:走向虚拟本体论与人类学[M].麦永雄,译.桂林:广西师范大学出版社,2007.

[4] [美]尼尔·波兹曼.技术垄断:文化向技术投降[M].何道宽,译.北京:北京大学出版社,2007.

[5] [美]沃尔特·翁.口语文化与书面文化:语词的技术化[M].何道宽,译.北京:北京大学出版社,2008.

[6] [德]西皮尔·克莱默尔.传媒、计算机、实在性:真实性表象和新传媒[M].孙和平,译.北京:中国社会科学出版社,2008.

[7] [美]曼纽尔·卡斯特.网络社会:跨文化的视角[M].周凯,译.北京:社会科学文献出版社,2009.

[8] [美]凯文·凯利.失控:全人类的最终命运和结局[M].东西文库,译.北京:新星出版社,2010.

[9] [美]凯文·凯利.科技想要什么[M].熊祥,译.北京:中信出版社,2011.

[10] [美]保罗·莱文森.软利器:信息革命的自然历史与未来[M].何道宽,译.上海:复旦大学出版社,2011.

[11] [美]雷·库兹韦尔.奇点临近:2045年,当计算机智能超越人类[M].李庆诚,董振华,田源,译.北京:机械工业出版社,2011.

[12] [丹麦]克劳斯·布鲁恩·延森.媒介融合:网络传播、大众传播和人际传播的三重维度[M].刘君,译.上海:复旦大学出版社,2012.

[13] [美]亨利·詹金斯.融合文化:新媒体和旧媒体的冲突地带[M].杜永明,译.北京:商务印书馆,2012.

[14] [英]维克托·迈尔-舍恩伯格,[英]肯尼思·库克耶.大数据时代[M].盛杨燕,

周涛,译.杭州:浙江人民出版社,2012.

[15] [美]凯文·凯利.技术元素[M].张行舟,余倩,等译.北京:电子工业出版社,2012.

[16] [美]杰里米·里夫金.零边际成本社会:一个物联网、合作共赢的新经济时代[M].赛迪研究院专家组,译.北京:中信出版社,2014.

[17] [以色列]尤瓦尔·赫拉利.人类简史:从动物到上帝[M].林俊宏,译.北京:中信出版社,2014.

[18] [美]帕特里克·塔克尔.赤裸裸的未来[M].钱峰,译,南京:江苏凤凰文艺出版社,2014.

[19] [美]阿莱克斯·彭特兰.智慧社会:大数据与社会物理学[M].汪小帆,汪容,译.杭州:浙江人民出版社,2015.

[20] [巴西]米格尔·尼科莱利斯.脑机穿越:脑机接口改变人类未来[M].黄珏萍,郑悠然,译.杭州:浙江人民出版社,2015.

[21] [日]泉田良辅.智能化未来:无人驾驶技术将如何改变我们的生活[M].李晨,译.杭州:浙江大学出版社,2015.

[22] 刘鹏,王超.计算广告:互联网商业变现的市场与技术[M].北京:人民邮电出版社,2015.

[23] 物联网智库.物联网:未来已来[M].北京:机械工业出版社,2015.

[24] [德]克劳斯·施瓦布.第四次工业革命:转型的力量[M].李菁,译.北京:中信出版社,2016.

[25] [美]杰瑞·卡普兰.人工智能时代:人机共生下财富、工作与思维的大未来[M].李盼,译.杭州:浙江人民出版社,2016.

[26] [美]玛蒂娜·罗斯布拉特.虚拟人:人类新物种[M].郭雪,译.杭州:浙江人民出版社,2016.

[27] [美]雷·库兹韦尔.人工智能的未来:揭示人类思维的奥秘[M].盛杨燕,译.杭州:浙江人民出版社,2016.

[28] [美]唐娜·哈拉维.类人猿、赛博格和女人:自然的重塑[M].陈静,译.开封:河南大学出版社,2016.

[29] [意]卢西亚诺·弗洛里迪.第四次革命:人工智能如何重塑人类现实[M].王文革,译.杭州:浙江人民出版社,2016.

[30] [英]马丁·李斯特,[英]乔恩·多维,[英]赛斯·吉丁斯,等.新媒体批判导论[M].吴炜华,付晓光,译.上海:复旦大学出版社,2016.

[31] 刘朝霞.转型期网络舆论生态:动因、机制与模型[M].北京:中国社会科学出版社,2016.

[32] [澳]理查德·沃特森. 智能化社会:未来人们如何生活、相爱和思考[M]. 赵静, 译. 北京:中信出版社,2017.

[33] [美]温德尔·瓦拉赫、[美]科林·艾伦. 道德机器:如何让机器人明辨是非[M]. 王小红, 译. 北京:北京大学出版社,2017.

[34] [美]凯瑟琳·海勒. 我们何以成为后人类:文学、信息科学和控制论中的虚拟身体[M]. 刘宇清, 译. 北京:北京大学出版社,2017.

[35] [以色列]尤瓦尔·赫拉利. 未来简史:从智人到神人[M]. 林俊宏, 译. 北京:中信出版社,2017.

[36] [加]文森特·莫斯可. 云端:动荡世界中的大数据[M]. 杨睿, 陈如歌, 译. 北京:中国人民大学出版社,2017.

[37] [美]阿黛尔·里弗拉. 用户画像:大数据时代的买家思维营销[M]. 高宏, 译. 北京:机械工业出版社,2017.

[38] [澳]弗格斯·皮特. 传感器与新闻[M]. 章于炎, 等译, 北京:北京大学出版社,2017.

[39] 尼克. 人工智能简史[M]. 北京:人民邮电出版社,2017.

[40] [美]尼古拉·尼葛洛庞帝. 数字化生存[M]. 胡泳, 范海燕, 译. 北京:电子工业出版社,2017.

[41] 聂有兵. 虚拟现实:最后的传播[M]. 北京:中国发展出版社,2017.

[42] 贾丽军. 智能营销:从4P时代到4E时代[M]. 北京:中国市场出版社,2017.

[43] 牟怡. 传播的进化:人工智能将如何重塑人类的交流[M]. 北京:清华大学出版社,2017.

[44] 张江健. 智能化浪潮:正在爆发的第四次工业革命[M]. 北京:化学工业出版社,2017.

[45] [美]约翰·R.苏勒尔. 赛博人:数字时代我们如何思考、行动和社交[M]. 刘淑华, 张海会, 译. 北京:中信出版社,2018.

[46] [美]阿尔文·托夫勒. 权力的转移[M]. 黄锦桂, 译. 北京:中信出版社,2018.

[47] [美]阿尔文·托夫勒. 未来的冲击[M]. 黄明坚, 译. 北京:中信出版社,2018.

[48] 郑晨予. 新塑传导论:基于智能生成的传播学研究新范式[M]. 上海:复旦大学出版社,2018.

[49] [美]凯文·凯利. 必然[M]. 周峰, 董理, 金阳, 译. 北京:电子工业出版社,2018.

[50] [美]迈克斯·泰格马克. 生命3.0:人工智能时代人类的进化与重生[M]. 汪婕舒, 译. 杭州:浙江教育出版社,2018.

[51] [美]凯西·奥尼尔. 算法霸权:数字杀伤性武器的威胁[M]. 马青玲, 译. 北京:中信出版社,2018.

[52][美]亚当·奥尔特.欲罢不能:刷屏时代如何摆脱行为上瘾[M].闾佳,译.北京:机械工业出版社,2018.

[53]李鹏.迈向智媒体[M].北京:东方出版社,2018.

[54][美]保罗·多尔蒂,[美]詹姆斯·威尔逊.机器与人:埃森哲论新人工智能[M].赵亚男,译.北京:中信出版社,2018.

[55]史雁军.数字化客户管理:数据智能时代如何洞察、连接、转化和赢得价值客户[M].北京:清华大学出版社,2018.

[56]李本乾,吴舫.智能传播:机遇与挑战[M].上海:上海交通大学出版社,2018.

[57][美]王维嘉.暗知识:机器认知如何颠覆商业和社会[M].北京:中信出版社,2019.

[58][美]吉姆·斯特恩.人工智能营销[M].朱振欢,译.北京:清华大学出版社,2019.

[59][美]特伦斯·谢诺夫斯基.深度学习:智能时代的核心驱动力量[M].姜悦兵,译.北京:中信出版社,2019.

[60][日]藤原智美.迷失:你是互联网的支配者还是附庸[M].王唯斯,译.厦门:鹭江出版社,2019.

[61][英]克里斯·斯金纳.数字人类:第四次人类革命的未来图谱[M].李亚星,译.北京:中信出版社,2019.

[62][英]赫克托·麦克唐纳.后真相时代[M].刘清山,译.北京:民主与建设出版社,2019.

[63][英]塞斯·吉丁斯.游戏世界:虚拟媒介与儿童日常玩耍[M].徐偲骕,译.上海:上海文艺出版社,2019.

[64]张江健.智能化浪潮:正在爆发的第四次工业革命[M].北京:化学工业出版社,2019.

[65]塔娜,唐铮.算法新闻[M].北京:中国人民大学出版社,2019.

[66]李祖平.穿透灵魂:深阅读与智能出版传播研究[M].北京:科学技术文献出版社,2019.

[67]李伦.数据伦理与算法伦理[M].北京:科学出版社,2019.

[68]李本乾,吴舫.智能传播:机遇与挑战(第二辑)[M].上海:上海交通大学出版社,2019.

[69]薛亮.虚拟现实与媒介的未来[M].北京:光明日报出版社,2019.

[70]阳翼.人工智能营销[M].北京:中国人民大学出版社,2019.

[71]李沁.媒介化生存:沉浸传播的理论与实践[M].北京:中国人民大学出版社,2019.

[72]李鹏.智媒体:新物种在生长[M].北京:东方出版社,2019.

[73]杨娜.媒体用人工智能主播发展研究[M].北京:中国文史出版社,2019.

[74][美]兰斯·斯特拉特.震惊至死:重温尼尔·波斯曼笔下的美丽新世界[M].何道宽,译.北京:中国大百科全书出版社,2020.

[75][以色列]诺姆·莱梅尔史萃克·拉塔尔.人工智能时代,新闻人会被取代吗?[M].胡钰,王一凡,译.北京:清华大学出版社,2020.

[76][美]杰里米·拜伦森.超现实[M].汤璇,周洋,译.北京:中信出版社,2020.

[77]南希·K.拜厄姆.交往在云端:数字时代的人际关系[M].北京:中国人民大学出版社,2020.

[78][美]伊莱·帕里泽.过滤泡:互联网对我们的隐秘操纵[M].方师师,杨媛,译.北京:中国人民大学出版社,2020.

[79][美]拜伦·瑞希.人工智能哲学[M].王斐,译.上海:文汇出版社,2020.

[80]尼基·厄舍.互动新闻:黑客、数据与代码[M].郭恩强,译.北京:中国人民大学出版社,2020.

[81][瑞典]大卫·萨普特.被算法操控的生活:重新定义精准广告、大数据和AI[M].易文波,译.长沙:湖南科学技术出版社,2020.

[82][德]乌尔里希·艾伯尔.智能机器时代:人工智能如何改变我们的生活[M].赵蕾莲,译.北京:新星出版社,2020.

[83][英]凯蒂·金.AI营销:人工智能赋能的下一代营销技术[M].张瀚文,译.北京:人民邮电出版社,2020.

[84][英]大卫·贝尔,[英]布莱恩·罗德尔,[英]尼古拉斯·普利斯,等.赛博文化的关键概念[M].郝靓,译.北京:北京大学出版社,2020.

[85]王佳航.智能传播环境下的新闻生产:基于连接的视角[M].北京:中国广播电视出版社,2020.

[86]徐翔.计算、智能与传播[M].上海:同济大学出版社,2020.

[87]高崇.人工智能社会学[M].北京:北京邮电大学出版社,2020.

[88]许志强,刘彤.共享与智能:信息技术视角下未来媒体发展趋势[M].北京:科学出版社,2020.

[89]漆亚林.智能媒体发展报告:2019—2020[M].北京:中国社会科学出版社,2020.

[90]吴军.智能时代:5G、IoT建构超级智能新机遇[M].北京:中信出版社,2020.

[91]彭兰.新媒体用户研究:节点化、媒介化、赛博格化的人[M].北京:中国人民大学出版社,2020.

[92]杜严勇.人工智能伦理引论[M].上海:上海交通大学出版社,2020.

[93]张超.释放数据的力量:数据新闻生产与伦理研究[M].北京:中国人民大学出

版社,2020.

[94]涂子沛.给孩子讲人工智能[M].北京:人民邮电出版社,2020.

[95]吕廷杰.5G新机遇:技术创新、商业应用与产业变革[M].北京:人民邮电出版社,2020.

[96][美]约翰·杜海姆·彼得斯.奇云:媒介即存有[M].邓建国,译.上海:复旦大学出版社,2021.

[97]陈昌凤.智能传播:理论、应用与治理[M].北京:中国社会科学出版社,2021.

[98]李卫东.智能新媒体[M].北京:人民邮电出版社,2021.

[99]赵国栋,易欢欢,徐远重.元宇宙[M].北京:中译出版社,2021.

[100]张立,曲俊霖,张新雯,等.智能技术驱动传媒业变革:设计即服务,设计即营销[M].北京:社会科学文献出版社,2021.

[101]唐俊.万物皆媒:5G时代传媒应用与发展路径[M].上海:复旦大学出版社,2021.

[102][意]伊沃·夸蒂罗利.被数字分裂的自我[M].何道宽,译.北京:中国大百科全书出版社,2021.

[103][意]科西莫·亚卡托.数据时代:可编程未来的哲学指南[M].何道宽,译.北京:中国大百科全书出版社,2021.

[104]宋星.数据赋能:数字化营销与运营新实战[M].北京:电子工业出版社,2021.

[105]阮云星,梁永佳,高英策,等.赛博格人类学:全球研究检视与当代范式转换[M].杭州:浙江大学出版社,2021.

[106]邢杰,赵国栋.元宇宙通证:通向未来的护照[M].北京:中译出版社,2021.

[107]廖秉宜.中国智能传媒和广告产业规制政策与伦理规范研究[M].北京:人民出版社,2021.

[108]厉国刚.社会学视角的微新闻生产研究[M].杭州:浙江工商大学出版社,2021.

[109][德]克劳斯·迈因策尔.人工智能:何时机器能掌控一切[M].贾积有,贾奕,译.北京:清华大学出版社,2022.

[110][韩]李丞桓.一本书读懂元宇宙[M].王家义,译.北京:中译出版社,2022.

[111][韩]李林福.极简元宇宙[M].黄艳涛,孔军,译.北京:中译出版社,2022.

[112][美]贾森·萨多夫斯基.过度智能[M].徐琦,译.北京:中译出版社,2022.

[113][法]布鲁诺·阿图尔.我们从未现代过:对称性人类学论集[M].刘鹏,安涅思,译.上海:上海文艺出版社,2022.

[114]安琪,刘庆振,许志强.智能媒体导论[M].北京:中国传媒大学出版社,2022.

[115]段鹏.智能媒体传播[M].北京:中国人民大学出版社,2022.

[116]陈龙强,张丽锦.虚拟数字人3.0:人"人"共生的元宇宙大时代[M].北京:中译

出版社,2022.

[117] 杜雨,张孜铭. AIGC:智能创作时代[M]. 北京:中译出版社,2023.

[118] 周立新,刘琨. 智能物流运输系统[J]. 同济大学学报(自然科学版),2002(7):829-832.

[119] 张雷. 从"地球村"到"地球脑":智能媒体对生命的融合[J]. 当代传播,2008(6):10-13.

[120] 王艳,高铭. 混合式学习在智能媒体中的应用[J]. 黑龙江科技信息,2009(35):290.

[121] 陈静,王杰. 我们都是赛博格:信息时代的文化新景观[J]. 湘潭大学学报(哲学社会科学版),2009,33(5):106-109.

[122] 吴纯勇. 改革中的中国广电行业如何突围:把握智能媒体蓝海[J]. 中国数字电视,2011(5):55-56.

[123] 张涛甫. 再论媒介化社会语境下的舆论风险[J]. 新闻大学,2011(3):38-43.

[124] 李杨. 新一代智能终端:可穿戴设备[J]. 高科技与产业化,2013(10):82-85.

[125] 崔斌,罗松,魏凯,等. 智能电视关键技术分析[J]. 电信网技术,2013(1):36-40.

[126] 郎劲松,杨海. 数据新闻:大数据时代新闻可视化传播的创新路径[J]. 现代传播,2014(3):32-36.

[127] [美]埃里克·布莱恩约弗森,[美]安德鲁·麦卡菲. 人工智能:第二次机器革命时代来临[J]. 商学院,2015(1):39-41.

[128] 王小涛. 当前我国的舆论风险及其化解[J]. 理论探索,2015(3):95-98.

[129] 徐世甫. 网络舆论生态治理研究[J]. 南京社会科学,2015(11):84-90.

[130] 李祖平. 数据新闻如何从"吸人眼球"到"动人心魄":"数据链"强化叙事功能的研究[J]. 中国出版,2016(11):50-53.

[131] 谢国民. 人工智能:媒体的机遇和风险[J]. 新闻战线,2017(13):2-3.

[132] 彭兰. 更好的新闻业,还是更坏的新闻业?——人工智能时代传媒业的新挑战[J]. 中国出版,2017(24):3-8.

[133] 陈昌凤,虞鑫. 未来的智能传播:从"互联网"到"人联网"[J]. 学术前沿,2017(23):8-14.

[134] 刘滢,陈明霞. 如何让"智能机器人"成为好记者[J]. 青年记者,2017(16):85-87.

[135] 陈硕. 大数据背景下数据新闻可视化传播模式与路径优化[J]. 出版广角,2017(10):62-64.

[136] 闫志明,唐夏夏,秦旋,等. 教育人工智能(EAI)的内涵、关键技术与应用趋势

[J].远程教育杂志,2017(1):26-35.

[137]张华."后真相"时代的中国新闻业[J].新闻大学,2017(3):28-33,61.

[138]孟濡,许文媛,赵夕朦.基于新概念的"感知城市"探索[J].浙江大学学报(工学版),2017(8):1662-1668.

[139]孙玮.赛博人:后人类时代的媒介融合[J].新闻记者,2018(6):4-11.

[140]李鹏.打造智媒体,实现媒体自我革命[J].传媒,2018(21):24-25.

[141]单小曦.媒介性主体性:后人类主体话语反思及其新释[J].文艺理论研究,2018(5):191-198.

[142]孙玮.赛博人:后人类时代的媒介融合[J].新闻记者,2018(6):4-11.

[143]李薇薇.从新闻叙述学角度看机器人新闻写作的局限性[J].传播力研究,2018(19):5-7.

[144]徐晔.从"人工智能教育"走向"教育人工智能"的路径探究[J].中国电化教育,2018(12):81-87.

[145]卢长春,刘莹莹.人工智能时代的新闻生产:变革、创新与重构[J].新闻传播,2018(19):25-28.

[146]王茜.人工智能与数据驱动下的出版业转型研究[J].科技与出版,2018(12):157-163.

[147]曾静平,刘爽.智能广告的潜进、阵痛与嬗变[J].浙江传媒学院学报,2018(3):9-13.

[148]栾轶玫.人工智能对国际舆论的影响[J].对外传播,2018(10):17-19.

[149]张志安,汤敏.网络技术、人工智能和舆论传播的机遇及挑战[J].传媒,2018(13):11-14.

[150]张志安.人工智能对新闻舆论及意识形态工作的影响[J].学术前沿,2018(8):96-101.

[151]沈杨.网络虚拟偶像粉丝现象的逻辑窥探及其引导路径:以二次元唱见"洛天依"为例[J].青年发展论坛,2018(6):86-92.

[152]彭兰.智能时代的新内容革命[J].国际新闻界,2018(6):88-109.

[153]刘大椿.智能革命与第四次科技革命[J].山东科技大学学报(社会科学版),2019(1):1-3.

[154]陶雪琼.人机交互发展历史与趋势研究[J].科技传播,2019(22):137-139.

[155]许向东.转向、解构与重构:数据新闻可视化叙事研究[J].国际新闻界,2019(11):142-155.

[156]林凌.智能网络舆论传播机制及引导策略[J].当代传播,2019(6):39-42.

[157]高宪春.智媒技术对主流舆论演化的影响研究[J].现代传播(中国传媒大学学

报),2019,41(5):5-11.

[158]陈璐.人工智能技术下新闻舆论传播的机遇与挑战[J].传媒论坛,2019(16):120-121.

[159]付翔.智能时代网络舆论的风险治理与引导[J].学术前沿,2019(2):92-95.

[160]侯瑞.城市会思考,生活更美好:杭州"城市大脑"发布11大系统、48个应用场景[J].信息化建设,2019(7):26-27.

[161]李伦,黄关.数据主义与人本主义数据伦理[J].伦理学研究,2019(2):102-107.

[162]赵辰玮,刘韬,都海虹.算法视域下抖音短视频平台视频推荐模式研究[J].出版广角,2019(18):76-78.

[163]衡书鹏,赵换方,范翠英,等.视频游戏虚拟化身对自我概念的影响[J].心理科学进展,2020(5):810-823.

[164]张洪忠,兰朵,武沛颖.2019年智能传播的八个研究领域分析[J].全球传媒学刊,2020(1):35-39.

[165]喻国明,耿晓梦.试论人工智能时代虚拟偶像的技术赋能与拟象解构[J].上海交通大学学报(哲学社会科学版),2020(1):23-30.

[166]丛红艳,李红萌,宋欣怡.融媒体时代下体育数据新闻可视化研究[J].西安体育学院学报,2020(4):449-456.

[167]刘晓英,李维娜.数据新闻可视化设计研究:以2019年凯度信息之美奖作品为例[J].新媒体研究,2020(18):13-15.

[168]姜智彬,戚君秋.学习、生成与反馈:基于动觉智能图式理论的广告智能创作[J].新闻大学,2020(2):1-16.

[169]林凌.智能技术对舆论的再塑造[J].青年记者,2020(7):9-11.

[170]雷雪妍.场景理论视域下原生广告的去广告化研究[J].中国广告,2020(8):77-79.

[171]顾理平.可能与可为:人工智能时代主流媒体的舆论引导[J].传媒观察,2020(3):5-11.

[172]秦雪冰.技术嵌入与价值取向:智能广告的演进逻辑[J].湖北大学学报(哲学社会科学版),2022,49(1):171-179.

[173]罗新宇.马克思主义新闻观与智媒时代网络舆论治理[J].青年记者,2020(32):14-16.

[174]包国强,黄诚,万震安."网络失智":智能传播时代网络舆论监督的"智效"反思[J].湖北社会科学,2020(8):161-168.

[175]周葆华,苗榕.智能传播研究的知识地图:主要领域、核心概念与知识基础[J].

现代传播,2021(12):25-34.

[176] 冯高洁.XR(扩展现实)应用于电视节目的关键技术与发展趋势[J].现代电视技术,2021(2):114-117.

[177] 田秋生,李庚.传播研究中"赛博格"的概念史:以及"赛博格传播学"的提出[J].新闻记者,2021(12):3-16.

[178] 杨保军.再论"人工智能新闻生产体"的主体性[J].新闻界,2021(8):21-27.

[179] 陈晓云,王之若.虚拟偶像:数字时代的明星生产与文化实践[J].当代电影,2021(9):20-25.

[180] 王秋菊,陈彦宇.多维视角下智能传播研究的学术图景与发展脉络:基于CiteSpace科学知识图谱的可视化分析[J].传媒观察,2022(9):73-81.

[181] 黄升民,刘珊.重新定义智能媒体[J].现代传播,2022(1):126-135.

[182] 赵双阁,魏媛媛.元宇宙社交:重塑部落化时代的人际传播新景观[J].现代传播,2022(11):129-136.

[183] 乔新玉,赵可扬.元宇宙对网络社交秩序的变革与重构研究[J].现代视听,2022(12):33-37.

[184] 钟祥铭,方兴东.智能鸿沟:数字鸿沟范式转变[J].现代传播(中国传媒大学学报),2022(4):133-142.

[185] 王诺,毕学成,许鑫.先利其器:元宇宙场景下的AIGC及其GLAM应用机遇[J].图书馆论坛,2023(2):117-124.

[186] 张绒.生产式人工智能技术对教育领域的影响:关于ChatGPT的专访[J].电化教育研究,2023(2):5-14.

[187] 厉国刚,盖朝睿.智能传播时代人机关系的伦理问题及其对策[J].新媒体研究,2023,9(6):52-56.

[188] 厉国刚,任玲葳.人工智能时代计算宣传的特征、风险及治理[J].新媒体研究,2023,9(21):8-11,42.

[189] 陈潭,刘璇.智能政务ChatGPT化的前景与隐忧[J/OL].[2022-05-28].https://kns.cnki.net/kcms/detail/11.5181.tp.20230403.0933.002.html

[190] 程雅.ChatGPT火爆,人机交互难点在哪里?[N].每日经济新闻,2023-2-21(5).

# 后记
## Postscript

  这本教材的缘起,与我的研究生导师邵培仁教授有很大关系。当时浙江工商大学人文与传播学院在为新闻与传播专业硕士点制定培养方案,邀请专家提意见。邵老师提出可以增开一门"智能＋与媒体融合"的课程,我们觉得这门课非常前沿,很有意义,就把它列入其中。后来2019年新闻与传播专业正式招收硕士研究生,我参与承担了这门课的教学任务。之后在本科生层面,我索性也开设了一门"智能传播导论"的全校通识课。在教学过程中,发现当时并没有相关教材,因此一直有一个想法:自己写一本关于智能传播的教材。

  教材编写的具体工作始于2022年的暑假。当时一直持续高温,由于场地所限,我不得不在阳台上完成这本教材大部分内容的撰写,至今还会想起那份酷热。

  书稿一再修改,完成的时候已经是2023年的春天。在刚刚过去的冬天,新冠疫情终于迎来了转折,生活开始逐步回归正常。这个春天显得格外亲切!

  教材写好之后,恰逢浙江省普通本科高校"十四五"新工科、新医科、新农科、新文科重点教材建设项目申报。申请材料报上去之后,项目顺利获批。与此同时,全校通识课"智能传播导论"获批浙江工商大学校级精品视频课程,并由超星公司拍摄制作了相关视频,因此刚好为这本新形态教材提供了支撑。

  这本教材同时也是浙江工商大学"数字＋"专业建设成果(系列教材)之一,并且被立项为浙江工商大学人文与传播学院学科建设经费项目(出版资助)。

  在书稿修改和视频课程建设的过程中,我的研究生葛婷婷、黄丹丹、盖朝睿、任玲葳、韩宇琨,以及2022年秋季学期选修"智能传播导论"全校通识课的同学,成了第一批读者,他们提出了一些建设性的修改意见。在此,对他们表示感谢!

  感谢浙江工商大学教务处、人文与传播学院的支持。

  感谢西安交通大学出版社赵怀瀛编辑的辛勤付出。

感谢所有选修了这门课的研究生和本科生,能够相互学习、共同进步。

感谢亲朋好友在线上朋友圈的陪伴。

由于本人才疏学浅,加上技术发展日新月异,难免存在一些错漏之处,望各位前辈、读者不吝赐教。

厉国刚

2023 年 7 月